U0523333

忏 悔 录

[古罗马] 奥古斯丁 著

周士良 译

商务印书馆
The Commercial Press

S. Aureli Augustini
CONFESSIONUM
Libri Tredecim
"Collection des Universités de France" Société
d'Edition "Les Belles Letters"
95. Boulevard Raspail, Paris.
1925—1926

据巴黎"文学"出版公司 1926 年版译出

奥古斯丁是古代基督教主要作家之一,基督教神学的大师。他的思想在天主教和基督教中都有极深远的影响。本书也可作为奥古斯丁的自传看,书中不仅记述了他的思想转变经过,也表达了他对重大神学问题(例如天主、原罪等)和哲学问题的看法,特别是在卷十一里,记述了他对时间问题的看法。

奥古斯丁像

关于本书的作者和内容

奥古斯丁(Aurelius Augustinus)是古代基督教主要作家之一,与中世纪的托马斯·阿奎那(Thomas Aquinas)同为基督教神学的两大师。

奥氏于354年11月13日生于北非的塔加斯特城,即今阿尔及利亚的苏克阿赫拉斯(Souk Ahras),当时北非已入罗马帝国版图,完全在罗马文化笼罩之下。父名巴特利西乌斯,是本城的一个普通市民,母名莫尼加,是信奉基督教的,奥氏自幼受母氏的熏陶,但没有正式领受洗礼。幼年在本城读书,以后先后至马都拉(即今阿尔及利亚的末达乌路赫[Mdaourouch])和迦太基攻读文法和雄辩术(当时罗马教育分三级制,启蒙小学是识字和书算,十二至十六岁入文法学校,读文法、诗、文、历史,十六至二十岁入雄辩术学校,读修辞和哲学)。十九岁,开始爱好哲学,由于探索恶的来源问题,因而皈依了摩尼教。毕业后,先在本城执教,后至迦太基任雄辩术教授八年。因不满迦太基的学风,便渡海至罗马,任米兰城雄辩术教授。奥氏在迦太基时,对摩尼教教义已感觉不满,至米兰后,受该城基督教主教安布罗西乌斯(Ambrosius)的影响,正式脱离了摩尼教,一度醉心于新柏拉图派的著作,对一切怀疑,但在思想上已逐渐和基督教接近。终于经过一次剧烈的思想斗争,于

386年秋决定信奉基督教；便辞去教职，预备献身教会。次年在米兰领受了洗礼，启程回乡，至梯伯河口，母亲病逝。因此延迟一年回至非洲。391年，在希波（今阿尔及利亚的彭城［Bone］）升为神甫。395年该城主教病卒，奥氏便受任为希波主教。从此开始他在教会中的一系列活动，与教内各宗派展开剧烈的论战，成为当时基督教学术界的中心人物。430年汪达人（Vandali）侵入北非，是年8月28日，希波城被围的第三个月，奥氏病逝。

奥氏是古代基督教拉丁教父中著述最多的一人，据奥氏本人提出《修订》的著作，至427年，已有93种，而书札和布道言论尚不在内。他著作中最被传诵的，便是这一本《忏悔录》。

《忏悔录》原名"Confessiones"，古典拉丁文本作"承认、认罪"解，但在教会文学中，转为承认神的伟大，有歌颂的意义。奥氏本来着重后一意，即叙述一生所蒙天主的恩泽，发出对天主的歌颂；但一般都注重了第一义，因此我国过去都称此书为"忏悔录"，在欧洲则"忏悔录"已成为自传的另一名称。

本书共十三卷，以内容言，可分为两部分，卷一至卷九，是记述他出生至三十三岁母亲病逝的一段历史。卷十至卷十三，则写出作者著述此书时的情况（对于《忏悔录》的成书年代，据学者考证，应在400年左右，在奥氏升任主教之后，即395年或396年，至401年之间）。

第一部分：卷一，歌颂天主后，记述初生至十五岁的事迹。卷二、卷三，记述他的青年和在迦太基求学时的生活。卷四、卷五，记述他赴米兰前的教书生涯。卷六、卷七，记述他思想转变的过程。卷八则记述他一次思想斗争的起因、经过与结果。卷九是他皈依基督教后至母亲病逝一段事迹。

第二部分：卷十是分析他著书时的思想情况。卷十至卷十三，则诠释《旧约·创世记》第一章，瞻仰天主六日创世的工程，在歌颂天主中结束全书。

奥氏在书中不仅流露出真挚的情感，而且对自己的行动和思想作了非常深刻的分析，文笔细腻生动，别具风格，成为晚期拉丁文学中的代表作，列为古代西方文学名著之一。

在中古时代，欧洲印刷术尚未发明，本书传抄极多，欧洲天主教本笃会隐修院中所藏旧抄本尤为繁夥。1506年始有奥氏全集出版，以后重要的版本有：1576—1577年出版的比利时罗文大学本，1679年法国巴黎出版的本笃会本（后收入米涅辑的《拉丁教父集》Migne: *Patrologia Latina*）和1896年奥地利维也纳出版的《教会拉丁作家丛书》本。至1926年法国拉布利奥勒（Labriolle）教授复据维也纳本，参考了十八种第七至十一世纪的古抄本和四种印本校订，出版了合校本，收入《法兰西大学丛书》，成为最完美的本子。现在此书即据此合校本迻译的。

译　者　识

1962年8月28日

目　次

卷一	1
卷二	25
卷三	37
卷四	54
卷五	76
卷六	97
卷七	120
卷八	146
卷九	170
卷十	197
卷十一	246
卷十二	276
卷十三	307
书中人地名拉汉对照表	348

卷 一

一

"主,你是伟大的,你应受一切赞美;你有无上的能力、无限的智慧。"①

一个人,受造物中渺小的一分子,愿意赞颂你;这人遍体带着死亡,遍体带着罪恶的证据,遍体证明"你拒绝骄傲的人"。②

但这人,受造物中渺小的一分子,愿意赞颂你。

你鼓动他乐于赞颂你,因为你造我们是为了你,我们的心如不安息在你怀中,便不会安宁。

主啊,请使我得知并理解是否应先向你呼吁而后赞颂你,或是先认识你然后向你呼吁。但谁能不认识你而向你呼吁?因为不认识你而呼吁,可能并不是向你呼吁。或许向你呼吁是为了认识你?

---

① 见《旧约·诗篇》144首3节;146首5节。译者按:奥氏所引《新旧约》文字与天主教《通行拉丁文译本》相合,而与我国通行基督教(新教)译本,卷数文字略有出入,故书中引文,据拉丁直译。又《诗篇》,通行拉丁释本,以9、10两首,合为一首,147首分为两首,故自第10至147首,与基督教本相差一首。

② 见《新约·彼得前书》5章5节。

但"既然不信,怎会呼吁?无人传授,怎会相信"?①"谁追寻主,就将赞颂主",②因为追寻主,就会获得主;获得主,也就会赞颂主。

主,请使我向你呼吁,同时追求你;使我相信你,同时向你呼吁,因为你已经传授给我们。主,我的信仰要向你呼吁;你所给我的信仰,你通过你的"圣子"③的人性,通过布道者的工作而灌输给我的信仰向你呼吁。

二

向天主呼吁,就是请天主降至我身,那么我将怎样向我的天主,向我的主、天主呼吁?我心中是否有地方足以使我的天主降临,使创造天地的主宰降至我身?主、我的天主,我身上真的有可以容纳你的地方吗?你所造的天地,负载我们的天地能容纳你吗?是否由于一切存在没有你便不能存在,为此凡存在的便容纳你;这样,我既然存在,何必要求你降至我身?因为除非你在我身上,否则我便无由存在。我不在黄泉,而你在那里;即便"我进入地狱,你也还在那里"。④

我的天主,假如你不在我身,我便不存在,绝对不存在。而且"一切来自你,一切通过你,一切在你之中"⑤,是否更可以说,我除

---

① 见《新约·罗马书》10 章 14 节。
② 见《诗篇》21 首 7 节。
③ 天主教教义,天主有三位,第二位圣子,降世成人,是为耶稣基督。
④ 见《诗篇》138 首 8 节。
⑤ 见《新约·罗马书》11 章 36 节。

非在你之中,否则不能存在?主,确然如此,确然如此。那么既然我是在你之中,我更从何处向你呼吁?你从何处降至我身?我的天主,你曾说:"我充塞天地"①,我岂将凌跨天地之外,使你能降来我身?

三

既然你充塞天地,天地能包容你吗?是否你充塞天地后,还有不能被天地包容的部分?你充塞天地后,余下的部分安插在哪里?是否你充塞一切,而不需被任何东西所包容,因为你充塞一切,亦即是包容一切?一只瓶充满了你,并没有把你固定下来,瓶即使破碎,你并不散溢。你倾注在我们身内,但并不下坠,反而支撑我们;你并不涣散,反而收敛我们。

但你充塞一切,是否你全体充塞一切?是否一切不能包容你全体,仅能容纳你一部分,而一切又同时容纳你的同一部分?是否各自容纳一部分,大者多而小者少?这样你不是有大的部分和小的部分了?或是你不论在哪里,便整个在哪里,而别无一物能占有你全体?

四

我的天主,你究竟是什么?我问:你除了是主、天主外,是什么

---

① 见《旧约·耶利米书》23章24节。

呢？"除主之外，谁是天主？除了我的天主外，谁是天主？"①

至高、至美、至能、无所不能、至仁、至义、至隐、无往而不在，至美、至坚、至定但又无从执持，不变而变化一切，无新无故而更新一切；"使骄傲者不自知地走向衰亡"②；行而不息，晏然常寂，总持万机，而一无所需；负荷一切，充裕一切，维护一切，创造一切，养育一切，改进一切；虽万物皆备，而仍不弃置。你爱而不偏，嫉而不愤，悔而不怨，蕴怒而仍安；你改变工程，但不更动计划；你采纳所获而未有所失；你从不匮乏，但因所获而欢乐；你从不悭吝，但要求收息。谁能对你格外有所贡献，你便若有所负，但谁能有丝毫不属于你呢？你并无亏欠于人，而更为之偿；你免人债负，而仍无所损。我能说什么呢？我的天主，我的生命，我神圣的甘饴，谈到你，一人能说什么呢？但谁对于你默而不言，却是祸事，因为即使这人谈得滔滔不绝，还和未说一样。

五

谁能使我安息在你怀中？谁能使你降入我的心灵，使我酣畅，使我忘却忧患，使我抱持你作为我的唯一至宝？

你对我算什么？求你怜悯我使我能够说出。我对你算什么，而你竟命我爱你？如果我不如此，你就对我发怒，并用严重的灾害威胁我。如果我不爱你，这仅仅是小不幸吗？我的主，天主，请因

---

① 见《诗篇》17 首 32 节。
② 见《旧约·约伯记》9 章 5 节。

你的仁慈告诉我,你和我有什么关系。请告诉我的灵魂说:"我是你的救援。"①请你说,让我听到。我的心倾听着,请你启我心灵的双耳,请你对我的灵魂说:"我是你的救援。"我要跟着这声音奔驰,我要抓住你。请你不要对我掩住你的面容。让我死,为了不死,为了瞻仰你的圣容。

我的灵魂的居处是狭隘的,不相称你降来,请你加以扩充。它已经毁败,请你加以修葺。它真是不堪入目:我承认,我知道。但谁能把它清除呢?除了向你外,我向谁呼号呢?"主啊,求你清除我的隐匿,不要由于我因他人而犯下的过恶加罪于你的仆人。"②"我相信,因此我说。"③主啊,你完全了解。我向你承认我的过恶后,"你不是就赦免我心的悖谬吗?"④你是真理,我绝不和你争辩,我也不愿欺骗我自己,"不要让我的罪恶向自己撒谎"。⑤我绝不向你争辩,因为,"主、主,你若考察我们的罪孽,谁能站得住?"⑥

六

请允许我,请允许尘埃粪土的我向你的慈爱说话:请允许我说话,因为我是向你的慈爱,不是向讥嘲我的人说话。可能你也笑我,但不久即转而矜怜我。主,我的天主,我想说什么呢?我只能

---

① 见《诗篇》34 首 3 节。
② 见《诗篇》18 首 14 节。
③ 同上,115 首 1 节。
④ 同上,31 首 5 节。
⑤ 同上,26 首 12 节。
⑥ 同上,129 首 3 节。

说我不知道从哪里来到此世，我要说，来到这死亡的生活中，或是生活的死亡中。我并不知道。你的慈爱收纳抚慰我，一如我从生身的父母那里听到的，是你用了他，在她身内形成了我，使我生于此世。我自己也不能记忆。

从此有人乳养着我，我的母亲，我的乳母，并不能自己充实她们的乳房，是你，主，是你按照你的安排，把你布置在事物深处所蕴藏的，通过她们，给我孩提时的养料。你又使我在你所赐予之外不再有所求，使乳养我的人愿意把你所给予她们的给我，她们本着天赋的感情，肯把自你处大量得来的东西给我。我从她们那里获得滋养，这为她们也有好处；更应说这滋养并不来自她们，而是通过她们，因为一切美好来自你天主，我的一切救援来自我的天主。这是我以后才知道的，是你用了你所给我身内身外的一切向我呼喊说明的。那时我只知道吮乳，舒服了便安息，什么东西碰痛我的肉体便啼哭，此外一无所知。

稍后，我开始笑了，先是睡着笑，接着醒时也会笑。这些都是别人告诉我的，我相信，因为我看见其他婴孩也如此，但对于我自己的这些情况，一些也记不起来。逐渐我感觉到我在什么地方，并要向别人表示我的意愿，使人照着做；但是不可能，因为我的意愿在我身内，别人在我身外，他们的任何官感不可能进入我的心灵。我指手画脚，我叫喊，我尽我所能作出一些模仿我意愿的表示。这些动作并不能达意。别人或不懂我的意思，或怕有害于我，没有照着做，我恼怒那些行动自由的大人们不顺从我，不服侍我，我便以啼哭作为报复。照我所观察到的，小孩都是如此，他们虽则不识不知，但比养育我的、有意识的人们更能告诉我孩提时的情况。

我的幼年早已死去,而我还活着。主啊,你是永永地生活着,在你身上没有丝毫死亡,在世纪之前,在一切能称为以往之前,你存在着,你是主,你所创造的万物的主宰、在你身上存在着种种过往的本原,一切变和不变的权舆,一切暂时的无灵之物的永恒原因;天主,求你告诉我,求你的慈爱矜怜我,告诉我是否我的孩提之年继续前一时期已经消逝的我,是否我在母胎之时度着这一时期的生命?因为有人向我谈到这一段生命,而我自己也看到妇人的怀孕。我的天主,我的甘饴,在这个时期以前我是怎样?是否我曾生活在某一地方,曾是某一人?因为没有一人能答复我,我的父母、别人的经验、我的记忆,都不能作答。你是否要哂笑我向你提出这些问题?你不是命我照我所领悟的赞美你、歌颂你吗?

我歌颂你,天地的主宰,我以我记忆所不及的有生之初和孩提之年歌颂你;你使人们从别人身上推测自己的过去,并从妇女的证实中相信自身的许多前尘影事。这时我已经存在,已经生活着,在我幼年结束之时,已经在寻求向别人表达意识的方法了。

主,这样一个动物不来自你能从哪里来呢?谁能是自身的创造者?除了你创造我们之外,哪里能有存在和生命的泉源流注到我们身上呢?主,在你,存在与生命是二而一的,因为最高的存在亦即是最高的生命。

你是至高无上、永恒不变的;在你,从不会有过去的今天,而在你之中今天则悄然而逝,因为这一切都在你掌持之中,除非你把持它们,便没有今古。"你的年岁终无穷尽",①你的年岁永远是现

---

① 见《诗篇》101首38节。

在:我们和我们祖先的多少岁月已在你的今天之中过去了,过去的岁月从你的今天得到了久暂的尺度,将来的岁月也将随此前规而去。"你却永不变易"①:明天和将来的一切,昨天和过去的一切,为你是今天将做,今天已做。

有人懂不了,我也没有办法。希望这人会询问:"这是什么?"②而感到兴奋。希望他为此而兴奋时,宁愿不理解而找到你,不要专求理解而找不到你。

七

天主,请你俯听我。人们的罪恶真可恨!一个人说了这话,你就怜悯他,因为你造了他,但没有造他身上的罪恶。

谁能告诉我幼时的罪恶?因为在你面前没有一人是纯洁无罪的,即使是出世一天的婴孩亦然如此。谁能向我追述我的往事?不是任何一个小孩都能吗?在他们身上我可以看到记忆所不及的我。

但这时我犯什么罪呢?是否因为我哭着要饮乳?如果我现在如此迫不及待地,不是饮乳而是取食合乎我年龄的食物,一定会被人嘲笑,理应受到斥责。于此可见我当时做了应受斥责的事了,但我那时既然不可能明了别人的斥责,准情酌理也不应受此苛责;况且我们长大以后便完全铲除了这些状态,我也从未看到一人不分

---

① 见《诗篇》101首38节。
② 见《旧约·出埃及记》16章15节。

良莠而一并芟除的。但如哭着要有害的东西,对行动自由的大人们、对我的父母以及一些审慎的人不顺从我有害的要求,我发怒,要打他们、损害他们,责罚他们不屈从我的意志这种种行动在当时能视为是好事情吗?

可见婴儿的纯洁不过是肢体的稚弱,而不是本心的无辜。我见过也体验到孩子的妒忌:还不会说话,就面若死灰,眼光狠狠盯着一同吃奶的孩子。谁不知道这种情况?母亲和乳母自称能用什么方法来加以补救。不让一个极端需要生命粮食的弟兄靠近丰满的乳源,这是无罪的吗?但人们对此都迁就容忍,并非因为这是小事或不以为事,而是因为这一切将随年龄长大而消失。这是唯一的理由,因为如果在年龄较大的孩子身上发现同样的情况,人们绝不会熟视无睹的。

主,我的天主,你给孩子生命和肉体,一如我们看见的,你使肉体具有官能、四肢、美丽的容貌,又渗入生命的全部力量,使之保持全身的和谐。你命我在这一切之中歌颂你,"赞美你,歌颂你至高者的圣名",① 因为你是全能全善的天主,即使你仅仅创造这一些,也没有一人能够做到:你是万有的唯一真原,化育万类的至美者,你的法则制度一切。

主啊,我记不起这个时代的生活,仅能听信别人的话,并从其他孩子身上比较可靠地推测这一段生活,我很惭愧把它列入我生命史的一部分。这个时代和我在胚胎中的生活一样,都已遗忘于

---

① 见《诗篇》91 首 2 节。

幽隐之中。"我是在罪业中生成的,我在胚胎中就有了罪",[1]我的天主,何时何地你的仆人曾是无罪的?现在我撇开这时期吧;既然我已记不起一些踪影,则我和它还有什么关系?

八

是否我离开了幼年时代而到达童年时代,或童年到我身上替代了幼年?但前者并没有离去,它能往何处去呢?可是它已经不存在了。我已经不是一个不言不语的婴儿,已经成为牙牙学语的孩子了。据我记忆所及,从此以后,我开始学语了,这也是我以后注意到的。并不是大人们依照一定程序教我言语,和稍后读书一样;是我自己,凭仗你,我的天主赋给我的理智,用呻吟、用各种声音、用肢体的种种动作,想表达出我内心的思想,使之服从我的意志;但不可能表达我所要的一切,使人人领会我所有的心情。为此,听到别人指称一件东西,或看到别人随着某一种声音做某一种动作,我便记下来:我记住了这东西叫什么,要指那件东西时,便发出那种声音。又从别人的动作了解别人的意愿,这是各民族的自然语言:用面上的表情、用目光和其他肢体的顾盼动作、用声音表达内心的情感,或为要求、或为保留、或是拒绝、或是逃避。这样一再听到那些语言,按各种语句中的先后次序,我逐渐通解它们的意义,便勉强鼓动唇舌,借以表达我的意愿。

从此,我开始和周围的人们使用互相达意的信号,在父母的约

---

[1] 见《诗篇》50首7节。

束下、在尊长的指导下,更进一步踏入人类生活翻覆动荡的社会。

九

天主、我的天主,这时我经受了多少忧患、多少欺骗!当时对童年的我提示出正当生活是在乎听从教诲,为了日后能出人头地,为了擅长为人间荣华富贵服务的辞令。因此,我被送进学校去读书,那时我还不识读书的用处,但如果读得懈怠,便受责打。大人们都赞成这种办法,并且以前已有许多人过着这样的生活,为我们准备了艰涩的道路,强迫我们去走,增加了亚当子孙的辛劳与痛苦。

但是,主,我们也碰到了向你祷告的人,从他们那里,我们也尽可能地学习到、从而意识到你是一个伟大人物,你虽则未尝呈现在我们面前,却能倾听我们、帮助我们。因为我在童年时已开始祈求你,作为我的救援和避难所,我是滔滔不绝地向你呼吁,我年龄虽小却怀着很大的热情,求你保佑我在学校中不受夏楚。每逢你为了我的好没有听从我时,大人们甚至绝不愿我吃苦的父母们都笑受扑责:这在当时是我重大的患难。

主啊,是否有人怀着如此伟大的精神,以无比的热情依恋着你,我说,是否有人——因为有时由于愚昧无知也能到此地步——虔诚依恋着你,抱着宏伟的毅力,身受世界上谁都惊怖战栗、趋避唯恐不及的木马刑、铁爪刑等楚毒的刑罚,而竟处之泰然,甚至还热爱着战慄失色的人们,一如我们的父母嘲笑孩子受老师的扑责?我是非常怕打,切求你使我避免责打,但我写字、读书、温课,依旧不达到要求,依旧犯罪。

　　主啊,我并不缺乏你按照年龄而赋畀的记忆和理解力;但我欢喜游戏,并受到同样从事游戏者的责罚。大人们的游戏被认为是正经事,而孩子们游戏便受大人们责打,人们既不可怜孩子,也不可怜大人。但一个公正的人是否能赞成别人责打我,由于我孩子时因打球游戏而不能很快读熟文章,而这些文章在我成年后将成为更恶劣的玩具?另一面,责打我的人怎样呢?假如他和同事吵架,被同事打败,那他便发出比我打球输给同学时更大的嫉恨!

十

　　我是在犯罪,主、天主,自然万有的管理者与创造者,但对于罪恶,你仅仅是管理者。主、我的天主,我违反父母师长的命令而犯罪。不论他们要我读书有何用意,以后我却能好好用我所学。我的不服从,不是因为我选择更好的,而是由于喜欢游戏,喜欢因打架胜人而自豪,喜听虚构的故事,越听耳朵越痒心越热,逐渐我的眼睛对大人们看的戏剧和竞技表演也发出同样的好奇心了。招待看戏的人,用这种豪举来增加声望,他们差不多都希望自己的孩子日后也能如此,但假如孩子因看戏而荒废学业,他们是宁愿孩子受扑责的。

　　主啊,请你用慈爱的心看看这一切,请你挽救已经向你呼吁的我们,也挽救那些尚未向你呼吁的人,使他们也能发出呼吁而得救。

十一

我童年时代已经听到我们的主、天主谦逊俯就我们的骄傲而许诺给予的永生。我的母亲是非常信望你的,我一出母胎便已给我画上十字的记号,并受你的盐的调理。①

主,你也看到我童年时,一天由于胃痛,突然发热,濒于死亡;我的天主,你既然是我的守护者,你也看到我怀着多大热情和多大信心,向我的母亲,向我们全体的母亲、你的教会要求给我施行你的基督、我的主和我的天主的"洗礼"。

我的生身之母,忧心如捣,更愿意用她纯洁的心灵将我永久的生命诞生于你的信仰之中;她急急筹备为我施行使人得救的"洗礼",希望我承认你、主耶稣而获得罪恶的赦免。但我的病霍然而愈,"洗礼"亦因此中止,好像我仍然活着,则必须仍然沾受罪恶,因为顾虑我受洗后如再陷入罪秽,则罪责将更严重,危害性也更大。

这时我、我的母亲和合家都已有信仰,只有父亲一人除外;但他并不能胜过慈母在我身上的权力,使我和他一样不信基督;因为我的母亲是竭力使你、我的天主,使你成为我的父亲,她宁愿你做我的父亲;你也帮助她使她优越于她的丈夫,更好地服侍丈夫,因

---

① 译者按:这是指当时对"望教者"(即有志奉基督教者)举行的一种宗教仪式,并非正式入教时举行的"洗礼"。奥氏在所著《论怎样向不明教义的人讲授教义》一书中,也提到这仪式。现代天主教"洗礼"的第一部分尚保留着这仪式的痕迹,主要是主礼者以手指在望教者的额上和胸前画一"十"字,并以少许食盐置于望教者口中。

为你命她如此,她这样做也就是服侍你。

我求你,我的天主,我愿知道为何使我延期受洗礼,是否为了我的利益而放松犯罪的羁绊?为何我至今还到处听到对于某人、某人说这样的话:"听凭他,由他做去,他还没有受洗礼。"但对于肉体的健康,我们不说:"让他再受些伤,因为他还没有痊愈。"倘我灵魂早些治愈,则我自己和家人定必更努力使得救后的我在你的庇护中获得安全,这岂不是更好吗?

这当然更好。但在我童年之后,险恶的风波胁迫我、考验我,母亲早已料到,她宁愿让泥土去遭受风波,以后再加抟塑,不愿已经成形的肖像遭受蹂躏。

十二

旁人对我青年时代的担心过于童年。我童年不欢喜读书,并且恨别人强迫我读书;但我仍受到强迫,这为我是好的,而我并不好好地做:不受强迫,我便不读书。虽是好事,不情愿做也不会做好。况且强迫我的人也并不做得好;但我的天主,你却使之有益于我。因为他们除了想满足对傥来的财富与可耻的光荣贪得无厌的欲壑之外,何尝想到强迫我读书有什么其他目的。"你对我们每人头发的数目也清楚",①你利用一切催促我读书的人的错误使我得益,又利用我怠于学业的错误而加之惩罚;我年龄虽小,但已罪大恶极,确应受惩罚。你利用那些不为我利益打算的人来造就

---

① 见《马太福音》10 章 30 节。

我,又使犯罪的我受到应受的处分。你促使一切不正常的思想化成本人的罪刑,事实确然如此。

十三

我自小就憎恨读希腊文,究竟什么原因,即在今天我还是不能明白。我酷爱拉丁文,当然不是启蒙老师教的,而是所谓文法先生教的拉丁文,因为学习阅读、书写、计算时所读的初步拉丁文,和一切希腊文一样,在我是同样感到艰涩而厌倦。什么缘故?当然是随着罪恶和渺茫的生命而来的:"我是血气,不过是一阵去而不返的风。"① 我过去和现在所以能阅读各种书籍和写出我所要写的文字都靠我早年所读的书;这些最早获得的学识,比逼我背诵的不知哪一个埃涅阿斯的流浪故事②,当然更好、更可靠。当时我为狄多的死,为她的失恋自尽③而流泪;而同时,这可怜的我,对那些故事使我离弃你天主而死亡,却不曾流一滴泪。

还有比我这个不知可怜自己的可怜人,只知哭狄多的殉情而不知哭自己因不爱你天主、我心灵的光明、灵魂的粮食、孕育我精神思想的力量而死亡的人更可怜吗?我不爱你,我背弃你而趋向邪途,我在荒邪中到处听到"好啊!好啊!"的声音。人世间的友

---

① 见《诗篇》77首39节。
② 埃涅阿斯(Aeneas)是罗马诗人维吉尔(公元前70—前19)所著《埃涅阿斯》史诗中的主角。
③ 《埃涅阿斯》诗中迦太基女王。

谊是背弃你而趋于淫乱,"好啊!好啊!"的喝彩声,是为了使我以不随波逐浪为可耻。对这些我不痛哭,却去痛哭

"狄多的香消玉殒,以剑自刎。"①

我背弃了你,却去追逐着受造物中最不堪的东西;我这一团泥土只会钻入泥土,假如有人禁止我阅读,我便伤心,因为不能阅读使我伤心的书本。当时认为这些荒诞不经的文字,比起我阅读书写的知识,是更正经、更有价值的文学。

现在,请我的天主,请你的真理在我心中响亮地喊吧:"不是如此,不是如此。最先受的教育比较好得多!"我宁愿忘掉埃涅阿斯的流浪故事和类似的文字,不愿忘掉阅读书写的知识。文法学校门口挂着门帘,这不是为了保持学术的珍秘,却更好说是掩盖着那里的弊病。他们不必哗然反对我,我已不再害怕他们,我现在是在向你、我的天主,向你诉说我衷心所要说的,我甘愿接受由于我过去流连歧途应受的谴责,使我热爱你的正道。请那些买卖文法的人们不用叫喊着反对我,因为如果我向他们提一个问题:"是否真的如诗人所说,埃涅阿斯到过迦太基?"学问差一些的将回答说不知道,明白一些的将说没有这回事。如果我问埃涅阿斯的名字怎样写,凡读过书的人都能正确答复,写出依据人与人之间约定通行的那些符号。如果我再问:忘掉阅读,忘掉书写,比起忘掉这种虚构的故事诗,哪一样更妨害生活?那么谁都知道凡是一个不完全丧失理智的人将怎样答复。

---

① 见《埃涅阿斯》卷六,457句。

我童年时爱这种荒诞不经的文字过于有用的知识,真是罪过。可是当时"一一作二、二二作四",在我看来是一种讨厌的歌诀,而对于木马腹中藏着战士啊,大火烧特洛伊城啊,"克利攸塞的阴魂出现"①啊,却感到津津有味!

十四

为何当时我对于讴歌这些故事的希腊文觉得憎恨呢?的确荷马很巧妙地编写了这些故事,是一个迷人的小说家,但对童年的我却真讨厌。我想维吉尔对于希腊儿童也如此,他们被迫读维吉尔,和我被迫读荷马一样。读外国文字真是非常艰苦,甜蜜的希腊神话故事上面好像撒上了一层苦胆。我一个字也不识,人们便用威吓责罚来督促我读。当然拉丁文起初我也不识,但我毫无恐惧,不受磨折地,在乳母们哄逗下,在共同笑语之中,在共同游戏之时,留心学会了。我识字是没有遇到也没有忍受强迫责罚,我自己的意志促引我产生概念,但不可能不先学会一些话,这些话,不是从教师那里,而是从同我谈话的人那里学来的,我也把我的思想说给他们听。

于此可见,识字出于自由的好奇心,比之因被迫而勉强遵行的更有效果。但是,天主啊,你用你的法律,从教师的戒尺到殉教者所受的酷刑,使胁迫约束着好奇心的奔放,你的法律能渗入有益的

---

① 见《埃涅阿斯》卷二,772句。

辛酸,促使我们从离间你我的宴安鸩毒中重新趋向到你身畔。

十五

主,请你俯听我的祈祷,不要听凭我的灵魂受不住你的约束而堕落,也不要听凭我倦于歌颂你救我于迷途的慈力,请使我感受到你的甘饴胜过我沉醉于种种佚乐时所感受的况味,使我坚决爱你,全心全意握住你的手,使我有生之年从一切诱惑中获得挽救。主,你是我的君王,我的天主,请容许我将幼时所获得的有用知识为你服务,说话、书写、阅读、计算都为你服务。我读了虚浮的文字,你便惩罚我,又宽赦了我耽玩这些虚浮文字的罪过。的确我在其中读到不少有用的字句,但这些字句也能在正经的典籍中求得,这是稳妥的道路,是儿童们所应走的道路。

十六

人世间习俗的洪流真可怕!谁能抗御你?你几时才会枯竭?你几时才停止把夏娃的子孙卷入无涯的苦海,即使登上十字架宝筏也不易渡过的苦海?我不是在你那里读到了驱策雷霆和荒唐淫乱的优庇特吗?当然他不可能兼有这两方面;但这些故事却使人在虚幻的雷声勾引之下犯了真正的奸淫时有所借口。

哪一个道貌俨然的夫子肯认真地听受一个和他们出于同一泥沼的人的呼喊:"荷马虚构这些故事,把凡人的种种移在神身上,我宁愿把神的种种移在我们身上?"①说得更确切一些:荷马编造这些故事,把神写成无恶不作的人,使罪恶不成为罪恶,使人犯罪作恶,不以为仿效坏人,而自以为取法于天上神灵。

可是你这条地狱的河流,人们带了赘仪把孩子投入你的波涛之中为学习这些东西!而且这还列为大事,在市场上,在国家制度私人的束脩外另给薪金的法律之前公开进行!你那冲击岩石的声浪响喊着:"在那里求得学问,在那里获得说服别人和发挥意见所必要的辞令。"假如不是铁伦提乌斯描写一个浪漫青年看见一幅绘着"优庇特把金雨落在达那埃怀中,迷惑这妇人"②的壁画,便奉优庇特为奸淫的榜样,我们不会知道诗中所用:金雨、怀中、迷惑、天宫等词句。瞧,这青年好像在神的诱掖之下,鼓励自己干放诞风流的勾当:

"这是哪一路神道啊? 他说。

竟能发出雷霆震撼天宫。

我一个凡夫,不这样做吗?

我已经干了,真觉自豪。"③

这些词句并非通过淫亵的描写而更易记忆,这些词句不过更使人荒淫无度。我并不归罪于这些文词,它们只是贵重精致的容器,我只归罪于迷人的酒,被沉醉的博士先生们斟在器中要我们喝,不喝便打,而且不许向一个清醒的法官申诉。

---

① 罗马作家西塞罗(公元前106—前43)语,见所著《多斯古伦别墅辩论集》(*Tusculanae Disputationes*)1章6节。
② 见铁伦提乌斯(公元前195—前159)诗剧《太监》,585、589、590句。
③ 同上。

但是我的天主啊,在你面前,我毫无顾虑地回想过去,我自己是读得爱不释手,我可怜地醉心于这些文字,然恰因此而有人说我这孩子是前程无量呢!

十七

我的天主,请许我一谈你所赐与我的聪慧和我滥用聪明而做出的傻事。有人给我一项使我灵魂不安的功课,做得好可得荣誉,不好则失颜面,并以鞭挞威吓我。这课文是叫我写朱诺女神因不能"阻止特洛伊人的国王进入意大利"①愤怒痛心而说的话。我知道朱诺并未说这类话,但我们不得不想入非非,追随着神话诗歌的踪迹,把原是用韵的诗,另用散文敷演。谁能体会角色的身份,用最适当的词句描摹出哀愤的情绪,这人便算高才。

我朗诵时,听到极盛的喝彩声,胜过其他许多同学和竞赛者。唉,我真正的生命、我的天主,这为我有什么用处?这一切不是烟云吗?为训练我的聪明和口才,没有其他方法吗?主,对你的赞颂,圣经中对你的赞颂之辞,本该支撑我心苗所长的枝叶,不至于被浮华所攫去,为飞鸟所啄食;因为祭祀叛逆之神不仅限于一种方式。

---

① 引维吉尔《埃涅阿斯》卷一,38句。

十八

当时教我奉为模范的是那些谈到自己的常事时因措辞不善或文法错误而受到讥评,便深感惭愧,演述自己的轻薄行径时却有伦有脊、情文相生、淋漓尽致,受到人家称赞而引以自豪的人。我堕入虚浮之中离开了你,又何足为奇?

主,你是种种觑得明白,但默而不言,你真是"能忍的,慈祥而真实的"。① 但你是否始终沉默呢?现在我的灵魂追求你、渴望你的甘饴,我的心灵向你说:"我已追寻你的容光,主,我还将追寻你的容光",②因为处于情欲的暗影之中,就远离你的容光;你便把我从不测深渊中挽救出来。离开你或重新趋向你身畔,不是在双足的步履上,也不是在空间的距离上。你的次子,是否跨马或乘车搭船,或生了双翅而飞行,或徒步而去,别居于辽远的地区,挥霍你在临行时所给他的财物?③ 你是一位温良的父亲,你给他财物;等他贫无立锥而回家时,你更是温良。因此,都是由于纵情恣欲才陷入黑暗,才远离你的容光。

主,天主,请你看、请你和经常一样耐心地看:人的子孙多么留心遵守前人说话时通行的有关文字字母的规律,却忽视你所传授的有关永生的永恒规律;以致一个通晓或教授读音规则的人,如果

---

① 见《诗篇》102 首 8 节;85 首 15 节。
② 同上,26 首 8 节。
③ 用《新约·路加福音》15 章荡子回头的比喻。

违反文法,把带有气音的 homo① 读成没有气音的 omo,比起自身为人,违反你的命令而仇视他人,更使人不快。这无异认为仇人本身比我憎恨仇人的怨毒之心更有害于我,或以打击别人而加给别人的损伤过于本身因仇视别人而内心所受的损伤。在我们心中,学问知识镌刻得一定不比"己所不欲,勿施于人"的良知更深。

天主,唯一的伟大者,你深邃静穆地高居天上,你用永行不废的法律对违反者撒下惩罚性的愚昧:一个人,在群众围绕之中,当法官之前,热狂地企求雄辩的声誉,怀着最不人道的怨毒攻击仇人的时候,小心翼翼地注意着不要一时失口,说出"inter omines",②但绝不想到,由于内心的怒火,能把一个人从人群中剔出去。

十九

我童年时可怜地躺在这些风尚的门口,那里是我鏖战的沙场,那里我更怕违反文法,不怕因自己犯文字错误而妒忌不犯错误的人。

我的天主,我向你诉说以往种种,并向你忏悔我当时获得赞扬的往事,而当时我的生活标准便是使那些称道我的人满意,我尚未看出垢污的深渊,"我失足于其中,远远离开了你的双目"。③

在你眼中还有什么人比我更恶劣呢?由于我耽于嬉游,欢喜看戏,看了又急于依样葫芦去模仿,撒了无数的谎,欺骗伴读的家

---

① 按 homo 拉丁文义为人。
② 按 omines 字首漏去吐气音 H;"inter homines" 义为"在人们中间"。
③ 见《诗篇》30 首 23 节。

人,欺骗教师与父母,甚至连那些称道我的人也讨厌我。我还从父母的伙食间中,从餐桌上偷东西吃,以满足我口腹之欲,或以此收买其他儿童从事彼此都喜爱的游戏。在游戏中,我甚至挟持了求胜的虚荣心,往往占夺了欺骗的胜利。但假如我发现别人用此伎俩,那我绝不容忍,便疾言厉色地重重责备,相反,我若被人发觉而向我交涉时,却宁愿饱以老拳,不肯退让。

这是儿童的天真吗?不是,主,不是,请许我如此说,我的天主。因为就是这一切,从对伴读家人、老师,对胡桃、弹子、麻雀是如此,进而至于对官长、君主,对黄金、土地、奴隶也就如此;随着年龄一年一年伸展,一如戒尺之后继之以更重的刑具。

因此谦逊的征象仅存于儿童的娇弱:我们的君主啊,你说:"天国属于此类",①即是此意。

二十

但是,主、万有最完备最美善的创造者和主持者,我们的天主,即使你要我只是一个儿童,我也感谢你。因为这时我存在,我有生命,我有感觉,我知道保持自身的完整,这是我来自你的深沉神秘的纯一性的迹象;我心力控制我全部思想行动,在我微弱的知觉上,在对琐细事物的意识上,我欣然得到真理。我不愿受欺骗,我有良好的记忆力,我学会了说话,我感受友谊的抚慰,我逃避痛苦、耻辱、愚昧。这样一个生灵上,哪一点不是可惊奇、可赞叹的呢?

---

① 见《马太福音》19 章 14 节。

但这一切都是我天主的恩赐,不是我给我自己的;并且这一切都是良好的,这一切就是我。造我者本身原是美善,也是我的美善,我用我童年的一切优长来歌颂他。

我的犯罪是由于不从他那里,而独在他所造的事物中、在我本身和其他一切之中,追求快乐,追求超脱,追求真理,因此我便陷入于痛苦、耻辱和错谬之中。我感谢你、我的甘饴、我的光荣、我的依赖、我的天主;感谢你的恩赐,并求你为我保持不失。你必定会保存我,而你所赐与我的一切也将日益向荣;我将和你在一起,因为我的存在就是你所赐与的。

卷 二

一

我愿回忆我过去的污秽和我灵魂的纵情肉欲,并非因为我流连以往,而是为了爱你,我的天主。因为我喜爱你的爱,才这样做:怀着满腔辛酸,追溯我最险恶的经历,为了享受你的甘饴,这甘饴不是欺人的甘饴,而是幸福可靠的甘饴;为了请你收束这支离放失的我、因背弃了独一无二的你而散失于许多事物中的我。我青年时一度狂热地渴求以地狱的快乐为满足,滋长着各式各样的黑暗恋爱,我的美丽凋谢了,我在你面前不过是腐臭,而我却沾沾自喜,并力求取悦于人。

二

这时我所欢喜的,不过是爱与被爱。但我并不以精神与精神之间的联系为满足,不越出友谊的光明途径;从我粪土般的肉欲中,从我勃发的青春中,吹起阵阵浓雾,笼罩并蒙蔽了我的心,以致分不清什么是晴朗的爱、什么是阴沉的情欲。二者混杂地燃烧着,把我软弱的青年时代拖到私欲的悬崖,推进罪恶的深渊。

你的愤怒愈来愈沉重地压在我身上,而我还不知道。死亡的铁链震得我昏昏沉沉,这便是我骄傲的惩罚;我远离了你,而你却袖手旁观;我在淫乱之中,勇往直前,满溢着、四散着、沸腾着,而你却一言不发。

唉,我的快乐来得太晚了!你这时不声不响,而我则远远离开了你,散播着越来越多的、只能带给我痛苦的种子,对我的堕落傲然自得,在困倦之中竭力挣扎。

谁能减轻我的烦恼呢?谁能把新奇事物的虚幻美丽化为有用,确定享受温柔的界限,使我青年的热潮到达婚姻的彼岸,至少为了生男育女的目的而平静下来?主啊,你的法律如此规定,你教死亡的人类传宗接代,你用温和的手腕来消除"乐园"外的荆棘。因为即使我们远离了你,你的全能仍不离我们左右;另一面,我不能比较留心些倾听你从云际发出的大声疾呼吗?"这等人肉身必受苦难,但我愿意你们避免这些苦难",[1]"不接触女性是好事",[2]"没有妻室的人能专心事主,唯求取悦于主;有妻室的则注意世上的事,想取悦于妻子"。[3] 如果我比较留心一些,一定能听到这些声音,能"为天国而自阉",[4]能更幸荣地等待你的拥抱。

但是可怜的我,在沸腾着,随着内心的冲动背弃了你,越出了你的一切法律,但不能逃避你的惩罚。哪一个人能逃过呢?你时

---

[1] 见《新约·哥林多前书》7 章 28 节。
[2] 同上,1 节。
[3] 同上,32—33 节。
[4] 见《马太福音》19 章 12 节。

时刻刻鉴临着,慈爱而严峻,在我的非法的享乐中,撒下了辛酸的滋味,促使我寻求不带辛酸的快乐。但哪里能找到这样的快乐?除非在你身上,主啊,除非在你身上,"你以痛苦渗入命令之中",① "你的打击是为了治疗",② 你杀死我们,为了不使我们离开你而死亡。

我十六岁时在哪里呢?我离开了你的安乐宫,流放到辽远的区域。这时,无耻的人们所纵容的而你的法律所禁止的纵情作乐,疯狂地在我身上称王道寡,我对它也是唯命是从。家中人并不想用婚姻来救我于堕落,他们只求我学到最好的辞令,能高谈阔论说服别人。

三

就在那一年上我停学了。我去在邻近的马都拉城中开始攻读文章与雄辩术。这时我离城回乡,家中为我准备更远的到迦太基留学的费用。这是由于父亲的望子成龙,不是因为家中富有:我的父亲不过是塔加斯特城中一个普通市民。

我向谁叙述这些事情呢?当然又是向你、我的天主;我愿在你面前,向我的同类、向人类讲述,虽则我的著作可能仅仅落在极少数人手中。可是为什么要讲述呢?为了使我和所有的读者想想,我们该从多么深的坑中向你呼号。而且如果一人真心忏悔,遵照

---

① 见《诗篇》93 首 20 节。
② 见《旧约·申命记》32 章 39 节。

信仰而生活，那么还有谁比这人更接近你的双耳呢？

这时谁不称道我的父亲，说他不计较家庭的经济力量，肯担负儿子留学远地所需的费用。许多远为富裕的人家不肯为子女作此打算。但那时我的父亲并不考虑到我在你面前如何成长，能否保持纯洁；他只求我娴于辞令，不管我的心地、你的土地是否荒芜不治，天主啊，你是这心地的唯一的、真正的、良善的主人。

我十六岁这一年，由于家中经济拮据而辍学，闲在家中，和父母一起生活，情欲的荆棘便长得高出我头顶，没有一人来拔掉它。相反，我的父亲在浴室中看见我发育成熟，已经穿上青春的苦闷，便高兴地告诉我母亲，好像从此可以含饴弄孙了；他带着一种醉后的狂喜，就是这种狂喜使世界忘却自己的创造者，不爱你而爱受造物，这是喝了一种无形的毒酒，使意志倾向卑鄙下流。但你在我母亲心中已经开始建造你的宫殿，准备你的居处。我的父亲不过是一个"望教者"，而且还是最近的事。为此，虽则我这时尚未奉教，我母亲却怀着虔诚的忧惧惊恐，为我担心，怕我"不面向你，而是背着你"①踏上歧途。

唉！只能怨我自己！我远离着你而前进，我的天主，我敢说你缄默不语吗？这时你真的一言不发吗？你通过我的母亲、你的忠心的婢女，在我耳边再三叮咛。可是这些话一句也没有进入我的心房，使我照着做。她教我，我记得她曾非常关切地私下告诫我，不要犯奸淫，特别是不要私通有夫之妇。

我认为这不过是妇人的唠叨，听从这种话是可耻的。其实这

---

① 见《旧约·耶利米书》2 章 271 节。

都是你的话,而我不知道,我还以为你不声不响,这不过是她饶舌;你却通过她对我讲话,你在她身上受到我、受到"你的仆人,你的婢女的儿子"①的轻蔑。但我不知道;我如此盲目地奔向堕落,以致在同辈中我自愧不如他们的无耻,听到他们夸耀自己的丑史,越秽亵越自豪,我也乐于仿效,不仅出于私欲,甚至为了博取别人的赞许。除了罪恶外有什么值得谴责呢?我却为了不受谴责,越加为非作歹,并且由于我缺乏足以和那些败类媲美的行径,便捏造我没有做过的事情,害怕我越天真越不堪,越纯洁越显得鄙陋。

瞧,我和那些伙伴们行走在巴比伦的广场上,我在污泥中打滚,好像进入玉桂异香丛中。无形的敌人要我胶着在这个泥沼内,越来践踏我、诱惑我,因为我极易受诱惑。她、我的生身之母,虽则已经逃出巴比伦城,但尚在城郊踽踽而行;她告诫我要纯洁,但听到丈夫所说关于我的种种,虽则觉察到情形不妙,前途危险,却并不设法用夫妇之爱来加以限制,即使不能根本解决。她不愿如此做,因为害怕妻室之累妨碍了我的前途,所谓前途,并非我母亲所希望的、寄托在你身上的、身后的前途,而是学问上的前途。我的父母都渴望我在学问上有所成就:父亲方面,他几乎从不想到你,对我却抱着许多幻想;母亲呢,则认为传统的学问不仅没有害处,反而为我日后获致你能有不少帮助。

这是据我记忆所及,回想父母的性情作如此猜测。他们从此对我不但不严加管束,反而放松羁绊,任我纵情嬉戏。我的天主,我周围全是浓雾,使我看不见真理的晴天,而"我的罪恶恰就从我

---

① 见《诗篇》115首16节。

的肉体中长起来"。①

四

主,你的法律惩罚偷窃,这法律刻在人心中,连罪恶也不能把它磨灭。哪一个窃贼自愿让另一个窃贼偷他的东西?哪一个富人任凭一个迫于贫困的人偷窃?我却愿意偷窃,而且真的做了,不是由于需要的胁迫,而是由于缺乏正义感,厌倦正义,恶贯满盈。因为我所偷的东西,我自己原是有的,而且更多更好。我也并不想享受所偷的东西,不过为了欣赏偷窃与罪恶。

在我家葡萄园的附近有一株梨树,树上结的果实,形色香味并不可人。我们这一批年轻坏蛋习惯在街上游戏,直至深夜;一次深夜,我们把树上的果子都摇下来,带着走了。我们带走了大批赃物,不是为了大嚼,而是拿去喂猪。虽则我们也尝了几只,但我们所以如此做,是因为这勾当是不许可的。

请看我的心,我的天主啊,请看我的心,它跌在深渊的底里,你却怜悯它,让我的心现在告诉你,当我作恶毫无目的,为作恶而作恶的时候,究竟在想什么。罪恶是丑陋的,我却爱它,我爱堕落,我爱我的缺点,不是爱缺点的根源,而是爱缺点本身。我这个丑恶的灵魂,挣脱你的扶持而自趋灭亡,不是在耻辱中追求什么,而是追求耻辱本身。

---

① 见《诗篇》72 首 7 节。

五

美好的东西,金银以及其他,都有动人之处;肉体接触的快感主要带来了同情心,其他官能同样对物质事物有相应的感受。荣华、权势、地位都有一种光耀,从此便产生了报复的饥渴。但为获致这一切,不应该脱离你、违反你的法律。我们赖以生存于此世的生命,由于它另有一种美,而且和其他一切较差的美相配合,也有它的吸引力。人与人的友谊,把多数人的心灵结合在一起,由于这种可贵的联系,是温柔甜蜜的。

对于上列一切以及其他类似的东西,假如漫无节制地向往追求这些次要的美好而抛弃了更美好的,抛弃了至善,抛弃了你、我们的主、天主,抛弃了你的真理和你的法律,便犯下了罪。世间的事物果然能使人快心,但绝不像你、我的天主、创造万有的天主,正义的人在你身上得到快乐,你是心地正直者的欢忭。

如果追究一下所以犯罪的原因,一般都以为是为了追求或害怕丧失上文所谓次要的美好而犯罪。这些东西的确有其美丽动人之处,虽则和天上的美好一比较,就显得微贱不足道。一人杀了人。为何杀人?因为贪恋人家的妻子或财产;或是为了生活想偷东西,或是害怕他人抢走自己的东西,或是受了损害愤而报仇。是否会没有理由而杀人,欢喜杀人而杀人?谁会相信?据说有这样一个毫无心肝、残暴至极的人,[①]是凶恶残暴成性的,但也有人指

---

① 指下文的卡提里那(公元前108?—前62)。

出其中原因:"他担心闲着不动,手臂和精神都会松弛。"①但为何担心呢?他的横行不法,是企图抢得罗马城后,光荣、权势、财富便唾手可得,不再会因手头拮据和犯罪后良心的不安而恐惧经济困难和法律制裁了。因此卡提里那也并不爱罪恶本身,是爱通过犯罪而想达到的目的。

六

唉,我这一次偷窃,我十六岁上所犯的罪行,这可怜的我究竟爱你什么?既然是偷窃,能有美丽动人之处吗?有什么值得我谈的呢?我们所偷的果子是美丽的,因为是你造的,我的好天主、万有中最美善的,万有的创造者,我的至善,我真正的至宝。的确,果子是美丽的,但我可怜的心灵并不贪那些果子,因为我有更多更好的;我摘这些果子,纯然是为了偷窃,因为我到手后便丢掉,仅仅饱餐我的罪恶,享受犯罪的乐趣。即使我丢下一两枚,这也不过作为罪恶的调味而已。

现在,我的主、天主,我要问偷窃有什么使我欢喜的呢?绝无可人之处。我不谈在公平和明智中所看到的那种美?或在人的思想、记忆、感官、生长中所看到的美,也不谈天上星辰光耀灿烂的美,或充满着生生不息的动物的大地和海洋的美;它连骗人的罪恶所具有虚假的美也没有。

因为骄傲模仿伟大,独有你天主是凌驾一切之上;贪婪追求地

---

① 见罗马史家撒路斯提乌斯(公元前86—前35)所著《卡提里那的阴谋》,16 章。

位光荣,但尊荣永远是属于你的;有权势者的暴虐企图使人畏惧,但唯有你天主才能使人敬畏,一人在何时何地,用什么方法、凭借什么能越出你的权力?轻薄的巧言令色想博得爱怜,但什么也不能比你的慈爱更有抚慰的力量,比你美丽光明的真理更有实益地值得爱恋;好奇心仿佛在追求知识,你却洞悉一切事物的底蕴。愚蠢也挂上纯约质朴的美名,但有什么比你更纯一、更纯洁,因为你的行动和罪恶完全对立。懒惰自诩为恬静,但除了主以外,什么是真正的恬静?奢侈想赢得充盈富裕的称号,而你才是涵有一切不朽甘饴的无尽库藏。挥霍弋取了慷慨大量的影子,而你才是一切美好的宽绰的施主。悭吝希望多所积聚,而你却具备一切。妒忌妄想高人一等,但谁能超过你呢?愤怒渴求报复,但谁比你的报复更公正呢?恐惧害怕意外的变故损害心爱的东西?担心自己的安全,但在你能有不测的遭遇吗?能使你所爱的和你脱离吗?除了在你左右,还有可靠的安全吗?悲伤是因丧失了所贪求的东西而憔悴,它想和你一样不可能有所丧失。

这样,灵魂叛离你而贪图淫乐,想在你身外寻求洁净无瑕的东西,但这些东西仅有返回你身边才能获得。人们远离了你,妄自尊大地反对你,便是倒行逆施地模仿你。但即使如此模仿你,也显示出你是大自然的创造者;为此,绝没有使人完全脱离你的方法。

但在这次偷窃中,我究竟爱上什么?是否我在这件事上错误地、倒行逆施地模仿我的主呢?是否想违犯法律而无能为力,便自欺欺人想模仿囚徒们的虚假自由,荒谬地曲解你的全能,企图犯法而不受惩罚?瞧,这样一个逃避主人而追逐阴影的奴才!唉,真是臭腐!唉,真是离奇的生活,死亡的深渊!竟能只为犯法而犯法!

七

我追溯以往种种,我的心灵能一无忧惧,"主啊,我怎样报答你的恩泽?"①我要热爱你、感谢你、歌颂你的圣名,因为你赦免了我如许罪恶。我的罪恶所以云消雾散,都出于你的恩赐与慈爱,而我所以能避免不犯,也出于你的恩赐,我能为罪恶而爱罪恶,那么还有什么干不出来呢?

我认识到不论是我自动犯的罪,或由于你的引导而避免不犯的罪,一切都已获得赦免。谁想到自己的软弱无能,敢把纯洁天真归功于自己的努力,敢少爱你一些,好像你对待回头改过者的宽大慈爱对他并不那么需要?谁听从你的呼唤,随声而跟从你,避免了我所回忆而忏悔的罪恶,请他不要讥笑我病后受到这位良医的治疗而痊愈;他的不害病,或至少不生这样的重病,也应归功于这位良医;希望他看到我罪恶的痼疾霍然而愈,看到自身没有染上罪恶的沉疴,能同样爱你,能更热爱你。

八

这个不堪的我,从那些现在想起还使我面红耳赤的事件,特别从这次因爱偷窃而干的偷窃,得到什么果实呢?什么也得不到,因为偷窃本身就是虚无;这不过更显出我的可怜。但假如我是单独

---

① 见《诗篇》115 首 12 节。

一人，我便不会如此——据我回忆，我当时的心情是如此——我单独一人，绝不会干这勾当。可见我还欢喜伙伴们的狼狈为奸，因此说我只爱偷窃不爱其他，是不正确的，但也能说是正确的，因为狼狈为奸也不过是虚无。

但究竟如何呢？除了驱除阴霾、照耀我心的天主外，谁能指点我？谁促使我追究、分析、思考？假如我欢喜所偷的果子，想享受这些果子，那么为满足我的欲望，我单独也能干这勾当，不需要同谋者的相互激励，燃起我的贪心，使我心痒难忍。但由于我的喜爱不在那些果子，因此是在乎罪恶本身，在乎多人合作的犯罪行为。

九

这是什么心情呢？当然龌龊不堪，怀着这种心情的人真是可耻。但究竟是怎样的呢？"谁能了解罪恶？"[①]

想到我们能欺骗那些绝对料不到我们有此行径而且竭力反对我们如此做的人，我的心好像忍俊不禁了。但为何我单独干不会如此兴高采烈呢？是否一个人不容易发笑？的确一个人不容易笑；但即使是独自一人，没有其他人在侧，看到或想到太可笑的事情，也会破颜而笑的。可是如果我是单独一人，是不会做的，绝对不会做的。

我的天主，这是我的心灵在你面前活生生的回忆。我单独一人不会干这一次只为爱偷窃而不贪赃物的偷窃勾当。我独自一人

---

① 见《诗篇》18首13节。

绝对不会欢喜这行径,绝对不会干的。唉,害人不浅的友谊,不可思议的思想诱惑,从游戏玩笑,进而产生了为自己一无所得,而且不出于报复之心的损害他人的欲望:只消别人说:"走,干一下!"便惭愧自己有羞耻之心!

十

谁能揭穿其中曲折复杂的内幕?丑恶不堪,我不愿再去想它、看它了。我现在需要的是你,具有纯洁光辉的、使人乐而不厌的、美丽灿烂的正义与纯洁,在你左右才是无比的安宁与无忧无虑的生活。谁投入你的怀抱,"进入主的福乐",[①]便不再忧虑,在至善之中享受圆满的生活。我的天主,我青年时曾远离了你,远离了你的扶持,深入歧途,我为我自己成为一个"饥馑的区域"。[②]

---

① 见《马太福音》25 章 21 节。
② 见《路加福音》15 章 14 节。

卷　三

一

我来到了迦太基，我周围沸腾着、震响着罪恶恋爱的鼎镬。我还没有爱上什么，但渴望爱，并且由于内心的渴望，我更恨自己渴望得还不够。我追求恋爱的对象，只想恋爱；我恨生活的平凡，恨没有陷阱的道路；我心灵因为缺乏滋养的粮食，缺乏你、我的天主而饥渴，但我并不感觉这种饥渴，并不企求不朽的粮食，当然并非我已饱饫这种粮食；相反，我越缺乏这粮食，对此越感到无味。这正是我的心灵患着病，满身创伤，向外流注，可怜地渴求物质的刺激，但物质如果没有灵魂，人们也不会爱的。

爱与被爱，如果进一步能享受所爱者的肉体，那为我更是甜蜜了。我把肉欲的垢秽玷污了友谊的清泉，把肉情的阴霾掩盖了友谊的光辉；我虽如此丑陋，放荡，但由于满腹蕴藏着浮华的意念，还竭力装点出温文尔雅的态度。我冲向爱，甘愿成为爱的俘虏。我的天主、我的慈爱，你的慈祥在我所认为甜蜜的滋味中撒上了多少苦胆。我得到了爱，我神秘地戴上了享受的桎梏，高兴地戴上了苦难的枷锁，为了担受猜忌、怀疑、忧惧、愤恨、争吵等烧红的铁鞭的鞭打。

二

我被充满着我的悲惨生活的写照和燃炽我欲火的炉灶一般的戏剧所攫取了。人们愿意看自己不愿遭遇的悲惨故事而伤心，这究竟为了什么？一人愿意从看戏引起悲痛，而这悲痛就作为他的乐趣。这岂非一种可怜的变态？一个人越不能摆脱这些情感，越容易被它感动。一人自身受苦，人们说他不幸；如果同情别人的痛苦，便说这人有恻隐之心。但对于虚构的戏剧，恻隐之心究竟是什么？戏剧并不鼓励观众帮助别人，不过引逗观众的伤心，观众越感到伤心，编剧者越能受到赞赏。如果看了历史上的或竟是捕风捉影的悲剧而毫不动情，那就败兴出场，批评指摘，假如能感到回肠荡气，便看得津津有味，自觉高兴。

于此可见，人们欢喜的是眼泪和悲伤。但谁都要快乐，谁也不愿受苦，却愿意同情别人的痛苦；同情必然带来悲苦的情味。那么是否仅仅由于这一原因而甘愿伤心？

这种同情心发源于友谊的清泉。但它将往何处？流向哪里呢？为何流入沸腾油腻的瀑布中，倾泻到浩荡烁热的情欲深渊中去，并且自觉自愿地离弃了天上的澄明而与此同流合污？那么是否应该摒弃同情心呢？不，有时应该爱悲痛。但是，我的灵魂啊！你该防止淫秽，在我的天主、我们祖先的天主、永受赞美歌颂的天主保护之下，你要防止淫秽的罪。

我现在并非消除了同情心，但当时我看到剧中一对恋人无耻地作乐,虽则不过是排演虚构的故事,我却和他们同感愉快;看到他们恋爱失败,我亦觉得凄惶欲绝,这种或悲或喜的情味为我都是一种乐趣。而现在我哀怜那些沉湎于欢场欲海的人,过于哀怜因丧失罪恶的快乐或不幸的幸福而惘然自失的人。这才是比较真实的同情,而这种同情心不是以悲痛为乐趣。怜悯不幸的人,是爱的责任,但如果一人怀抱真挚的同情,那必然是宁愿没有怜悯别人不幸的机会。假如有不怀好意的慈悲心肠,——当然这是不可能有的——便能有这样一个人:具有真正的同情心,而希望别人遭遇不幸,借以显示对这人的同情。有些悲伤果然是可以赞许的,但不应说是可以喜爱的。我的主,你热爱灵魂,但不像我们,你是以无限纯洁、无穷完美的真慈怜悯着世人的灵魂,你不受任何悲痛的侵袭。但哪一个人能如此呢?

但那时这可怜的我贪爱哀情的刺激,追求引致悲伤的机会;看到出于虚构的剧中人的不幸遭遇,扮演的角色越是使我痛哭流涕,越称我心意,也就越能吸引我。我这一头不幸的牲口,不耐烦你的看护,脱离了你的牧群,染上了可耻的、龌龊不堪的疥疠,这又何足为奇呢?我从此时起爱好痛苦,但又并不爱深入我内心的痛苦——因为我并不真正愿意身受所看的种种——而仅仅是爱好这种耳闻的、凭空结构的、犹如抓着我皮肤的痛苦,可是一如指甲抓碎皮肤时那样,这种爱好在我身上也引起了发炎、肿胀、化脓和可憎的臭腐。

这是我的生活。唉,我的天主,这可能称为生活吗?

三

你的慈爱始终遥遥覆庇着我。我沉湎于怎样的罪恶之中！我背弃了你，听凭亵圣的好奇心引导我走向极度的不忠不信，成为魔鬼的狡狯仆从，用我的罪行歆享魔鬼，而你便用这一切来鞭打我！我竟敢在举行敬事你的典礼时，在圣殿之内，觊觎追营死亡的果实。你重重惩责我，但和我的罪过相比可算什么？唉，我的天主、我的无边的慈爱，你覆庇我不受灾眚的侵袭，而我在危险之中还意气洋洋，到处游荡，远离了你，从我所好的行径而不趋向你的道路，我只知流连于转瞬即逝的自由。

当时所推崇的学问，不过是通向聚讼的市场，我希望在此中显露头角，而在这个场所越会信口雌黄，越能获得称誉。人们的盲目到达这样程度，竟会夸耀自己的谬见，我在雄辩术学校中名列优等，因此沾沾自喜，充满着虚荣的气概；但是，主，你知道我还是比较循规蹈矩的，绝不参与那些"捣乱鬼"——这个下流的、魔鬼的称号在当时是非常时髦的——的恶作剧；我生活在这些人中间，在无耻之中还带着三分羞恶之心，因为我不和他们同流合污；我和他们在一起，有时也欢喜和他们结交，虽则我始终厌恶他们的行动、他们的恶作剧：欺侮胆怯的新学生，毫无理由地戏弄他们，取笑作乐。没有再比这种行动更相像魔鬼的行动了！称为"捣乱鬼"，真是再恰当没有了。他们自身先已暗受欺人的恶魔捣乱、诱惑、嘲笑，先已陷入他们作弄别人的陷阱！

四

血气未定的我和这些人一起,读雄辩术的课本,希望能有出众的口才:这不过为了享受人间荣华的可鄙而浮薄的目的。遵照规定的课程,我读到一个名西塞罗①的著作,一般人更欣赏他的辞藻过于领会他的思想。书中有一篇劝人读哲学的文章,篇名是《荷尔顿西乌斯》。②

这一本书使我的思想转变,使我的祈祷转向你,使我的希望和志愿彻底改变。我突然看到过去虚空的希望真是卑不足道,便怀着一种不可思议的热情,向往着不朽的智慧,我开始起身归向你。我钻研这本书,不再着眼于辞令——我母亲寄给我的钱好像专为购买这一点,那时我已十九岁,父亲已在两年前去世,——这本书吸引我,已是由于内容,而不是为了辞藻了。

我的天主,那时我怀着很大的热情,想脱离人世种种而飞到你身边!但我不知道你对我作何安排,因为智慧是属于你的。爱好智慧,在希腊语名为哲学,这本书引起我对哲学的兴趣。有人假借哲学的名义来迷惑他人,利用伟大的、动人的、高尚的名义来粉饰他们自己的谬说;对于当时和以前这一类人物,此书都有论列,印证了你的精神通过你的忠良仆人所贻留的有益忠告:"你们应该小心,勿使他人用哲学、用虚诞的妄言把你们掳走,这种种只是合

---

① 西塞罗(M. T. Cicero,公元前106—前43),罗马古典文学的代表作家之一。
② 西塞罗的哲学论文之一,原书已佚。

乎人们的传统和人世的经纶,不合乎基督,而天主的神性却全部寓于基督之身。"①

我心灵的光明,你了解我当时并不知道使徒保罗这一段话。我所以爱那一篇劝谕的文章,是因为它激励我,燃起我的热焰,使我爱好、追求、获致并坚持智慧本身,而不是某宗某派的学说。但有一件事不能使我热情勃发,便是那篇文章中没有基督的名字。主啊,依照你慈爱的计划,我的教主、你的"圣子"的名字,在我咽哺之时,被我孩提之心所吸食,深深蕴蓄于心坎中,一本书,不论文字如何典雅,内容如何翔实,假如没有这个名字,便不能掌握住整个的我。

五

为此,我决心要读圣经,看看内容如何。我现在懂得圣经不是骄傲者所能体味,也不是孩子们所能领会的,入门时觉得隘陋,越朝前越觉得高深,而且四面垂着奥妙的帷幕,我当时还没有入门的资格,不会曲躬而进。我上面说的并非我最初接触圣经时的印象,当时我以为这部书和西塞罗的典雅文笔相较,真是瞠乎其后。我的傲气藐视圣经的质朴,我的目光看不透它的深文奥义,圣经的意义是随孩子的年龄而俱增,但我不屑成为孩子,把我的满腔傲气视为伟大。

---

① 见《新约·歌罗西书》2章8—9节。

六

因此,我蹈入了骄傲、狂妄、巧言令色的人们的圈子中,他们口中藏着魔鬼的陷阱,含着杂有你的圣名和耶稣基督、"施慰之神"、"圣神"①等字样的诱饵。他们语语不离这些名字,但不过是掉弄唇舌而发出虚音,心中毫无真理。他们口口声声:"真理、真理",不断和我谈论真理,却没有一丝一毫的真理;他们不仅对于身为真理的你,而且对于你所创造的世界也发出种种荒谬的论调:关于世界,即使哲学家们所论确切,我为爱你的缘故,也应置之不顾,你是我最慈爱的父亲,万美之美。

唉,真理,真理,那时我怎样从心坎的最深处向往着你,那时这些人经常用各种方法在长篇累牍的书本中向我高呼着你的名字!可惜这仅仅是空洞的声音。我渴求着你,而拿来供我充饥的肴馔,不是你而是太阳、月亮;这些美丽的产品是你创造的,但不是你,也不是最好的工程,因为你所创造的精神体,胜过天空灿烂的星辰。

我如饥如渴想望的也不是那些精神体,而是真理,是你本身、"永无变易,永无晦蚀"②的你。供我大嚼的肴馔不过是华丽的幻象,这些虚幻通过耳目而蒙蔽思想,爱这些虚幻还不如爱肉眼确实看到的太阳。但我以为这一切就是你,就充作我的食料,但并不是恣意饱啖,因为我口中尝不到像你那样的滋味——当然你并非那

---

① 译者按:天主教教义称天主三位:第一位圣父,第二位圣子,降世成人,是为耶稣基督,第三位圣神,四福音中也名为"施慰之神"。

② 见《新约·雅各书》1章17节。

些凭空虚构的东西——为此,我非但不能解饥,反而更饿了。

梦中的饮食和醒时的饮食相仿,但不能使睡者果腹,因为他睡着。上述种种丝毫不像你真理,不像现在和我讲话的真理,这些都是幻象,都是空中楼阁;我们目睹的天空和地面的物体比这些幻象来得实在;我们看到的物体和禽兽看到的一样,也比我们想象的更实在。甚至我们想象中的物体也比我们依据这些物体而虚拟的茫无边际的东西更形实在。那时我便以这些幻象充饥,却不能因此果腹。

但是,你、我的爱、孱弱的我所依恃而汲取力量的,你不是我们肉眼所看见的天际星辰,也不是我们看不见的物体,这一切都是你创造的,而且还不是你最好的工程。你与我所虚构的幻象、绝不存在的幻象有多大的差别!一切实在物体的形象,一切实在的物体——但不是你——也比这些幻象更真实。你也不是使物体具有生命的灵魂——物体的生命比物体更好、更实在——你是灵魂的生命,生命的生命;你以自身生活,你绝不变易,你是我灵魂的生命。

为我,你当时在哪里?在多么遥远的地方!我离开了你迢迢远行,甚至找不到喂猪的橡子来充饥。文章家和诗人们的故事也远优于那些欺人的妖言,诗歌与"密提阿飞行"①的故事比毒害信徒的"五元素化身大战黑暗五妖洞"②荒诞不经之说也远为有用。因为我从这些诗歌中能汲取到真正的滋养:我虽则唱着"密提阿

---

① 希腊神话中帮助哲松取得金羊毛的女巫。
② 指摩尼教教义。

飞行"故事,但我并不说实有其事,即使我听别人唱,也不会信以为真的。而对于后者我却拳拳服膺了,真是言之痛心!我怎会一层一层滚到地狱底里的呢?由于缺乏真理而心烦虑乱,我追寻你、我的天主,——我现在向你忏悔:在我怙恶不悛的时候,你已经怜悯我——但是仅仅用肉体的感觉,而不是用你所赋予我们足以制服毒虫猛兽的理智。你幽邃沉潜,在我心坎深处之外,你又高不可及,超越我心灵之巅。这时我遇上了所罗门箴言中的那个"坐在自家门口的懵懂无耻的妇人,她说:快快吃这些神秘的饼,喝那杯偷来的甘液"。① 她看见我在外浪荡,在细嚼着用我肉眼找到吞食的东西,便把我迷住了。

七

我并不想到另一真正存在的真理,因此,人们向我提出:"罪恶来自何处?神是否限制在一个物质的躯体内,是否有头发和手指?多妻的、杀人的、祭祀禽兽的人能否列为义人?"种种问题后,我如受到针刺一般急忙赞成那些狂妄骗子的见解。这些问题使无知的我忐忑不安;我背着真理,还自以为面向真理;我不懂得"恶"不过是缺乏"善",彻底地说只是虚无。那时我的肉眼已为外物所蔽,我的精神只能见到魑魅魍魉,当然我不会懂得这一点。

那时我不知道天主是神体,没有长短粗细的肢体,没有体积,因为一有体积,局部必然小于整体;即使是无限的,但为空间所限

---

① 见《旧约·箴言》9章17节。

制的一部分必然小于无限,便不能成为神体,如天主的无所不在,在在都是整个天主。至于我们本身凭什么而存在,为何圣经上称我们是"天主的肖像"①,这一切都不知道。

我也不认识真正的、内心的正义,不依据习俗而依据全能天主的金科玉律权衡一切的正义;天主的法律一成不变,不随时间空间而更改,但随时代地区的不同而形成各时代各地区的风俗习惯;亚伯拉罕、以撒、雅各、摩西、大卫②以及为天主亲口赞许的人,依照天主的法律都是正义的人;但这些无知之徒随从世人的褒贬毁誉,以个人的经验去衡量人类的全部风俗习惯,断定他们是不正义的,这犹如一人不识武装,不知盔与甲的用度,加甲于首,裹盔于足,便认为不适于用;或是某日规定下午休假,这人强调上午既然容许营业,抱怨下午为何不能进行买卖;又如在某人家中见某一奴隶手持的东西不准另一个进酒肴的奴隶接触,或在马厩后做的工作不准在餐厅进行,便指斥同居一室、同属一家,为什么待遇不同。

同样,这些人听到现代正义的人所禁行的事,古代正义的人却不在此例,天主权衡时宜,对古人制定那样法令,对今人制定这样法令,古往今来都适应着同一的正义,他们却对此愤愤不平。不知同一人、同一日、在同一屋中,使用某一肢体时,不能代之以另一肢体;某时准许做的,换一个时辰即行禁止;在某一角落许可或命令做的,在附近的另一角落便不许做,做了要受责罚。那么,正义成为变化多端了?不然,这是正义所统摄的时代有所不同,既然是时

---

① 见《旧约·创世记》1 章 27 节。
② 指这些人都是《旧约》中的圣哲。

代,便有先后。人生非常短促,不能以为本身有了经验,便对经验所不及的古今四方的事物因革都融会贯通;反之,在同一人身上、同一天内、同一屋中,很容易看出某一时刻、某一地点或某一肢体应做何事,因此对前者感到抵触,而对后者便毫无异议。

以上种种,我一无所知,也绝不措意;虽然这些事理从各方面透进我的双目,我还是熟视无睹。我诵诗时,音节的轻重不能随意配置,一种诗体有一种格律,在同一诗句中也不能都用同一的音节;但文章的规律,不是随地而异的,它有一个完整的体系。我并没有看到圣贤们所服膺的正义,是把所命令的一切合成一个高妙万倍的整体:正义本质绝无变易,也不把全部条例施行于任何一个时代,而是因时制宜,为每一时代制定相应的法令。我却盲目批评虔诚的祖先们不独遵照天主的命令和启示调配当前的一切,甚且秉承天主的默牖,对将来发出预言。

八

那么"全心、全灵、全意爱天主和爱人如己"①在某时某地能不能也成为非正义的呢?凡违反天性的罪行,如所多玛人所做的,不论何时何地都应深恶痛绝,即使全人类都去效尤,在天主的定律之前,也不能有所宽纵,因为天主造人,不是要人如此自渎。天主是自然的主宰,淫欲玷污了自然的纪律,也就破坏了我们和天主之间应有的关系。

---

① 见《新约·马可福音》12 章 30 节。

至于违反风俗习惯的罪行，应随不同的习俗加以禁避，某一城市或某一国家，或因习惯或由法律所订定的规章，不应为市民或侨民随意破坏。任何部分如与整体不合即是缺陷。但如天主所命令的和一地的习惯规章抵触，即使从未执行，应即实施，若已废弛，应予恢复。君王有权在所统治的城邑中颁布前人或本人从前未曾制定的新法，凡是服从新法，并不违反本城的旧章，而不服从恰就违反本城的制度，因为服从君王是人类社会共同的准则，那么对万有的君王、天主的命令更应该毫不犹豫地服从。人类社会中权力有尊卑高下之序，下级服从上级，天主则凌驾一切之上。

对于侮辱他人，或对人施行暴力，二者都是蓄意损害他人的罪行，则和违反天性的罪行相同。这两种罪行的起因，或是为了报复，如仇人的陷害仇人；或为夺取别人所有，如强盗的抢劫行旅；或为逃避祸患，如一人恐惧另一人；或出于妒忌，如不幸者妒忌另一人的幸福，如得势者畏恨别人势力与自己相埒；或仅仅出于幸灾乐祸，如观看角斗的观众，或戏弄嘲笑别人。

这些是主要的罪行，根源都由于争权夺利，或为了耳目之娱，或为逞情快意，有时源于二者，甚至兼有以上三种根源。我的至尊至甘的天主，生活于这些罪恶，便是侵凌了你的"十弦琴"、你的"十诫"。你是不可能有所朽坏、有所损蚀，哪一种罪恶能影响你，哪一种罪行能损害你？但人们犯罪，你便加惩罚，因为即使是为了反对你而犯罪，也就是亵渎了人们自己的灵魂，罪恶在欺骗自身，或是毁坏你所创造、所调摄的天性；或漫无节制、过度享受你所赋畀的事物；或违反天性、追求违禁的事物；或故触锋芒，思想上、言语上侮辱你；或越出人类社会的范围，横行不法，随自己的好恶，挑拨离间,以快自己的私意。这种种的产生都由于抛弃了你生命的泉源、万物唯一真正的创造者和统治者;由于师心自用,错误地爱上了一部分,而以部分为整体。

因此,只有谦虚的虔诚能引导我们回到你身边,使你清除我们的恶习,使你赦免悔过自新者的罪业,使你俯听桎梏者的呻吟,解脱我们自作自受的锁链,只要我们不再以贪得无厌而结果丧失一切、更爱自身过于爱你万善之源的私心,向你竖起假自由的触角。

九

在损己损人以及其他形形色色罪恶中,也有进德修业的人所难免的过失;这些过失,如依严正的论断,自可作求全的责备,但同时有结成善果的希望,如萌芽之至于收获,则又应受赞许。有些近似上述两类的罪恶,而又实非是罪,因为既不侵犯你、我们的主、天主,也不危害社会;譬如一人储藏生活所需而且符合时势要求的某些物品,同时又不能确定他是否出于占有的欲望,又如为了纠正一人的错误,行使合法权加以处分,同时也不能确定其是否有损人之心。

因此有许多行为,在常人视为应受谴责,而你却不以为非,也有许多人所赞许的事,而你却不以为是。往往行事的外表和其人的内心大相悬绝,而当时的环境也不是常人所能窥测。但如果你突然发出一项特殊的、出人意外的命令,而且你过去曾加禁止的,你又不宣布发令的原因,即使这命令抵触人类社会的约章,也没有一人敢怀疑是否应该服从,因为唯有服从你的社会才是正义的社会。谁能确知你的命令,那真有福。因为你的仆人们一切行动,或为适应目前的需要,或为预示将来。

十

由于我不了解这些原则,因此我讪笑你的圣美的仆人和先知们。我讪笑他们,其实你也得讪笑我;我不知不觉地堕落到如此愚蠢的境界,以致相信人们摘无花果时,果子和树在流着乳一般的泪水;一位"圣人"①吃了这只无花果——当然摘的人犯罪,圣人没有罪——是把许多天使,甚至神的分子吞入腹中,圣人在祷告中呻吟太息时,吐出天使甚至神的分子,这些无上真神的分子本被囚禁在果子之中,这时被圣人的齿腹解放出来。我认为更应该同情地上的果子过于所以产生果子的原因、人,因为一个非摩尼教徒向你要一点儿食物解饥,如果你给他吃,便应受死刑。

十一

你自天垂手,把我的灵魂从黑暗的深渊拯救出来,我的母亲、你的忠心的婢女为了我向你痛哭,远过于母亲痛哭死去的子女。她看见我在她所得自你的信仰和精神方面已经死去。主,你应允她的祈祷,你应允她,并没有轻视她在各处祈祷时流下的眼泪,你应允她的祈祷。因为她所得的梦从哪里来的呢?你在梦中安慰

---

① 按摩尼教内分"圣人"和一般信徒"听讲者"两类。

她,她因此重新收抚我,许我在家中和她同桌饮食。她初起对我侮慢神圣的罪行是深恶痛绝的。她梦中见她自己站在一条木尺上,又见一位容光焕发的青年含笑走到她跟前。这时她痛不自胜,那位青年询问她何故悲伤天天哭泣——这样的询问往往是为了劝导,不是为了探听——她回答说是痛心于我的丧亡,那位青年请她放心,教她留心看,她在那里,我也在那里,她仔细一看,看见我在她身边,站在同一木尺上。

这梦是哪里来的呢?一定是你倾听她的心声,全能的好天主啊!你照顾着每一人,仿佛只照顾一个人,你照顾全人类,犹如照顾一人。

还有一点:她向我谈梦中情形时,我竭力向她解说,教她不要失望,说她日后也会成为我当时那样,她竟毫不犹豫地说:"不,他不对我说'他在那里,你也将在那里';①而是说:'你在那里,他也将在那里'。"

主啊,据我记忆所及我向你忏悔,我已屡次说过:当时你借我母亲的口所给我的答复,我母亲不为我的似是而非的解释所迷惑,并且能迅速看出应该看到的意义——如果她不说,我当时的确看不出——这种种比那场梦更使我感动。这个梦为安慰我母亲当前的忧虑,预示了她经过很长时期后才能实现的快乐。

因为我在垢污的深坑中、在错误的黑暗中打滚儿,大约有九年之久!我屡次想站起来,而每次使我陷得更深一层,但我的母亲,

---

① 译者按:"他不对我说","他"指梦中的青年,"我"指莫尼加(奥氏之母);"他在那里,你也将在那里","他"指奥古斯丁,"你"指莫尼加。

一如你所喜爱的贞静、诚敬、朴素的节妇,虽则抱着满怀希望,但依旧痛哭呻吟,在祈祷时继续为我向你发出哀号,她的祈祷达到你面前,你却让我继续在黑暗中旋转。

十二

我记得你还给我另一个答复。我现在略去许多枝节,为了早已迫不及待地要向你忏悔我所欲忏悔的事情,同时我也忘却了不少情节。

你通过你的祭司,通过一个在教会内成长的、精通圣经的主教,给我另一个答复。我的母亲请他来和我作一次谈话,驳斥我的错误,诱导我去恶从善——因为他如遇到合适的对象是如此做的——他拒绝了,事后我才懂得他这一决定的明智。他回答说,我还不肯受教,因为,一如我母亲告知他的,我由于新近接受了这异端,还是意气洋洋,曾用一些狡狯的问题难倒了好些知识比较浅薄的人。接着又说:"让他去。你只要为他祈求天主;他自会在书本中发现自己的错误和狂妄。"他还告诉我母亲,他的母亲也受摩尼教的迷惑,他幼时被送给摩尼教徒,该教所有书籍他几乎都读过,甚至抄写过,他没有和任何人争论过,也未受任何人的劝说,是他自己发觉这一教门是多么应受深恶痛绝的,因此他放弃了这教门。我的母亲听了这些话,依旧不放心,更加苦苦哀求,痛哭流涕,请他来看我,说服我。缠得他有些不耐烦而生气了,便说:"去吧,这样生活下去吧!你为你的儿子流下如许眼泪,这样一个儿子是不可能死亡的!"

我的母亲和我谈话时,屡次提到这事,说她听到这话,恍如听到来自天上的声音。

卷　四

一

我从十九岁到二十八岁，九年之久，陷溺于种种恶业之中，自惑惑人，自欺欺人，公开是教授所谓"自由学术"，暗中则使用虚伪的宗教幌子，前者是出于骄傲，后者则由于迷信，而二者都是虚妄。我一面追求群众的渺茫名誉，甚至剧场中的喝彩，诗歌竞赛中柴草般的花冠、无聊的戏剧和猖狂的情欲，而另一面却企图澡雪这些污秽：我供应那些所谓"优秀分子"和"圣人们"①饮食，想从他们的肚子里泡制出天使和神道来解救我们。我和那些受我欺骗或同我一起受人欺骗的朋友们从事于这种荒谬绝伦的勾当。

我的天主，那些尚未蒙受你的屈辱抑制而得救的骄傲者，任凭他们讪笑吧；我愿向你忏悔我的耻辱，为了你的光荣。我求你，请容许我用现在的记忆回想我过去错误的曲折过程，向你献上"欢乐之祭"。如果没有你，我为我自己只是一个走向毁灭的向导！即使在我生活良好的时候，也不过是一个饮你的乳、吃你的不朽的

---

① 按指摩尼教徒。

食物的人！一个人，不论哪一个人，只要是人，能是什么？任凭那些有权有势的人嘲笑吧！我们，孱弱、贫困的我们，愿意向你忏悔。

二

在这些年代中，我教授着雄辩术，我身为私欲的败将，却在出卖教人取胜的争讼法术。主啊！你是知道我希望教些好学生、当时所称的好学生；我一片好意地教他们骗人之道，不是要他们陷害无辜，但要他们有时去救坏蛋。天主啊，你远远望见我在斜坡上摇摇欲坠，我在浓雾中射出一些善意的闪光，你看见我在教导那些爱好浮华、追求谎言的人时，虽则我和他们是一丘之貉，但还能表现出一些良知。

在这些年代中，我和一个女子同居着，我们两人不是经过当时所谓合法的婚姻而结合的，而是由于苦闷的热情，我忘却了理智而结识的。但我仅有她一人，我对她是始终如一，并无其他外遇。在她身上，我亲自体验到为子嗣而黾勉同心的婚姻与肉欲冲动的结合有很大的差别，后者违反了双方的意愿而生育子女，但对所生的也不得不加以爱护。

我还记得一次参加诗剧比赛，一个巫师问我如赢得胜利，给他多少钱作为酬报，我是非常憎恨这种龌龊的邪术，我回答说，即使能赢得一只不朽的金冠，我也不愿为我的胜利而杀一只苍蝇，因为这巫师将杀牲祭祀魔鬼，认为如此则可以为我获致魔鬼的助力。但是，我心灵的天主，我的所以拒绝，并非出于你所喜爱的贞纯，因我当时只能想象物质的光华，还不知道爱你。一个灵魂向往这种虚幻，不是"离弃你而犯奸淫"①吗？不是在信任谎言，"饲喂狂风"②吗？因我虽不愿为我而举行淫祀，但我的迷信却天天在享祭魔鬼。魔鬼以我们的错误为乐趣，为嘲笑的目标，我们在饲喂魔鬼不就是在"饲喂狂风"吗？

三

为此，我是继续向当时名为算术家的星士请教，因为他们的推演星命似乎并不举行什么祭祀，也不作什么通神的祝告。但是基督教真正的、合乎原则的虔诚必然加以排斥。

本来最好是向你、主忏悔说："求你可怜我，治疗我的灵魂，因为我获罪于你"；③不应依恃你的慈爱而放肆，恰应牢记着你的话："你已痊愈了，不要再犯罪，才能避免遭遇更不幸的事。"④

这些星士们都竭力抹杀你的告诫，对我说："你的犯罪是出于天命，是不可避免的"；"是金星或土星、火星所主的"。这不过为卸脱一团血肉、一个臭皮囊的人的罪责，而归罪于天地日月星辰的创造者与管理者。这创造者与管理者不是你是谁呢？你是甘饴和正义的根源，你"将按照每人的行为施行赏罚"，"你绝不轻视忧伤痛恨的心"。⑤

---

① 见《诗篇》72 首 27 节。
② 见《旧约·何西阿书》12 章 1 节。
③ 见《诗篇》40 首 5 节。
④ 见《约翰福音》5 章 14 节。
⑤ 见《马太福音》16 章 27 节；《诗篇》50 首 19 节。

卷 四

当时有一位具有卓见之士,①并且也精于医道,在医学上负有盛名,他曾以总督的名义,不是以医生的名义,把竞赛优胜的花冠戴在我患病的头上。这病症却是你诊疗的,因为"你拒绝骄傲者,而赐恩于谦卑的人"。② 况且,通过这位丈人,你何曾停止过对我的照顾,对我灵魂的治疗?

我和他比较亲厚之后,经常尽心听他谈论。他的谈论不重形式,但思想敏锐,既有风趣,又有内容。他从我的谈话中知道我在研究星命的书籍,便以父执的态度谆谆告诫我,教我抛开这些书本,不要以精神耗于这种无益之事,应该用于有用的事物;他说他也研究过星命之学,而且年轻时,曾想以此为终生的职业。他既然能读希波克拉底③的著作,当然也能理解这些书。他的所以捐弃此道而从事医道,是由于已经觑破星命术数的虚妄,像他这样严肃的人,不愿做骗人的生涯。他又对我说:"你自可以教授雄辩术在社会上占一位置;你研究这种荒诞不经之说,并非为了生计,而是出于自由的爱好。你应该相信我的话,因为我对这一门曾经刻苦钻研,已可以此为业。"我问他为什么许多预言真的会应验。他照他的能力答复我,认为这是散布在自然界的偶然的力量。他说譬如翻阅某一诗人的诗集,一首诗的内容写的完全是另一件事,但可能有一句诗和某人的情境吻合,那么一人的灵魂凭着天赋的某种直觉,虽则莫名其妙,但偶然地、不经意地说了一些话,和询问者事实竟相符合,这也不足为奇。

---

① 按即卷七,第六章所说的文狄齐亚努斯,是当时的名医。
② 见《新约·彼得前书》5 章 5 节。
③ 纪元前第五世纪的希腊名医。

这是你从他口中，或通过他给我的忠告，并且在我的记忆中划定了我此后研究学术的方向。但在当时，这位长者，甚至和我最知己的内布利第乌斯——一位非常善良、非常纯洁的青年，最反对占卜的——都不能说服我使我放弃此种术数。对于我影响最深的，是这些书的作者的权威，我还没有找到我所要求的一种可靠的证据，能确无可疑地证明这些星命家的话所以应验是出于偶然，而不是出于推演星辰。

四

在这些年代中，我在本城开始我的教书生涯时，结识了一个非常知己的朋友，他和我一起研究学问，又同在旺盛的青年时代。他本是和我一起长大、一起就学、一起游戏的。但幼时我们两人还没有深切的爱情，虽则后来也不能谓是真正的友谊，因为只有你把那些具有"因我们所领受的圣神而倾注于我们心中的爱"①而依附你的人联结在一起的友谊才是真正的友谊。但那时我和他的交谊真是无比甜蜜，同时，因嗜好相同，更增加了我们的投契。我又使他放弃了他青年时代尚未真诚彻底认识的真正信仰，把他拖到了我母亲为我痛哭的荒诞危险的迷信之中。他的思想已经和我一起走上了歧途，而我的心也已经不能没有他。你是复仇的天主，同时也是慈爱的泉源，你紧紧追赶着逃避你的人，你用奇妙的方式使我们转向你；这温柔的友谊为我说来是超过我一生任何幸福，可是还不

---

① 见《新约·罗马书》5章5节。

卷　四　　　　　　　　　　　　　　　　　　　　　　59

到一年,你便使他脱离了人世。

任何人,即使仅仅根据个人内心的经验,也不能缕述你的慈爱。我的天主,这时你做什么?你的判断真是多么深邃!他患着高热,好久不省人事,躺在死亡的汗液中;病势看来已经绝望,便有人给这个失去知觉的病人行了"洗礼",我也并不措意,认为他的灵魂一定保持着所得于我的思想,而不是得于别人在他失去知觉的肉体上的行动。岂知远远出于我意料之外,病势转好,没有危险了。当我能和他讲话时——只要他能说话,我即能和他谈话,因为我日夜不离,我们两人真是相依为命——我想把他在昏迷中领受"洗礼"一事向他打趣,以为他也将自哂这回事的。岂知他已经知道自己受了洗礼。这时他惊怖地望着我,如对仇人一般,用突然的、异乎寻常的坚决态度警告我,如果我愿意和他交朋友,不能再说这样的话。我愕然失色,竭力压制我的情绪,让他保养精力,以为等他恢复健康之后,我对他又能为所欲为了。但是他从我疯狂的计划中被抢走,保存在你的身边,作为我日后的安慰。几天后,我又在他身边时,寒热重新发作,便溘然长逝了。

这时我的心被极大的痛苦所笼罩,成为一片黑暗!我眼中只看见死亡!本乡为我是一种刑罚,家庭是一片难言的凄凉。过去我和他共有的一切,这时都变成一种可怕的痛苦。我的眼睛到处找他,但到处找不到他。我憎恨一切,因为一切没有他;再也不能像他生前小别回来时,一切在对我说:"瞧,他回来了!"我为我自身成为一个不解之谜:我问我的灵魂,你为何如此悲伤,为何如此扰乱我?我的灵魂不知道怎样答复我。假如我对我的灵魂说:"把希望寄托于天主",它不肯听我的话,这很对,因为我所丧失的好友比起我教它寄予希望的幻象是一个更真实、更好的人。为我，只有眼泪是甜蜜的，眼泪替代了我心花怒放时的朋友。

五

主啊，这一切已经过去，时间已经减轻了我的伤痛。我能不能把心灵的耳朵靠近你的嘴，听听你给我解释为何眼泪为不幸的人是甜蜜的。你虽则无所不在，但是否把我们的苦难远远抛在一边？是否你悠悠自得，任凭我们受人生的簸弄？可是我们除了在你耳际哀号外，没有丝毫希望。烦恼、呻吟、痛哭、叹息、怨恨能否在此生摘到甜蜜的果实？是否因为我们希望你俯听垂怜，才感到甜蜜？对于祷告，的确如此，因为祷告时，抱着上达天听的愿望。但因死别而伤心，而悲不自胜，是否也同样有此愿望？我并不希望他死而复生，我的眼泪也并非要求他再来人世，我是仅仅因伤心而痛哭，因为我遭受不幸，丧失了我的快乐。眼泪本是苦的。是否由于厌恶我过去所享受的事物，才感觉到眼泪的甜味？

六

我为何要说这些话？现在不是提问题的时候，而是向你忏悔的时候。那时我真不幸。任何人，凡爱好死亡的事物的，都是不幸的：一旦丧失，便会心痛欲裂。其实在丧失之前，痛苦早已存在，不过尚未感觉到而已。那时我的心境是如此。我满腹辛酸而痛哭，我停息在痛苦之中。我虽则如此痛苦，但我爱我这不幸的生命，过于爱我的朋友。因为我虽则希望改变我的生命，但我不愿丧失我的生命，宁愿丧失朋友；我不知道我那时是否肯为了他而取法传说中的奥莱斯得斯和彼拉得斯，如果不是虚构的话，他们两人愿意同生同死，不能同生，则不如同死。但当时我的内心产生了一种与此完全相反的情绪：一面我极度厌倦生活，一面却害怕死。我相信我当时越爱他，便越憎恨、越害怕死亡，死亡抢走了我的朋友，死亡犹如一个最残酷的敌人，既然吞噬了他，也能突然吞下全人类。我记得我当时的思想如此。

这是我的心，我的天主啊，我的内心是如此；请看我的记忆。你是我的希望，你清除了我情感的污秽，使我的眼睛转向你，你解除了绊住我双足的罗网。那时，我奇怪别人为什么活着，既然我所爱的、好像不会死亡的好友已经死去；我更奇怪的是他既然死去，而我，另一个他，却还活着。某一诗人论到自己的朋友时，说得很对，称朋友如"自己灵魂的一半"[①]。我觉得我的灵魂和他的灵魂不过是一个灵魂在两个躯体之中，因此，生命为我成为可怖的，因为我不愿一半活着，也可能我因此害怕死，害怕我所热爱的他整个死去。

七

唉，真是一种不懂以人道教人的疯狂！一个满腹委屈忍受人

[①] 罗马诗人贺拉提乌斯（公元前65—前8）的诗句，见所著《诗歌集》卷一，第3首第8句。

生的傻瓜!我当时确是如此。因此,我愤愤不平,我叹息痛哭,我心烦虑乱、不得安宁,我一筹莫展。我背负着一个破裂的、血淋淋的、不肯被我背负的灵魂,我也不知道把它安置在哪里。无论在优美的树林中,在娱乐歌舞中,在清香四溢的田野中,在丰盛的筵宴中,在书籍诗文中,都得不到宁静。一切,连光明也成为可憎的;一切,除了呻吟和痛哭外,只要不是他,便使我难堪、讨厌;只有寄顿在呻吟和痛哭之中;但只要我的灵魂一离开呻吟和痛哭,那么痛苦的担子更觉重重压在我身上。

主啊,我知道只有你能减轻我的负担,能治疗我,但我既不愿,也不可能;我意想中的你并非什么稳定实在的东西,因为这不是你,而是空洞的幻影,我的错误即是我的天主。我想把我的灵魂安置在那里,让它休息,它便堕入虚测之中,重又压在我身上;我自身依旧是一个不幸的场所,既不能停留,又不能脱离,因为我的心怎能避开我的心,我怎能避开我自身? 那里我能不追随我自身?

但我逃出了我的故乡。因为在过去不经常看见我朋友的地方,我的眼睛又会像在本乡一样找寻他。我离开了塔加斯特城,来到了迦太基。①

八

时间并不闲着,并非无所事事地悠然而逝:通过我们的感觉,

---

① 按这是公元376年的事。奥氏在所著《驳学园派》一书中,对此次出游补充了一些细节。

时间在我们心中进行着令人惊奇的工作。时间一天又一天地来来去去,在它来时去时,把新的希望、新的回忆注入我心中,逐渐恢复我旧时的寻欢作乐,迫使痛苦撤退;但替代的虽不是新的痛苦,却是造成新痛苦的因素。何以这痛苦能轻易地深入我内心呢?原因是由于我爱上一个要死亡的人,好像他不会死亡一样,这是把我的灵魂撒在沙滩上。

这时最能恢复我的生气的,是其他朋友给我的安慰,我和他们一起都爱着我当时所奉为真神的一连串神话和荒渺之言,我们这颗痒痒的心,用这些邪僻的东西来搔爬着,让它们腐蚀我们的心灵。一个朋友能死去,神话却不会死。此外,在那些朋友身上还有更能吸引我的东西:大家谈论,嬉笑,彼此善意的亲昵,共同阅读有趣的书籍,彼此玩笑,彼此体贴,有时意见不合,却不会生出仇恨,正似人们对待自身一样;而且偶然的意见不同,反能增加经常意见一致的韵味;我们个个是老师,也个个是学生;有人缺席,便一心挂念着,而欢迎他的回来:所有以上种种,以及其他类似的情形都出于心心相印,而流露于谈吐顾盼之间,流露于千万种亲厚挚热的情款;这一切正似熔炉的燃料,把许多人的心灵融而为一。

九

朋友之间彼此相爱便是如此,甚至可以到达这样的程度:如果对朋友不以爱还爱,会觉得良心的谴责;对朋友只要求善意的表示。因此,一个朋友死去,便会伤心,蒙上痛苦的阴影,甜蜜变成辛酸,心灵完全沉浸在泪水中,死者的丧失生命,恍如生者的死亡。

谁爱你,在你之中爱朋友,为你而爱仇人,这样的人真是幸福!一人能在你身上泛爱众人,既然不会丧失你,也不会丧失所爱的人;除了你、我们的天主,创造天地并充塞天地,充塞天地而创造天地的天主外,能有不会丧失的东西吗?没有一人能丧失你,除非他离弃你,而离弃了你能走往哪里,能逃往哪里去呢?不过是离弃了慈祥的你,走向愤怒的你。在你的惩罚的范围中哪里能避得开你的法律?"你的法律即是真理",而"真理即是你"。①

十

全能的天主,"求你使我们转向你,请显示你的圣容,我们便能得救"。② 一人的灵魂不论转向哪一面,除非投入你的怀抱,否则即使倾心于你以外和身外美丽的事物,也只能陷入痛苦之中,而这些美好的事物,如不来自你,便不存在。它们有生有灭,由生而长,由长而灭,接着便趋向衰老而入于死亡;而且还有中途夭折的,但一切不免于死亡。或者生后便欣欣向荣,滋长愈快,毁灭也愈迅速。这是一切事物的规律。因为你仅仅使它们成为一个整体的部分,事物的此生彼灭,此起彼仆,形成了整个宇宙。譬如我们的谈话,也有同样的过程:一篇谈话是通过一连串的声音,如果一个声音完成任务后不让另一个声音起而代之,便不会有整篇谈话了。

天主,万有的创造者,使我的灵魂从这一切赞颂你,但不要让

---

① 见《诗篇》118 首 140 节;《约翰福音》14 章 16 节。
② 见《诗篇》79 首 4 节。

它通过肉体的官感而陷溺于对这些美好的爱恋之中。这些事物奔向虚无,它们用传染性的欲望来撕裂我们的灵魂,因为灵魂愿意存在,欢喜安息于所爱的事物群中,可是在这些事物中,并无可以安息的地方,因为它们不停留,它们是在飞奔疾驰,谁能用肉体的感觉追赶得上?即使是近在目前,谁又能抓住它们?肉体的感觉,正因为是肉体的感觉,所以非常迟钝,这是它的特性。它所以造成的目的,是为了另一种事物,为这些事物已经绰有余裕;但对于从规定的开端直到规定的终点,飞驰而过的事物,感觉便无法挽留。因为在你创造它们的"言语"之中,事物听到这样的决定:"由此起,于此止!"

十一

我的灵魂啊,不要移情于浮华,不要让你的耳朵为浮华的喧嚷所蒙蔽;你也倾听着。天主的"道"①在向你呼喊,叫你回来,在他那里才是永无纷扰的安乐宫,那里谁不自动抛弃爱,爱绝不会遭到遗弃。瞧,事物在川流不息地此去彼来,为了使各部分能形成一个整体,不管整体是若何微小。天主之"道"在说:"我能离此而他去吗?"我的灵魂,至少你对欺骗也已感到厌倦了,你应该定居在那里,把你所得自他的托付给他;把得自真理的一切,托付于真理,你便不会有所丧失;你的腐朽能重新繁荣,你的疾病会获得痊愈,你

---

① 译者按:"道"即天主第二位,见《新约·约翰福音》第1章,拉丁文为"Verbum",或译为"圣言"。

的败坏的部分,会得到改造、刷新,会和你紧密团结,不会再拖你堕落,将和你一起坚定不移地站在永恒不变的天主身边。

你为何脱离了正路而跟随你的肉体?你应改变方向,使肉体跟随你。你通过肉体而感觉的一切,不过是部分,而部分所组成的整体,你看不到,你所欢喜的也就是这些部分。如果你肉体的官感能包罗全体,如果不是由于你所受的惩罚,官感不限制于局部,那么你一定希望目前的一切都过去,以便能欣赏全体。譬如我们说的话,你是通过肉体的器官听到的,你一定不愿每一字停留着,相反,你愿意声音此去彼来,这样才能听到整篇谈话。同样,构成一个整体的各部分并不同时存在,如果能感觉到整体,那么整体比部分更能吸引人。但万有的创造者当然更加优于这一切。他就是我们的天主,他不会过去,因为没有承替他的东西。

十二

如果你欢喜肉体,你该因肉体而赞颂天主,把你的爱上升到肉体的创造者,不要因欢喜肉体而失欢于天主。如果你欢喜灵魂,你应在天主之中爱灵魂,因为灵魂也变易不定,唯有固着于天主之中,才能安稳,否则将走向毁灭。因此你该在天主之中爱灵魂,尽量争取灵魂,拉它们和你一起归向天主;你该对它们说:"爱天主,是天主创造了一切,天主并不遥远。"天主并非创造万物后便功成身退;万有来自天主,就存在于天主之中。哪里闻到真理的气息,天主就在哪里。天主在人心曲中,而心却远远离开天主。"叛逆的人,回心转意吧!"①依附于创造你们的天主。和他一起,你们便能站住,获得安宁。为何你们要走上崎岖的道路?你们要上哪里去呢?你们所爱的美好都来自他,但唯有归向他,才是美好甘饴,否则即变成苦涩。这是理所必然的,因为美好既来自天主,如放弃天主而爱上这些美好,当然是不合理的。为何你们始终奔逐于艰苦的途径?你们想在哪里找到憩息之处,哪里也找不到。你们找寻吧;绝不在你们找寻的地方。你们在死亡的区域中找寻幸福的生命,幸福的生命并不在那里。那里连生命都没有,怎能有幸福的生命呢?

他,②我们的生命,却惠然下降,他负担了我们的死亡,用他充沛的生命消毁了死亡,用雷霆般的声音呼喊我们回到他身边,到他神秘的圣殿中,他本从此出发来到人间,最先降到童女的怀中,和人性、和具有死亡性的人身结合,使吾人不再永处于死亡之中,"他如新郎一般,走出洞房,又如壮士欣然奔向前程"。③ 他毫不趑趄地奔走着,用言语、行动、生活、死亡、入地、上天,呼唤我们回返到他身边。他在我们眼前隐去,为了使我们退回到自己内心,能在本心找到他。他不愿和我们长期在一起,但并不抛开我们。他返回到他寸步不离的地方,因为"世界是凭借他而造成的,他本在世界上,他又现身于这世界上为了拯救罪人"。④ 我的灵魂得罪他,向他忏悔,他便治疗我的灵魂。"人的子孙们,你们的心顾虑重重

---

① 见《旧约·以赛亚书》46 章 8 节。
② 按指上文的"道"。
③ 见《诗篇》18 首 6 节。
④ 见《约翰福音》1 章 10 节。

到何时为止？"①生命降到我们中间，你们还不愿上升而生活吗？但上升到哪里呢？你们不是已高高在上吗？"你们的口不是在侮辱上天吗？"②要上升，要上升到天主面前，你们先该下降，因为你们为了反抗天主而上升，才堕落下来的。

我的灵魂啊，把这些话告诉它们，使它们在"涕泣之谷"中痛哭，带领它们到天主跟前，如果你本着热烈的爱火而说话，那么你的话是天主"圣神"启发你的。

十三

这一切，我当时并不知道，我所爱的只是低级的美，我走向深渊，我对朋友们说："除了美，我们能爱什么？什么东西是美？美究竟是什么？什么会吸引我们使我们对爱好的东西依依不舍？这些东西如果没有美丽动人之处，便绝不会吸引我们。"我观察到一种是事物本身和谐的美，另一种是配合其他事物的适宜，犹如物体的部分适合于整体，或如鞋子的适合于双足。这些见解在我思想中，在我心坎酝酿着，我便写了《论美与适宜》一书，大概有两三卷；天主啊，你完全清楚，我已记不起来了。我手中已没有这书，我也不知道怎样亡失的。

---

① 见《诗篇》40首3节。
② 同上，72首9节。

十四

主、我的天主,我为何要把这本书献给罗马的演说家希埃利乌斯?我和他并不相识,他的学识在当时极负盛名,因此对他崇拜;我听到他的一些言论,使我很佩服,但主要还是由于各方面对他的褒扬标榜,我钦佩他本是叙利亚人,先精通希腊的雄辩术,以后对拉丁文又有惊人的造诣,同时对于有关哲学的各种问题也有渊博的知识。人们赞扬他,虽则不见其人,而对他表示敬爱。这种敬爱之忱是否从赞扬者传入听者之心?不然,这是一人的热情燃烧了另一人的热情。听到别人赞扬一人,因为相信是真心的赞扬,自然会对那人产生敬爱之忱,换言之,对一人的赞扬是出于内心的情感。

为此,我是依据人们的判断而爱重一人,不是依照你天主的判断,但唯有你不会欺骗任何人。

但为何人们的赞扬希埃利乌斯和赞赏一个赛车的有名御者,或群众所称道的猎手大不相同,而是怀着尊敬的心意,一如我也希望受到同样的赞扬?为何我虽则赞赏、崇拜舞台上的角色,却不愿别人赞我、爱我像伶人一样?我宁愿没没无闻,却不愿得到这种名誉,我宁愿别人恨我,不愿别人这样崇拜我。在同一的灵魂,怎会分列着轻重不等各式各样的爱好呢?为何我欢喜别人身上的某种优长,而在自己身上,即使不深恶痛绝,至少表示讨厌而不肯接受?我们不都是人吗?一个爱良马的人,即使可能变成马,也绝不愿自己变成马。可是对于优伶不能如此说,因为优伶和我同属人类。

然而我所不愿的，却欢喜别人如此，虽则我也是人。人真是一个无底的深渊！主啊，你知道一人有多少头发，没有你的许可，一根也不会少；可是计算头发，比起计算人心的情感活动还是容易！

至于那位演说家是属于我所敬仰的人物，我希望也能和他一样；我的傲气使我彷徨歧途，随风飘荡，但冥冥之中，我仍受你的掌握。我真不知道，也不能肯定地向你承认我对他的敬仰，是由于人们对他的推重，还是由于他本人所具有的、受到推重的优长？如果那些人介绍同样的事迹，不赞扬他而带着指斥轻蔑的口吻批评他，我对他便不会如此热烈尊崇；事实并没有改变，改变的不过是介绍者的态度。看，一个灵魂不凭借坚定的真理，便会这样奄奄一息地躺着，随议论者胸中所吐出的气息而俯仰反复，光明就被蒙蔽起来，分辨不出真理了。其实真理就在我们面前。

当时为我最重要的是设法使这位大人物看到我的言论和著作。如果得到他的赞许，那么我更是兴致勃勃；如果他不赞成，那么我这颗习于浮华、得不到你的支撑的心将受到打击。但我自己却很得意地欣赏着我献给他的那部《论美与适宜》的著作，即使没有人赞赏，我也感到自豪。

十五

我还没有看出这个大问题的关键在于你的妙化之中，唯有你全能天主才能创造出千奇万妙。我的思想巡视了物质的形相，给美与适宜下了这样的定义：美是事物本身使人喜爱，而适宜是此一事物对另一事物的和谐,我从物质世界中举出例子来证明我的区分。我进而研究精神的性质,由于我对精神抱着错谬的成见,不可能看出精神的真面目。真理的光芒冲击我的眼睛,可是我使我跃跃欲试的思想从无形的事物转向线条、颜色、大小;既然在思想中看不到这种种,我便认为我不能看见我的精神。另一面,在德行中我爱内心的和平,在罪恶中我憎恨内心的混乱,我注意到前者具有纯一性而后者存在分裂,因此我以为理性、真理和至善的本体即在乎纯一性。同时糊涂的我认为至恶的本体存在于无灵之物的分裂中,恶不仅是实体,而且具有生命,但并不来自你万有之源。

前者,我名之为"莫那德",作为一种无性别的精神体;后者我名之为"第亚德",如罪恶中的愤怒、放浪中的情欲等,我真不知道在说什么。原因是我当时并不懂得,也没有人告诉我,恶并非实体,我们的理智也不是不变的至善。

犹如愤怒来自内心的冲动,内心动作失常,毫无忌惮地倒行逆施,便犯罪作恶;情欲起源于内心的情感,情感如毫无节制,便陷于邪僻;同样如果理性败坏,则诐辞邪说玷污我们的生命。当时我的理性即是如此。我并不知道我的理性应受另一种光明的照耀,然后能享受真理,因为理性并非真理的本体。"主啊,是你燃点我的心灯;我的天主啊,你照明我的黑暗";①"你的满盈沾匀了我们。"②因为"你是真光,照耀着进入这世界的每一人",③"在你身

---

① 见《诗篇》17首29节。
② 见《约翰福音》1章16节。
③ 同上,9节。

上,没有变化,永无晦蚀"。①

我企图接近你,而你拒绝我,要我尝着死亡的滋味,因为你拒绝骄傲的人。我疯狂至极,竟敢称我的本体即是你的本体,再有什么比这种论调更骄傲呢?我明知自己是变化无常的,我羡慕明智,希望上进,但我宁愿想象你也是变易不定,不愿承认我不同于你。为此,你拒绝我,你拒绝我的顽强狂悖。我想象一些物质的形象,我身为血肉,却责怪血肉;我如一去不返的风,我尚未归向你,我踽踽而行,投奔至既非你又非我,也不属于物质世界的幻象,这些幻象并非你真理为我创造的,而是我的浮夸凝滞于物质而虚构的。我责问你的弱小的信徒们——他们本是我的同胞,我不自知地流亡在外,和他们隔离——我纠缠不清地责问他们:"为何天主所造的灵魂会有错误?"但我不愿别人反问我:"为何天主会有错误?"我宁愿坚持你的不变的本体必然错误,却不愿承认我的变易不定的本性自愿走入歧途,担受错误的惩罚。

我写这本书的时候,大概是二十六七岁,当时满脑子是物质的幻象。这些幻象在我心灵耳边噪聒着。但甜蜜的真理啊,在我探究美与适宜时,我也侧着我心灵之耳聆听你内在的乐曲,我愿"肃立着静听你","希望听到新郎的声音而喜乐",②但我做不到,因为我的错误叫喊着把我拖到身外,我的骄傲重重压在我身上把我推入深渊。你"不使我听到欢乐愉快的声音,我的骸骨不能欢跃",

---

① 见《雅各书》1 章 17 节。
② 见《约翰福音》3 章 29 节。

因为尚未"压碎"。①

十六

我大约二十岁时,手头拿到亚里士多德的《十范畴论》,我读后即能领会,但这种聪明为我有什么用处？我的老师,迦太基的雄辩术教授,提到范畴,便动容赞叹,当时的所谓博士先生们也都交口称道,我也想望羡慕,看作一种不知如何伟大而神圣的著作。有些人自称非但听到明师的口头讲解,而且还得见老师们在灰沙中描摹刻画,才勉强领会;我和他们谈起来,除了我自学的心得之外,他们也谈不出什么。

我以为这本书中相当清楚地谈到"实体",如人,以及属于实体的一切,如人的外貌如何,身长几尺,是谁的弟兄或亲属,住在哪里,生在哪一年,立着或坐着,穿鞋的或武装,在做什么,或忍受什么,总之都属于其余九范畴,上面我仅仅举一些例子,即使在实体一类,便有无数例子。

这一切为我有什么用处？没有,反而害了我:我以为这十项范畴包括一切存在,我企图这样来理解你天主的神妙的纯一不变性,好像你也附属于你的伟大与你的美好,以为这两种属性在你身上好像在一个主体上,在一个物质上,其实你的本体即是你的伟大与美好,而其他物体却不因为是物体即是伟大美好,因为如果比较小一些,比较差一些,也依旧是物体。因此我对你的种种看法,都是错误,并非真理,都是我可怜的幻想,而不是对于你的幸福的正确

---

① 见《诗篇》50 首 10 节。

概念,你曾命令过:"地要生出荆棘蒺藜",①我们原靠劳动才能得食,这命令在我身上执行了。

当时像我这样一个听命于各种私欲的坏奴才,能阅读一切所谓自由艺术的著作,能无师自通,有什么用处?我读得津津有味,但并不能辨别出书中所有正确的论点来自何处。我背着光明,却面向着受光明照耀的东西,我的眼睛看见受光照的东西,自身却受不到光明的照耀。我不靠别人的讲解,不费多少劲,能理解一切有关修辞、论辩、几何、音乐、数学的论著,主、我的天主,你都清楚,因为我的聪明,我思想的敏锐,都是你的恩赐;但我并不以此为牺牲而祭献你。所以这些天赋不仅没有用,反而害了我。我争取到我的产权中最好的一部分,我不想在你身边保守我的力量,反而往远方去,挥霍于荒淫情欲之中。良好的赋禀,不好好使用,为我有什么用处?因为一般勤学聪敏的人认为极难理解的那些问题,为我毫无困难,只有向他们解释时,才能感觉到疑难之处,他们中间最聪明的,也不过是最先能领会我的解释的人。

但这为我有什么用处?当时我认为你,主、天主和真理,不过是一个浩浩无垠的光明物体,而我即是这物体的一分子。唉,真是荒谬绝伦!但我当时确是如此;既然我当时恬不知耻地公开对别人传授我的谬说,向你狂吠,现在我也不顾愧赧而向你天主忏悔,缕述你对我的慈爱,向你呼吁。当时我一无师承读通了难解的著作,但对于有关信仰的道理,却犯了丑恶不堪、亵渎神圣的错误,那么我的聪明为我有什么用处?相反,你的孩子们,始终依恋在你膝

---

① 见《创世记》3章18节。

下,在你教会的巢中,有纯正的信仰作为饮食,安稳地等待羽毛丰满,长出爱德的双翅,即使思想拙钝,能有多大害处呢?

主、我的天主,我们希望常在你的羽翼之下,请你保护我们,扶持我们;你将怀抱我们,我们从孩提到白发将受你的怀抱,因为我们的力量和你在一起时才是力量,如果靠我们自身,便只是脆弱。我们的福利,在你身边,才能保持不失;一离开你,便走入歧途。主啊,从今起,我们要回到你身边,为了不再失足,我们的福利在你身边是不会缺乏的,因为你即是我们的福利。我们不必担心过去离开你,现在回来时找不到归宿,因为我们流亡在外时,我们的安宅并不坍毁;你的永恒即是我们的安宅!

卷　五

一

你赋畀我唇舌,你督促我的唇舌歌颂你的圣名;请你收纳我唇舌所奉献的忏悔之祭。请治疗我全身骸骨,使我的骸骨说:"主,谁能和你相似?"①一人向你忏悔自身的情况,并没有告诉你什么,因为一颗心即使关闭着,也瞒不过你的眼睛,人们的顽强也挣不脱你的掌握;你或出于慈爱,或为了报复,能随意软化我们的顽强,"没有一人能逃脱你的熏炙"。②

使我的灵魂为爱你而歌颂你,为歌颂你而向你诵说你的慈爱。你所创造的一切始终在歌颂你,从不间断,从不缄默:一切精神体是通过已经归向你的口舌歌颂你;一切动物,一切物质是通过观察者的口舌歌颂你;请使我们的灵魂,凭借你所造的万物,能摆脱疲懒,站立起来走向你,到达这些千奇万妙的创造者的身边,那里才能真正恢复元气,才是真正的力量。

---

① 见《诗篇》34首10节。
② 同上,18首7节。

二

任凭那些彷徨不定和怙恶不悛的人逃避你吧！你依旧注视着,洞烛他们的黑暗。即使这些人是丑恶不堪,即使万有包括这些人在内,但万有依旧是美丽的。这些人能损害你吗？他们能破坏你的统治吗？从天涯到地角你的统治是公正而完善。他们力图逃避你的圣容,但能逃往何处？哪里你会找不到他？他们所以遁逃是为了不要看见鉴临他们的你,他们闭上了眼睛冲撞你——因为你并不放弃你所创造的任何部分——这些不义的人冲撞你,受到了正义的处分;他们自愿置身于你的慈惠之外,触犯你的正义,领受你严峻的处分。显然,他们是不知道你是无所不在,不受空间的限制,你是始终鉴临着远离你的人。希望他们回身寻你;他们叛离了创造的主宰,但你并不放弃他们。希望他们自觉地回身寻你,你就在他们心中:谁向你忏悔,谁投入你的怀抱,谁因困顿风尘而在你怀抱中流泪痛哭,你就在他心中;你会和蔼地擦干他们的眼泪;因为,主,你不是一个血肉的人,你是创造他们的天主,你现在又再造他们,抚慰他们。但在我追求你的时候,我自己究竟在哪里呢？你在我面前,我则远离我自己,我不曾找到我自己,当然更找不到你了。

三

我将在我天主之前,谈谈我二十九岁那一年了。

这时有一个摩尼教的主教来到了迦太基。这人名福斯图斯，是魔鬼的一张巨大罗网，许多人被他优美的辞令所吸引而堕入网中。我虽则赞赏他的辞令，但我能把辞令和我所渴求的事物真理区分开来；我对于人们交口称道的福斯图斯，不着眼于盛辞令的器皿，而着眼于他对我的知识能提供什么菜肴，因为我先已听到他学识渊博并擅长自由艺术的声誉。

我已经读了许多哲学家的著作，并已记在心头。我还把有些论点和摩尼教的冗长神话作了比较，我认为那些"多才多艺，能探索宇宙秘奥，却不识宇宙主宰"①的人所论列的比摩尼教可信。但你、"伟大的天主，垂怜卑微的人而藐视骄傲的人"，②你俯就诚心自怨自艾的人。那些骄傲的人，即使他们嗜奇而专精，能计算星辰与沙砾的数字，度量天体，窥测星辰运行的轨道，却找不到你。

他们凭自己的理智和你所赋畀的才能，探求以上种种，确有很多发明；他们能在好几年前预言某日某时某刻有日月蚀，他们所预测的数字丝毫不爽地应验了。

人们对这些成就表示赞叹，没有这种知识的人感到惊愕，那些行家却沾沾自喜。目无神明的骄傲使他们和你的无限光明隔绝；他们能预测日蚀，却看不到自身的晦蚀。原因是他们不能本着宗教精神探求他们所以能探求以上种种的才能来自何处。即使他们发现是你创造他们，也不肯把自己贡献于你，使你保持着所创造的工程；他们祭祀自己，却不肯以自身祭祀你，他们不肯宰杀和"空

---

① 见《旧约·智慧书》13 章 9 节。译者按该卷仅见于天主教本《旧约》，基督教新教列为"次经"，不收。

② 见《诗篇》137 首 6 节。

中飞鸟"一样的好高骛远的意愿、和"海中鳞介"一样的"潜行深渊"的好奇心,以及和"田野的牲畜"①一样的佚乐,使你天主能以销铄一切的烈火烧毁他们导致死亡的欲望,赋予他们不朽的生命。

他们不认识"道路",不认识你的"道":你是通过"道"而创造了他们所计算的万类,创造了能计算的人类,创造了他们观察万物的官感和所以能计算的理智。"你的智慧是无限无量的。"②你的"独子""成为我们的智慧、正义与圣德",③成为我们中间的一员,向恺撒纳税。他们不认识这一条从自身下降到"圣子",再通过"圣子"而上升到"圣子"的道路。他们不认识这条道路,自以为高高在上,与星辰一样光明;因此堕落到地上,他们冥顽的心便昏暗了。他们对于受造物有许多正确的见解,但不能以虔诚的心寻求真理、寻求造物的主宰,因此一无所获;即使找到,"认识了天主,但不能以崇奉天主的敬礼光荣他",感谢他;他们的思想流于虚妄,反自以为聪明,把本属于你天主的占为己有,为此之故,他们既狂且瞽,竟然以自身种种强加于你天主,即是以虚妄归于你真理本身,"把不朽天主的光荣比于朽坏的人,比于禽兽蛇虫一般的偶像,以你的真理变为邪说,他们不崇拜奉事造物的主宰,反而崇奉受造之物"。④

我记取了他们观察受造物所得出的正确论点,我也领会他们推算时辰季节并用观测星辰相互印证的理论,拿来和摩尼教关于

---

① 见《诗篇》8 首 8 节。
② 同上,146 首 5 节。
③ 见《新约·哥林多前书》1 章 30 节。
④ 见《新约·罗马书》1 章 21—25 节。

这一方面的大批痴人说梦般的论著比较后,看出教外哲学著作有关夏至冬至、春分秋分、日蚀月蚀以及类似现象所给我的知识,在摩尼教的著作中都无从找到。摩尼教只命令我们相信,可是这种信仰和有学术根据的推算,以及我所目睹的事实非但不符,而且截然相反。

四

主、真理的天主,是否只要通晓这些事理,就能使你愉悦?一人精通这一切而不认识你,是不幸的,相反,不知道这一切而能认识你,是有福的。一人既认识你,又明白这一切,并不因这些知识而更有福。相反,如果能认识你,能以敬事天主之礼光荣你,感谢你,不使思想陷于虚妄,那么他的幸福完全得之于你。

一人有一棵树,虽则不知道这树高几肘,粗几肘,却能享用这棵树而感谢你,比另一人知道有多高,有多少桠枝,并不占有这树,也不认识这树的创造者,一定更好。对于信徒也如此,世间一切财富都属于他,"似乎一无所有,却一切都有"[①];他归向你,一切为你服务,即使连北斗星的轨道也不知道,但毫无疑义,这人比起一人能计算天体星辰,称量元素,却忽视了"用尺度、数字、衡量处置万物"[②]的你,一定更好。

---

① 见《新约·哥林多后书》6章10节。
② 见《旧约·智慧书》11章20节。

五

但谁要求一个摩尼教徒论撰这些事物呢？即使不知道这些事，也能是一个虔诚的信徒。你对人说过："诚信即是智慧。"① 有人即使精通这些学问，也能不知诚信为何物；但一人对此种学问一无所知，却敢无耻地教导别人，这人不可能是虔诚的信徒。标榜那些尘世间的学问，即使确有心得，也是虚妄；而诚信则在乎运用这些学识来赞颂你。于此可见，摩尼教人违反了此项原则，对那些事物信口雌黄，已由精于此道者证明他不学无术，那么更能清楚看出他对于其他比较深邃的问题也是一窍不通。但这人又不愿别人小觑他，力图使人相信那赋畀信徒恩宠的"圣神"、"施慰之神"，威权神力都附在他身上。有人揭发了他关于天体日月星辰运行的谬论，这一切本与宗教无关，但他的狂妄依旧敢公然亵渎神明，因为他不仅谈论所不知的事情，甚至恬不知耻地发挥他不经的言论，还自称有神圣的威权。

我听到某一基督徒错误百出谈论他不懂的事情，我能耐心地听他的见解，我认为这种错误无害于他，因为即使他不懂物质世界中受造物的位置和性质，但对于你万有的创造者未尝抱有不正确的信仰。相反，如果他认为这些问题关系到信仰的道理，而且敢于固执他错谬的成见，那么便有害于他了。但即使有这样的弱点，在信仰的摇篮中时，有母亲的慈爱扶持着，从新生成长为"完人"，便

---

① 见《旧约·约伯记》28 章 28 节。

"不再随各种学说的风气而飘摇动荡了"。①

至于那一个在信徒之前以博士、权威、领导自居的人,竟敢宣称谁相信而跟随他,不是跟随一个凡人,而是跟随他身上的"圣神"。这人的荒谬既已确然有征,那么对这样的疯狂,谁能不表示深恶痛绝呢?

但我尚未能确定根据他的话,对于其他书籍所载的日夜潜运、星辰明晦等现象能不能得到解释;如果他所说是有可能,那么我对于事物的真相依旧疑而不决,我仍将相信他具有圣德,仍将奉他的理论作为我信仰的圭臬。

六

在近乎九年之中,我的思想彷徨不定;我听信他们的话,怀着非常热烈的愿望等待那位福斯图斯的莅临。因为我偶然接触到一些教徒,他们不能答复我所提出的问题,便捧出福斯图斯,据说只要他来,我和他一谈,这些问题便迎刃而解,即使有更重大的问题,他也能清楚解答。

他终于来了。我觉得他确是一个很有风趣、善于辞令的人物,一般老生常谈出于他的口中便觉非常动听。可是这位彬彬有礼的斟酒者递给我一只名贵的空杯,怎能解我的酒渴呢?我的耳朵已经听够了这些滥调,我认为并不能因说得更妙而更好,说得更详细而更真实,我并不认为福斯图斯相貌端好口才伶俐便有明智的灵

---

① 见《新约·以弗所书》4 章 13 节。

魂。向我吹嘘福斯图斯的人并没有品藻人物的本领,不过因他娓娓的谈论,便以他为有慧根、有卓见。

我还接触到另一类人;他们以为敷陈真理,如通过粲花妙论,便认为可疑,不能倾心接受。我的天主啊,你用奇妙隐秘的方式教导我,我的所以相信,是因为你的教诲都是正确的,不论在什么地方,凡真理照耀之处,除了你,别无其他真理的导师。我受你的教导,已能懂得一件事不能因为说得巧妙,便成为真理,也不能因言语的朴拙而视为错误;但也不能因言语的粗率而视为真理,因言语典雅而视为错误;总之,智与愚,犹如美与恶的食物,言语的巧拙,不过如杯盘的精粗,不论杯盘精粗,都能盛这两类食物。

我对这人企望已久,这时听他热烈生动的议论并善于运用适当的辞令来表达他的思想,的确感到佩服。我和许多人一样佩服他,而且比别人更推重他;但我感到不耐烦的是他常被听众包围,我无法同他作一问一答的亲切谈话,向他提出我所关心的问题。机会终于来到,我和朋友数人能和他叙谈,而且时间也适宜于互相酬答,我便向他提出一些使我不安的问题,我发现这人对自由学术除了文法外,是一无所知,而对文法也不过是寻常的造诣。但由于他读过几篇西塞罗的演说,一两部塞内卡的著作,一些诗集和摩尼教用良好的拉丁文写成的几本书,加上日常口头的训练,因此获得了应对的口才,而且由于他善于利用自己的优点和某种天赋的风度,因此更有风趣,更吸引人。

主、我的天主,我良心的裁判者,据我记忆所及,是否如此呢?我在你面前,揭露我的心和我的记忆,当时你冥冥之中在引导我,把我可耻的错误胪列在我面前,使我见后感到悔恨。

七

我明白看出他对于我以为他所擅长的学问是一无所知,我本来希望他能解决我疑难的问题,至此我开始绝望了。如果他不是摩尼教徒的话,那么即使他不懂这些学问,也可能具有真正的虔诚信仰。但摩尼教的书籍,满纸是有关天象日月星辰的冗长神话:我希望的是福斯图斯能参照其他书籍所载根据推算而作出的论证,为我作明确的解答,使我知道摩尼教书中的论点更可取,至少对事实能提出同样使人满意的解答;这时我已不相信他有此能耐。

但我依旧把问题提出,请他研究和讨论。他很谦虚地推却了,他不敢接受这个任务。他知道自己不懂这些问题,而且能坦白承认。他并不像我所遇的许多大言不惭者,竭力想说服我,却不知所云。他确有心计,虽则他的心并"不坦坦荡荡地对着你"①,但真有自知之明。他知道自己学识不够,不愿贸贸然辩论他毫无把握并将使他陷入绝境的问题。他的诚实更使我同情他。因为虚心承认的美德比我所追求的学问更属可嘉。对于一切疑难的、微妙的问题,我觉得他始终抱此态度。

从此我研究摩尼教著作的兴趣被打碎了。我对教中其他博士们日益觉得失望,因为他们中间首屈一指的人物对于我疑惑不解的问题尚且不能取决。我开始和福斯图斯结交,专为研究他酷爱的文学,因为我那时已担任迦太基的雄辩术教授,教导青年文学。

---

① 见《新约·使徒行传》8 章 21 节。

我和他一起阅读他早已耳闻而愿意阅读的,或我认为适合于他的才能的书籍。总之,我原来打算在该教中做进一步的研究,自从认识这人后,我的计划全部打消了。但我并不和他们完全决裂;由于我找不到更好的学说,我决定暂时满足于我过去盲目投入的境地,除非得到新的光照,使我作更好的选择。

那个福斯图斯,本为许多人是"死亡的罗网"[①]却不知不觉地解脱了束缚我的罗网。我的天主啊,这是因为在你隐我的计划中,你的双手并没有放弃我;我的母亲从她血淋淋的心中,用日夜流下的眼泪为我祭献你。你用奇妙的方式对待我。我的天主,这是你的措施。因为"主引导人的脚步,规定人的道路"。[②] 不是你双手再造你所创造的东西,怎能使我得救呢?

八

你又促使我听从别人的意见,动身赴罗马,宁愿在罗马教书,不愿继续在迦太基教书。

至于我所以作此决定的原因,我不能略过,不向你忏悔,因为在这些经历中,你的高深莫测的计划和对我们关切备至的慈爱是应得我们深思和称颂的。

我之所以愿意前往罗马,不是由于劝我的朋友们所许给我的较优的待遇和较高的地位,——虽则当时我对二者并非无动于

---

① 见《诗篇》17 首 6 节。
② 同上,36 首 23 节。

衷——主要的,几乎唯一的原因,是由于我听说罗马的青年能比较安静地读书,受比较严格的纪律的约束,不会乱哄哄地、肆无忌惮地冲进另一位教师的教室,没有教师的许可,绝不容许学生闯进去。相反,在迦太基,学生的恣肆真是令人痛恨,无法裁制,他们恬不知耻地横冲直撞、近乎疯狂地扰乱为每一学生的利益而制定的秩序。他们带着一种令人惊奇的冥顽不灵干出种种不正当的行为,如果不是有习惯纵容他们,竟应受法律的处分。这种习惯更显示出他们的不堪,因为他们做了你的永恒的法律所绝不容许的事,还行所无事地自以为逍遥法外;其实他们的盲目行动即是一种惩罚,他们所身受的害处远过于加给别人的害处。

我在读书时期,便不愿染上这种习气,可是我做了教师,却不能不加含忍,因此我愿根据一个熟悉情况的人介绍而到没有这种行径的地方去。可是唯有你才是"我的希望,我在人世间的福分",①你为了拯救我的灵魂使我易地而居,使我在迦太基如受针刺而想出走,又通过人们摆出罗马的妩媚风光来吸引我;这些人都爱着死亡的生命,有的在沉沉醉梦之中,有的则作出虚妄的诺言,你却暗中利用我和这些人的腐朽来纠正我的步伐。因为那些捣乱我的安闲生活的人,是被一种可耻的疯狂所蒙蔽;另一方面,这些劝我改变环境的人,也只是出于尘俗之见,我则厌恶我在此地所受的真正痛苦,因而追求那边虚假的幸福。

天主啊,你是知道我为何离此而他往,可是你并不向我点明,也不指示我的母亲;我的出走使她悲痛欲绝,她一直跟我到海滨。

---

① 见《诗篇》141首6节。

她和我寸步不离,竭力要留住我,或跟我一起动身;我欺骗她,推说有朋友等候顺风开船,在他出发之前,我不愿离开他。我说谎,欺骗了我的母亲,欺骗了这样一位母亲!我竟出走了。你的慈爱宽赦了我这一罪行,因为你保留了满身丑恶的我不被海水淹没引导我到你恩宠的泉水中洗涤我,并擦干了我母亲每天在你面前为我流在地上的泪水。

我的母亲不肯独自回去,后来勉强听我的劝说,答应那一夜留在离我们泊船不远的一所纪念西普利亚努斯①的教堂中。可是就在那一夜,我偷偷地溜走了,她还在堂中祈祷痛哭。

风起了,扯足了我们的布帆,海岸在我们的视线中消失。到了次日早晨,留在彼岸的母亲悲痛得如痴如狂,她的埋怨声、呻吟声上彻你的双耳,而你并不理睬她;你为了扫除我的私欲,使我的欲望攫我而去;你用痛苦的鞭子惩罚我母亲偏于骨肉的爱,因为她欢喜我在她身边,如寻常母亲的心情,而且远过于寻常母亲,但她想不到我的出走,是你为她准备莫大的快乐。因她不会想到,所以只有痛哭、悲号;这种苦况说明夏娃传给她的遗产,她在呻吟中生育了我,又用呻吟来寻觅我。但她埋怨了我的欺骗,埋怨了我的忍心后,又转而为我向你祈祷,回到家中继续她的日常生活,我则继续我前往罗马的行程。

---

① Cyprianus,基督教早期教父之一,迦太基主教,在258年上殉教。

九

我到罗马了,迎接我的是一顿疾病的鞭子,我正走向着地狱,带着我一生对你、对我、对别人所犯的罪业,这罪业既多且重,加重了使"我们在亚当身上死亡"①的原罪的铁链。这些罪恶,你尚未在基督之中宽赦我,基督也尚未用十字架解除我犯罪后和你结下的仇怨。因为我当时所信仰的基督不过是一个幻象,幻象怎能用十字架解除仇怨呢?我的灵魂已陷于真正的死亡,而我当然还以为基督肉体的死亡是虚假的;基督的肉体真正死亡过,我这个不信基督肉体死亡的灵魂也只有虚假的生命。

我的热度越来越高,已经濒于死亡。如果我那时死去,我将到哪里去呢?只能到烈火中去,按照你的真理的法则,接受我一生罪恶应受的极刑。我的抱病,我母亲并没有知道,但她虽则不在,却为我祈祷;你是无所不在,不论她在哪里,你俯听她的祈祷;我虽身在罗马,你却怜悯我,恢复我身体的健康,虽则我叛逆的心依旧在痼疾之中。

我处于如此严重的危险中,并不想领受"洗礼"。童年的我真的比当时的我好,我童年时曾要求热心的母亲为我举行"洗礼",这一点上文已经回忆而忏悔过。我所度的岁月不过增加我的耻辱;你不使如此不堪的我灵与肉双双死亡,而我的狂妄反而讥笑你忠告的药石。如果我母亲的心受此打击,这创伤将永远不会痊愈。

---

① 见《新约·哥林多前书》15 章 22 节。

我真是无法写出我母亲对我所抱的心情,她的精神生养我所担受的劬劳,远过于她肉体生我时顾复的勤苦。

如果我在这种情况下猝然死去,必将使慈母肝肠寸断,我不知道这创伤将如何治疗。她作了如许的祈祷,她连续不断的祈祷到哪里去了?不会到别处去,只能到你那里。你,慈爱的天主,能轻视一个节妇的"忏悔谦抑的心"①吗?她是乐善好施,服从并伺候你的圣贤们,她从不间断地每天到你的祭台前参与献礼,从不间断地每天早晚两次到你的圣堂中,不是去听些无稽之谈,或老太婆们的饶舌,而是听你的圣训,你也听她的祈祷。她的流泪,不是为了向你要求金银,或人世间飘浮脆弱的东西,而是要救护自己儿子的性命,她之所以能如此,是出于你的恩赐,你能轻视她的眼泪,拒绝而不援手吗?主啊,当然不会的,相反,你在她身边,答应她的要求,按照你预定的步骤而实行。你在梦中给她的答复,上文我已提到的和没有提到的,她是念念不忘,在日常祈祷中,奉为你授给她的左券,你绝不会欺骗她。因为"你的慈爱是永永不匮的"②,你宽免了一人的负债后,你对这人许诺什么,反而如你自己负有债务。

十

你治疗我的疾病,你使你婢女的儿子恢复肉体的健康,为了能给他另一种更好、更可靠的健康。

---

① 见《诗篇》50 首 19 节。
② 同上,117 首 1 节。

这时我在罗马依旧和那些骗人的伪"圣人"保持联系：因为我不仅和一般教徒、"听讲者"①——我的居停主人即是其中之一，我在他家中患病而痊愈的——还和他们所谓"选徒"交游。

那时我还以为犯罪不是我们自己，而是不知道哪一个劣根性在我们身上犯罪，我即以置身于事外而自豪；因此，我做了坏事，不肯认罪，不肯求你治疗我犯罪的灵魂，我专爱推卸我的罪责，而归罪于不知道哪一个和我在一起而并非我的东西。其实这完全是我，我的狂妄把我分裂为二，使我与我相持，我既不承认自己是犯罪者，这罪更是无可救药了；我是如此无赖凶悍，宁愿你全能天主在我身上失败而任我毁灭，不愿你战胜我而挽救我。

你尚未"为我的口设下遮拦，为我的唇装置关键，使我的心不倾向于邪恶的言语，使我不和作恶的人同恶相济"②，因此我依旧和他们的"选徒"往来，但我对于这种错谬学说已不再希望深造；在我尚未找到更好的学说之前，我决定暂时保留，但已较为冷淡松弛了。

这时我心中已产生了另一种思想，认为当时所称"学园派"③哲学家的识见高于这些人，他们主张对一切怀疑，人不可能认识真理。我以为他们的学说就是当时一般人所介绍的，其实我尚未捉摸到他们的真正思想。

我也毫不掩饰地批评我的居停主人，我觉得他过于相信摩尼教书中所充斥的荒唐不经之说。但我和他们的交谊依旧超过其他

---

① 指摩尼教的普通信徒。
② 见《诗篇》140首3—4节。
③ 按即阿尔塞西拉斯（Arkesilas,公元前375—前240）等所创的"新柏拉图派"。

不参加摩尼教的人。我已不像过去那样热心为该教辩护，可是由于我只和他们熟稔——有许多教徒匿居罗马——我便懒于探求其他宗教，我也不再希望在你天地主宰、一切有形无形之物的创造者的教会内寻获他们先前使我脱离的真理。我以为相信你具有人的肉体，相信你和我们一样方趾圆颅，是太荒谬了。想到我的天主，我只能想象一团物质——我以为凡存在的东西都是如此——这是我所以坚持我不可避免的错误的主要而几乎唯一的原因。

为此我也相信存在着恶的本体，是一团可怖的、丑陋的、重浊的东西——摩尼教名之为"地"——或是一种飘忽轻浮的气体，这是他们想象中在地上爬行的恶神。由于我尚有一些宗教情感，我不得不相信善神不能创造恶的本体，因此我把这团东西和善对峙着，二者都是无限的，恶的势力比较小，善的势力比较大；从这个害人的原则上，产生了其他一切侮辱神明的谬论。

我的思想每次企图返回到"公教"①信仰时，总觉障碍重重，因为我理想中的公教信仰，并非公教的信仰。我以为设想你天主——我向你诵说你的慈爱的天主——除了和恶神对立的部分我认为必然有限度外，其余部分都是浩浩无限，比设想你各部分都限制于人的形体之中，一定更符合虔诚的宗教精神。我以为相信你没有创造恶——由于我的愚昧无知，我心目中的恶是一个实体，甚至是物质的实体，因为我只能想象精神是一种散布于空间的稀薄物体——比相信恶的本体来自你，也比较好。至于我们的救主，你

---

① 按天主教也称公教。

的"独子",[①]我以为他为了拯救我们,从你光明的庞大体质中分出,除了我的凭空想象外,我对他什么不相信。因此,我以为这样的性体不可能生自童女马利亚,否则必然和肉体混淆;而按照我的想象,我看不出怎样能混合而不受玷污。因此我害怕相信他降生成人,因为我将不得不相信他受血肉的玷污。

现在,凡蒙被你的宠光的人读我的忏悔,将善意地、亲热地哂笑我;可是我当时的确是如此。

十一

其次,在我看来,摩尼教中人对你的圣经所提出的批评,是无法辩驳的。但我有时很希望能和一位精通圣经的人讨论每一问题,听取他的见解。

有一位名埃尔比第乌斯的人曾对摩尼教徒做过演讲和辩论,我在迦太基时,他的言论已给我一些印象,因为他引用了圣经上几段很难解答的文字。摩尼教徒的答复,我认为是软弱无力的。所以他们也不轻易公开发表,仅仅私下对我们提出。他们说新约文字已经不知道由那些人窜改,窜改的目的是把犹太人的法律羼入基督教教义,但他们却又拿不出一本未经窜改的本子。而我一方面,也只能想象物质,被那些"庞然大物"所掌握,压得我几乎透不过气,使我无从呼吸你的真理的清澈纯净的空气。

---

① 按指耶稣基督。

十二

我开始在罗马从事于教授雄辩术的工作,这是我所以来此的目的。我先在家中招收一些学生,由于他们的宣传,外界开始对我注意了。

我听到罗马有一种不见于非洲的情况。别人告诉我非洲那些败坏青年的捣乱行为这里的确没有,但"为了赖学费,许多学生串通好,会突然转到另一个教师那里,钱财重于信义,以致不惜违反公道"。

我便也憎恶他们这种行径,但不能说是出于一种正当的憎恨,因为我之所以怀恨他们,与其说是为了他们损害别人的非法行为,不如说是为了直接加于我的损失。

这种人哪里还有人格,他们"远离你而犯奸淫"①,流连于时间所玩弄的浮影,贪嗜着玷污他们双手的粪土般的利益,拥抱着这个消逝的世界,却蔑视永久存在的你,正在呼唤并宽恕一切失身于邪恶而能迷途知返者的你。现在我一面是憎恨这种人的败坏无耻,一面却爱他们,希望能纠正他们,使他们能爱所钻研的学问过于金钱,爱你真理的天主,更爱真正幸福的泉源与纯洁的和平过于学问。但那时我只为自身打算,不愿忍受他们的恶劣行为,不能为你打算,希望他们改过迁善。

---

① 见《诗篇》118首77节。

十三

这时米兰派人到罗马,请罗马市长委任一位雄辩术教授,并授予他公费旅行的权利。我通过那些沉醉于幻想的摩尼教徒——我从此将和他们脱离关系,但我们双方都不知道——谋这职务。我写了一篇演说稿上呈于当时的市长西玛库斯,他表示满意,便派我去米兰。①

我到米兰后,便去拜谒安布罗西乌斯主教②,这是一位举世闻名的杰出人物,也是一个虔敬你的人。他的坚强有力的言论把你的"麦子的精华"、你的"欢愉之油"③和你的"和醇的酒"④散发给你子民。我不自知地受你引导走向他,使我自觉地受他引导归向你。

这位"天主的人"慈父般接纳我,并以主教的风度欢迎我来此作客。

我开始敬爱他,但最先并不把他作为真理的明师——我已绝不希望在你的教会内找到真理——不过把他视为一个对我和蔼可亲的人物。我很用心地听他对群众所作的谈论,但不抱着应有的目的,而好像是为了测验他的口才是否符合他的声誉,是过还是不及;我全神贯注地谛听着,已被他的辞令所吸引,但对于内容并不

---

① 这是 384 年秋天的事,奥氏在罗马仅几个月。
② 安布罗西乌斯(340—397)是古代基督教教父之一,374 年任米兰大主教。
③ 见《诗篇》80 首 17 节;44 首 8 节。
④ 引用安布罗西乌斯的一句诗。

措意,甚至抱着轻视的态度;我欣赏他吐属的典雅,觉得他比福斯图斯渊博,但论述的方式,则福斯图斯更有风趣,更容易感动人。至以内容而论则两人是无可比拟的,一个是沉溺于摩尼教的谬说,一个是以最健全的生命之道传给大众。

救恩还远离着像我这样的罪人,但我渐渐地、不知不觉地在近上去。

十四

我不注意他所论的内容,仅仅着眼于他论述的方式,——我虽则不希望导向你的道路就此畅通,但总抱着一种空洞的想望——我所忽视的内容,随着我所钦爱的辞令一起进入我的思想中。我无法把二者分别取舍。因此我心门洞开接纳他的滔滔不绝的辞令时,其中所涵的真理也逐渐灌输进去了。

我开始觉得他的见解的确持之有故,言之成理;在此以前,我以为公教信仰在摩尼教徒的责难之前只能扪口无言,这时我觉得公教信仰并非蛮不讲理而坚持的,特别在一再听了安布罗西乌斯解答《旧约》上一些疑难的文字之后;我觉得我过去是拘泥于字面而走入死路。听了他从文字的精神来诠释《旧约》中许多记载后,我后悔我的绝望,后悔我过去相信摩尼教对《旧约》律法先知书的讥议排斥是无法反驳的。

但我并不因此而感觉到公教的道路是应该走的,因为即使公教有博学雄辩之士能详尽地、合理地解答难题,我认为并不因此而应该排斥摩尼教信徒,双方是旗鼓相当。总之,在我看来,公教虽不是战败者，但还不是胜利者。

这时我竭力思索、找寻足以证明摩尼教错误的可靠证据。如果我当时能想象出一种精神体，则我立即能驳斥摩尼教的凿空之说，把它从我心中抛出去；但我做不到。可是对于官感所能接触的物质世界和自然界，通过观察、比较后，我看出许多哲学家的见解可靠得多了。

因此，依照一般人所理解的"学园派"的原则，我对一切怀疑，在一切之中飘摇不定。我认为在我犹豫不决之时，既然看出许多哲学家的见解优于摩尼教，便不应再留连于摩尼教中，因此我决定脱离摩尼教。至于那些不识基督名字的哲学家，我也并不信任他们，请他们治疗我灵魂的疾病。

为此，我决定在父母所嘱咐的公教会中继续做一名"望教者"，等待可靠的光明照耀我，指示我前进的方向。

卷 六

一

"我自少即仰望你",①但为我,你究竟在哪里?你退藏到哪里去了?不是你造了我,使我异于走兽,灵于飞禽吗?我暗中摸索于倾斜的坡路上,我在身外找寻你,我找不到"我心的天主",我沉入了海底。我失去了信心,我对于寻获真理是绝望了。

我的母亲已追踪而来了,她凭着坚定的信心,不辞梯山航海来找寻我,她一心依恃着你而竟能履险如夷。在渡海时的惊涛骇浪中,她反而安慰船上的水手们;凡是初次航海的人,一有恐惧,往往需要水手们的慰藉;她却保证他们旅程安全,因她在梦中已经得到你的指示。

她见我正处于严重的危机中,见我对寻求真理已经绝望。我告诉她我已不是摩尼教徒,但也不是基督公教徒,她听了并不像听到意外的喜事而欢欣鼓舞。她仅仅对我可怜的处境部分的稍感安心,使她在你面前痛哭我犹如哭死去而应该复活的人,她把意象中躺在棺柩上的我奉献于你,希望你对寡妇之子说:"少年,我命你

---

① 见《诗篇》20 首 5 节。

起来",希望"死人坐起来,开始说话,交还给他的母亲"。① 她听到她每天向你哀求的事已大部分实现,并不表示过度的喜乐。我虽未曾获得真理,但已从错误中反身而出。不仅如此,她确信你已允许整个赐给她,目前未完成的部分一定也会给她的,所以她安定地、满怀信心地对我说,她在基督中相信她在去世之前,一定能看到我成为热心的公教徒。她对我是如此说,而对你、慈爱的泉源,她是加紧祈祷,哭求你加速你的援助,照明我的黑暗。她是更热切地到圣堂中,全神贯注地聆听安布罗西乌斯的言论,犹如仰吸"流向永生的泉水"。② 她敬爱安布罗西乌斯无异天主的使者,因为她知道是安布罗西乌斯引导我进入这种彷徨的境界,她坚信我从疾病回复到健康正应如医学上所谓若"药弗瞑眩,厥疾弗瘳"。

二

她展谒圣人的坟墓时,依照在非洲的习惯,带了酒羹面包去的,但受到守门者的阻止,她知道了这是主教的禁令,就虔诚地、虚心地服从,她非常自然地承认自己的不良习惯,绝不抱怨禁令,这种态度真使我惊奇。她所以能如此,正是由于她的思想不为酒困,能泰然捐弃旧习而绝无仇视真理之心,不似许多男女听到提倡节制的歌曲时和酒徒们对着一杯薄酒那样感到兴味索然。她带着一篮寻常菜肴,除了自己吃一些外,其余分食别人;为了不在众人前

---

① 见《新约·路加福音》7章12节。
② 见《新约·约翰福音》4章14节。

标奇立异,她也合乎节制地仅饮一小杯淡酒,如果依照旧例,向几位死者的坟墓致敬,她就斟酒一盏向各墓遍致敬意,就以这淡酒和水分酌在场的人,自己则奉陪着仅饮少许。她所以如此,既合于虔诚的礼数,也是严于嗜饮的克制。

她一旦知道这位著名的讲道者,这位热心的主教禁止这种方式,即使有节制的人也在所不准,一面为了防止造成酗酒的机会,一面亦因这种类于祭祀祖先的仪式,未免近似外教的迷信,她便翕然地服从。她知道把一瓣心香清净地供奉于殉教者的墓前,即可以替代盈筐的人间馐馔;一面对贫穷的人,她是尽力施舍,同时他在那里参加了分食"主的圣体"的礼仪,[①]因为殉教者效法主的受难而牺牲,因之获得花冠。

主、我的天主,——这是我的心在你面前对这事的猜想——我以为如果发此禁令的不是她所敬爱的安布罗西乌斯,要使我的母亲去除这个习惯,可能并非一件容易的事情。她为了我的得救,所以特别敬重安布罗西乌斯,而安布罗西乌斯看见她如此虔诚生活,如此热心于各种善举,如此经常地参拜圣堂,对她也自敬重。安布罗西乌斯对我往往称颂她的懿行,祝贺我有这样一位母亲,可是他不知道她有这样一个对一切怀疑,不想找寻生命之道的儿子。

三

在我祈祷时,我还不知道呻吟,向你乞援,我却专心致志地探

---

① 按指天主教的"弥撒"与"领圣体"。

求,我的思想为辩论而辗转反侧。我眼中的安布罗西乌斯不过是一个世俗场中得到许多大人先生尊敬的幸运人物。唯有他的独身不娶,我认为我是办不到。至于他所抱的希望,他由声望高而遭受的考验,所作的奋斗,他在困难中所享到的安慰,他心灵的口舌咀嚼你的"饼"时所尝到的滋味,对于这一切,我是毫无概念,也一无经验。

同样,他也不知道我内心的动荡,我所面临的危险深渊,我不可能照我的愿望向他请教我所愿请教的事情。他门庭若市,都是有要事有困难请他帮助的人,不容许我和他细谈,向他请益。至于没有人找他的一些余暇,他为了维持身体,进必要的饮食,或为维持精神而从事阅读。

在阅读的时候,他的眼睛一页一页浏览下去,他的心体味意义,他的口舌不出声而休息。往往我们到他那里——因为他从不禁止任何人入内,也没有事先传达的习惯——见他在凝神阅读,我们在静默中坐了片刻,便退出了(因为看见他如此全神贯注于书中,谁敢打扰他?)。我们猜想他仅仅得到这片刻的空暇,摆脱事务的纷扰,不作他用,专用之于调养精神,便不应该冒昧打扰他。可能他的不出声,是为了避免听者注意,遇到晦涩的文字要求他解释,或讨论疑难的问题,因而耽误了时间,不能读完他所预定要读的书。另一方面,他的声音很容易嘶哑,为了调养声息,也更有理由默读了。总之,不论他如此做有什么用意,像他这样的人,用意一定是好的。

除了和他作简短的谈话外,我确实没有机会请教驻在他胸中的神圣指导者。我想找寻他空暇的时间,向他倾吐我的郁结,可是找不到。每逢星期日,我去听他对群众正确地讨论真理之言,我日益相信过去那些欺骗我的骗子用狡狯污蔑的方法,对圣经造成一系列的症结,都是可以消解的。

我一朝发现你通过慈母公教会赋予恩赐而使之再生的精神子女们,对于《创世记》上"人是依照你的肖像而创造的"①一节的解释,并不教人相信或想象你具有人的肉体的形状,虽则我对于精神体的性质还是丝毫捉摸不到,但我已很高兴地感到惭愧,我多年来的狂吠,不是反对公教信仰,而是反对肉体想象出来的幻影。一个本该研究学习的问题,我却先予肯定而加以攻击,在这一点上,我过去真是太鲁莽、太放肆了!你是高高在上而又不违咫尺,深奥莫测而又鉴临一切,你并无大小不等的肢体,你到处充盈却没有一处可以占有你的全体,你不具我们肉体的形状,但你依照你的肖像造了人,人却自顶至踵都受限于空间之中。

四

我既然不懂"你的肖像"所指何物,应该推究、探索这一端信仰的意义,不应悍然加以抨击,似乎信仰仅是我所猜想的。我的心越被尖锐的疑虑销蚀,催促我接受真理,我也越悔恨自己如此长期被一个真理的诺言所玩弄欺骗,犯了幼稚的错误和盲从,把许多谬论说成是真理。至于这些谬论,我以后才明白看出。我从此也确切知道,在我盲目地攻击你的公教会时,是以不可靠的见解视为确

---

① 见《创世记》9章6节。

实可靠。我虽尚未认识公教会所教导的都是真理，但至少认识到我过去竭力攻击的并非公教会的道理。为此，我的天主，我感到惭愧，思想有了转变，我高兴看到你的唯一的教会，你的独子的妙体，我幼时教给我基督名字的教会，并不使人意味到幼稚的废话，它的纯正的教义并没有把你万有的创造者约束在空间——虽则是广大无边的空间——之中，限制在人的肉体的形状之中。

还使我高兴的，是我不再用过去的眼光读《旧约》的律法和先知书了，过去看到许多矛盾荒谬之处，指责你的圣贤们有这样的思想，而其实他们并无这种思想。我很高兴听到安布罗西乌斯在对群众布道时一再提出要我们谨守的金科玉律："文字使人死，精神使人生"①；对有些记载，单从字面看，好像错谬，他移去神秘的帷幕，揭出其精神意义，虽则我对于他的见解还不能辨别真伪，但听后并不感到抵触。我执持着我的心，不敢轻易相信，害怕堕入深渊，可是我的趑趄真害死我。我希望对于我所不了解的问题，能像"三加七等于十"一样地明确起来。当然我不会如此狂妄说这一点也不能理解，但我要求其他一切，凡我耳目所接触不到的物质，或我思想只能悬拟为物质的精神体，也都能同样地明确起来。

我本来能够用信仰来治疗我的疾病，澡雪我的思想，使之趋向你永久存在而没有丝毫欠缺的真理；可是犹如一人受了庸医的害，往往对良医也不敢信任，同样我灵魂的病，本来只能靠信仰来治疗的，但由于害怕信仰错误，便不愿治疗，拒绝你亲手配制的、施送世界各地的病人的、具有神效的信仰良医。

---

① 见《哥林多后书》3章6节。

五

从这时起,我已经认为公教教义是比较可取、比较审慎而且绝不用欺骗手段命令人相信未经证明的——或是可能证明而不是任何人都能领会的,或是不可能证明的——道理,不像那些摩尼教人冒失地标榜科学,讪笑信仰,却以无法证明为借口,强令人相信一大批的荒唐神话。

主啊,你用非常温柔非常慈祥的手逐渐抟塑我的心,我注意到有无数事物,我既未目睹,又未亲历,而我相信了:譬如各国历史上的许多事迹,有关某地某城的许多事件,我并未看见,我听信朋友们、医生们,以及许多人的话,因为不如此,我们生活于此世便不能有所作为。最后,对于父母生我,我不是毫无疑义吗?而这一点,我只能凭耳闻而相信,否则我不能知道。你又使我认识到应受谴责的不是那些相信你在世界上树立了无上权威的圣经的人,而是那些不信圣经的人,如果他们对我说:"你怎样知道这些书是唯一天主的真实而绝不虚言的圣神传授人类的?"我绝不能听信他们,因为正是这一点特别属于信仰的范围:因为各式污蔑性的责难论战,我所读过的许多哲学家的辩论都不能拔除我对你的存在,——虽则我不懂你的存在的性质——对你的统摄世界的信仰。

对于这方面,我的信仰有时比较坚强,有时比较薄弱,但我始终相信你存在并照顾我们,虽则我还不知道对于你的本体应有什么看法,也不知道哪一条道路通向你或重返到你身边。

由于我们的能力薄弱,不能单靠理智来寻获真理,便需要圣经的权力，从此我也开始看出如果你不是要人们通过圣经而相信你、寻获你，你绝不会使圣经在全世界享有如此崇高的威权。

至于圣经中往往和我的见解抵触矛盾，在我听了许多正确的解释后，我以为这是由于其含义的奥妙高深。为此，圣经的威权更显得崇高，更配合神圣的信仰，一方面为一般读者是明白晓畅，而同时又保留着深奥的内蕴，使人能做更深刻的研究；一面文字浅近通俗，使人人可解，而同时使不是"心地轻浮"①的人能致力研究；一面怀抱群众，而同时又让少数人通过狭窄的口子到达你身边；但如果圣经没有如此崇高的威权，如果不吸收群众到它谦虚神圣的怀抱中，进入的人将更为稀少。

我在如此思索时，你就在我身边；我叹息时，你倾听着；我在飘荡时，你掌握我；我走在世俗的大道上，你并不放弃我。

六

我热衷于名利，渴望着婚姻，你在笑我。这些欲望使我遭受到辛酸的困难，但你的照顾却远过于放任我享受那种不属于你的乐趣。

主，你愿意我回忆往事并向你忏悔，请你看看我的心。你把我胶粘于死亡中的灵魂洗拔出来。希望它从此能依附于你。

我的灵魂是多么可怜！你刺它的创伤，使它抛弃一切而转向

---

① 见《旧约·德训篇》19章4节。译者按：《德训篇》仅见于天主教本《旧约》，基督教新教列为"次经"，不收。

超越万有、万有赖以存在的你,希望它转向你而得到痊愈。我是多么可怜!你采取什么办法促使我感觉到处境的可怜呢?这是在我准备朗诵一篇歌颂皇帝的文章的那一天。文中说了许多谎言,而这些谎言会获得知音的激赏。这时我的心惦念着这件事,燃烧着狂热的思想。我走过米兰某一条街道时,看见一个贫窭的乞丐,大概喝饱了酒,欣欣然自得其乐。我不禁叹息着对同行的几个朋友说起,我们醉生梦死带来了多少痛苦,在欲望的刺激下费尽心机作出如许努力,而所背负的不幸的包袱却越来越沉重地压在我身上,我们所求的不过是安稳的快乐,这乞丐却已先我而得,而我们还可能终无所获。这个乞丐花得几文钱,便获得当前的满足,而我正在艰辛困顿中百般追寻。果然他所得的快乐并非真正的快乐,可是我所贪求的比这更属渺茫。总之他是兴高采烈,我是神情颓丧,他是无忧无虑,我是顾虑重重。如果有人问我:"你愿意快乐呢,还是愿意忧患?"当然我回答说:"愿意快乐。"如果再问我:"你愿意和那个乞丐一样,还是像你现在这样?"我却仍愿在徊徨疑虑中与我周旋。这是由于错误的偏见,并非由于真理。因我不应自以为学问富裕而比他优越,我的学问并不给我快乐,不过是取悦于他人的一套伎俩,不是为教育人们,只是讨人们的欢喜。为此,你要用纪律的杖"打碎我的骸骨"。①

如果有人对我的灵魂说:"关键在乎快乐的趣向。乞丐之乐,志在酣醉,你则志在光荣。"希望我的灵魂避开这样的人。主啊,所谓光荣,是什么光荣?并不是在你怀中的光荣。所谓快乐,并非

---

① 见《诗篇》41首11节。

真正的快乐,这光荣也不是真正的光荣,只会更捣乱我的精神。那一夜,乞丐醺醺熟睡,我则带着我沉醉的心情而入睡,睡而又起,起而再睡。你知道,多少天在这般情况下过去了!的确,关键在乎快乐的趣向,我知道神圣的希望所带来的快乐,和这种虚空的快乐有天壤之别。但在当时,我们两人也有差别,无疑地他是更幸福,不仅因为他是一团高兴,我是满怀愁绪,而且他是祝望别人幸福而获得了酒,我是用谎言去追求虚名。

那天,我在这一方面对朋友们说了很多话,而且遇到类似的情况,我往往反省自身的处境,看到生活的不协而使我感觉痛心,倍增我的苦闷,遇到幸运的机会,我也懒于伸手,因为机会入我掌握之前,便已飞跃而去了。

七

我和意气相契的朋友们谈到这些问题,都是感慨交集。我特别和阿利比乌斯与内布利第乌斯两人谈得最投机。阿利比乌斯是我的同乡,他出身于城中望族,年龄比我小。我在本乡和迦太基教书时,阿利比乌斯从我受业。他见我待他好,又认为我有学问,非常敬爱我;我见他年纪虽轻,却具有杰出的天赋德性,所以也喜爱他。但迦太基风行着轻浮的戏剧,这种风气的巨浪吞噬他,使他沉湎于竞技游戏中。他自暴自弃流连于嬉戏中时,我正执教于公立的雄辩术学校中。由于我和他的父亲意见不合,他不来听我的课了。我听说他染上对竞技的嗜好,为他非常忧急,认为他势必丧失或已经丧失了美好的前途。我既不能用朋友的名义,也不能用师长的权力,劝告他或约束他使他回头,因为我认为他和他的父亲对我抱着同样的见解,而事实他并不如此。他不顾父亲对我的意见,开始来向我问候,到我的教室中听课,但过了一些时候又中止了。

我并不想对他进行些工作,使他不至于被这种荒唐游浪的盲目嗜好毁了他良好的赋禀。可是你天主统御着所造的万有,你并不忘记他将在你的子女中间成为施行你的"圣事"的主教①;为了使他的改过迁善明显地归功于你,你便通过不知不觉的我进行这项工作。

有一天,我坐在讲席上,面对着学生的座位,阿利比乌斯来了,他向我致敬后,坐下来用心听我的讲论。适巧我手中拿着一篇文章,我解释时,偶然想起用竞技游戏作为比喻,为了使听者更有趣味、更清楚了解我的意思,我尖锐地讽刺了那些为此种不良嗜好所俘虏的人;我的天主啊,你知道我那时绝不想治疗阿利比乌斯所染上的疾疫。可是他把我的话拍在自己身上,认为我是为他而发的;别人听了会对我愤恨,而这位正直的青年听了却愤恨自己,反而更热烈地敬爱我。

从前你已经说过,而且记录在你的圣经中:"责备具有智慧的人,他必然爱你。"②我并不责备阿利比乌斯,但你利用一切若有意若无意的人,随从你预定的程序——这程序也是公正的——使我的心和唇舌成为通红的火炭,炙除这个具有良好希望的灵魂的腐烂部分,使之痊愈。谁不体会到我从肺腑中倾诉的你的慈爱,就任

---

① 阿利比乌斯于394年或395年成为塔加斯特城主教。
② 见《旧约·箴言》9章8节。

凭他沉默而不歌颂你!

阿利比乌斯听了我的话,便从他自愿堕入而且感觉无比乐趣的黑暗深坑中跳出来。他用坚强的自制,刷新了自己的心灵,摆脱了竞技游戏带来的污秽,不再涉足其间了。后来他消解了父亲的意见,仍欲从我,他的父亲也依他的愿望,重使他就学,但也和我一起陷入迷信的罗网;他敬重摩尼教徒们所炫耀的苦行,以为真是如此卓绝。其实这种刻苦不过是疯狂和欺骗;一些尚未接触到高深道德的人,容易被伪装的道行所迷惑,以致优秀的灵魂也会堕入他们的圈套。

八

阿利比乌斯并不放弃他的父母向他夸耀的世俗场中的前途,因此先我到罗马,攻读法律;在那里,又不可思议地、怀着一股不可思议的热情被角斗表现所攫取了。

开始他对此只觉得厌恶。有一次,他的朋友们和同学们饭前在路上偶然碰到他,不管他的竭力拒绝和反对,用一种友好的暴力,把他拖到圆形剧场,场中这几天正在表现这种残酷惨厉的竞赛。他说:"你们能把我的身体拉到那里,按在那里,可是你们能强迫我思想的眼睛注视这种表现吗?我身在而心不在,仍是战胜你们和这些表现!"虽则他如此说,朋友们依旧拉他去,可能想看看他是否言行一致。

入座以后,最不人道的娱乐正在蓬勃地展开。他闭上眼睛,严禁思想去注意这种惨剧。可惜没有将耳朵堵塞住!一个角斗的场面引起全场叫喊,特别激动他,他被好奇心战胜了,自以为不论看到什么,总能有把握地予以轻视,镇定自己;等到他一睁开眼睛,突然在灵魂上受到了比他所见的角斗者身上所受更重的创伤,角斗者受创跌倒所引起的叫喊,使他比斗败者更可怜地倒下了。叫喊声从他的耳朵进去,震开了他的眼睛,打击他的灵魂,其实他的灵魂是外强中干,本该依仗你,而现在越依靠自己,越显得软弱。他一看见鲜血直流,便畅饮着这残酷的景色,非但不回过头来,反而睁大眼睛去看,他不自觉地吸下了狂热,爱上了罪恶的角斗,陶醉于残忍的快乐。他已不再是初来时的他,已成为观众之一,成为拖他来的朋友们的真正伙伴了。还有什么可说呢?他目不转睛地看着,他大叫大嚷,他带走了催促他再来的热狂,他不仅跟随过去拖他来的人,而且后来居上,去拉别人了!

你用非常坚强而又非常慈悲的手腕把他挽救出来,教他懂得依靠你,不应依靠自己。但这日子还远着呢!

九

这次经验保留在他的记忆中,作为日后的良药。他还有一件事。他在迦太基在我门下读书时,一天中午,他在中央广场上思索着,准备学生们经常练习的一篇演讲,你容许广场的看守者把他当作窃贼而将他逮捕。我的天主,我以为你所以容许此事,是为了另一个原因,使日后成为一个伟大人物的他,这时就开始懂得在处理案件时,不应贸贸然听信别人而处罚一人。

他独自一人带着蜡板与铁笔在法院前散步。他没有注意到这时有一个青年，也是一个学生，真正的窃贼，偷偷地带了一把斧头想斫下钱庄大街上面铅栏杆的铅，街上的钱庄职员听见斧声，喊起来了，派人来巡查捉贼。这个青年听到人声，害怕被捕，丢下斧头逃跑了。阿利比乌斯没有见他进来，只见他急忙忙地跑出去，想知道什么事情，便走到那里，发现一把斧头，他站定了观看，有些纳闷。这时捉贼的人来了，见他独自一人，拿着刚才斫栏杆作声使他们惊觉的铁器，便抓住他，这时住在广场四周的人都已走来，他们拖着阿利比乌斯，自诩为当场捉住窃贼，预备拉他到法庭审问。

阿利比乌斯所受的教训，至此为止。因为主，你来救援这无罪的人，唯有你是无罪的见证。当人们拉他上监狱或受刑罚去时，途中遇见负责公共建筑的建筑师。人们很高兴遇见他，因为他经常怀疑广场上失去的东西是这些人偷的，人们希望他这次可以明白过去的窃案是谁干的。

这位建筑师经常去探访一位元老，而在这位元老处屡次遇见阿利比乌斯。他立刻认出阿利比乌斯，便上前拉了他的手，把他从人群中解救出来，询问这不幸事件的原因。他听了经过后，便命那些嚷成一片、叫喊恐吓的人群跟自己来。他们走到干这事的青年家中。门口有一个小奴隶，年纪很轻，不会为小主人担心后果如何，自然很容易吐露一切。这奴隶是跟随主人到广场上去的。阿利比乌斯一见就认识他，便告知建筑师。建筑师把斧子给孩子看，问他是谁的东西。孩子立即回答说："是我们的。"追问下去，他便说出一切经过。

如此，这案件便落在这一家了，群众本来自以为捉获了阿利比乌斯，至此也很觉惭愧。而阿利比乌斯，你的圣道的未来宣讲师、你的教令内许多案件的审制者,在这一事件中获得了更多的经验、更深的教训。

十

我又在罗马找到他,他以非常坚强的情谊和我往来,和我一起到米兰,为了不和我分离,也为了能应用他所读的法律,这与其说是他的志愿,不如说是他父母的希望。他已三次担任顾问,他操守廉洁,使人惊奇,而他却更骇怪别人把金钱置于正义之上。人们不仅用利诱,还用威胁来考验他的性格。

在罗马时,他担任意大利财政大臣的顾问。当时有一个极有势力的大老,许多人受他贿赂的笼络,或被他的威势所胁服,这人自恃权位,常为所欲为,要做法律所不许可的事。阿利比乌斯拒绝了。许给他酬谢,他置之一笑。威吓他,他仍卓立不移。大家都惊奇他具有这种特异的品节,对一个生杀予夺、炙手可热的人物,既不结交,也不畏服。阿利比乌斯是法官的顾问,法官本人对这人虽感不满,却不敢公然触迕,便把责任推卸在阿利比乌斯身上,只说他不赞成如此——事实确是如此——如果做了,他将投票反对。

只有他的爱好学问几乎使他动摇:如果得到了法官的酬谢费,他能用以使人传抄书籍。但是他仍依据正义的考虑,作出更好的决定,认为禁止犯法的公道,高于纵容非法的权力。这是一件小事。可是"谁忠于小事,也忠于大事;倘若你们在不义的钱财上不忠心,谁还把真理的钱财托付给你们? 倘若你们在别人的东西上不忠心,谁还把你们自己的东西给你们呢"?① 这些话出自你真理之口,不能是毫无意义的。

这样一个人和我相契,和我一起考虑着我们应该采取怎样的生活方式。

内布利第乌斯也离开了邻近迦太基的本乡,离开了他经常去的迦太基,离开了他父亲遗传的大批田地,离开了家庭和不愿随行的母亲,来到米兰;他的来此,没有其他原因,不过是为了和我一起生活,共同以最迫切的心情研究真理和智慧。他热烈地追求着幸福生活,邃密地探索着各种最疑难的问题,也和我一样在呻吟叹息,彷徨不定。我们这三个饥渴之口,彼此都迫切地想吸取所需要的东西,都企望你"赐给他们应时的粮食"。② 由于你的慈爱、辛酸紧随着我们世俗的生涯,在辛酸之中,我们探问着担受这些辛酸究竟为了什么;眼前是一片黑暗。我们转身叹息着问道:"这种种到何时为止?"我们屡次如此说,可是我们一面说,一面并不放弃这样的生活,因为我们看不到确切可靠的东西,足以使我们拳拳服膺而放弃目前的种种。

十一

特别使我惊惧的是回想到我十九岁那一年,开始酷爱智慧,准备寻获智慧后便抛撇一切空虚骗人的愿望,至今已有这么长的一

---

① 见《路加福音》16 章 10—12 节。
② 见《诗篇》144 首 15 节。

段时期了。现在我年已三十，依旧在同一泥淖中挣扎，追求着飞驰而过的、销蚀我心的现世事物。我对自己说："明天会找到的。只要明白清楚，我便会紧握不放。福斯图斯就要来了，他会说明一切。那些学园派的大人物！真的我们不能抓住任何可靠的东西来指导我们的生活吗？我们更用心追求吧！不要失望。教会书籍中我过去认为矛盾的，现在看出并不矛盾，而且能有另一种合理的解释。我幼时父母安置我在哪里，我便站定在那里，等我寻到明显的真理。可是哪里去找寻呢？什么时候找呢？安布罗西乌斯没有时间，我也没有时间阅读。哪里去找书籍？哪里去购买？什么时候买得到？向谁借？把时间计算一下，为挽救灵魂，把时间分配一下。巨大的希望起来了：公教信仰并不是我所想象而斥为虚妄的东西。"

"公教中的明哲之士以为相信天主限制于人的肉体形象之内是大逆不道。我还迟疑不决，不肯叩门，使其他真理也随之而敞开。我上午的时间为学生们所占有。其余时间，我们做些什么？为何不用于该项工作上？可是什么时候去拜访有势力的朋友呢？我们不是需要他们的帮助吗？什么时候去准备学生们所要购买的东西？什么时候调养身体呢？我们的精神不是需要摆脱牵挂，稍事休息吗？"

"这一切都不去管他吧！抛开这些空虚无谓的勾当！我们该专心致志追求真理。人生是悲惨的，死亡是无从预测的；突然来抓我，我怎能安然而去？再到哪里去探求我现世所忽视的真理呢？是否将担受我疏忽的惩罚？如果死亡将斩断我的知觉，结束我的一切，将怎么办？对这一点，也应该研究一下。"

"但绝不会如此的。基督教信仰传布于全世界,享有如此崇高的威权,绝不是偶然而毫无意义的。如果灵魂的生命随肉体而同归澌灭,神绝不会对我们有如许作为。如此,我们为何再犹豫不决,不肯放弃世俗的希望,全心全意去追求天主和幸福生活呢?"

"可是又得思索一下:世间种种也自有可爱之处,也有相当的甜味,不应轻易和它们割断关系,因为以后再想返回到它们那里是可耻的。目前已经差不多就要得到一些地位了。可是在其他方面,我还贪求些什么?我已交上不少有势力的朋友;如果我不是急于想出人头地,至少已能谋得一个主任的职位。娶上一个有些财产的妻子,不致加重我的负担。我的愿望不过如此。许多大人物,最值得我取法的人物,不是结婚后依然从事研究智慧吗?"

我这样自言自语,刮着倏顺倏逆的风,我的心便东飘西荡,光阴不断过去,我拖延着不去归向天主,我一天一天推迟下去不想生活在你怀中,但并不能推迟每天在我身上的死亡:我爱幸福,却又害怕幸福的所在地;我追求幸福,却又在躲避幸福。因为我担心我没有一个女子的拥抱,生活可能太痛苦;至于你的慈爱是治疗我这种弱点的良药,我却绝不想到,因为我一无经验;我以为清心寡欲全凭自身的力量,而我感觉不到这股力量;我真糊涂,竟然不知道圣经上明明写着:"除非你赐与,否则谁也不能洁身自守。"①如果我用内心的呻吟,上彻你的耳鼓,以坚定的信心把我的顾虑丢给你,你一定会赐与我的。

---

① 见《智慧书》8章21节。

十二

阿利比乌斯却阻止我结婚,他一再对我说,我一结婚,我们就绝不能依照许久以来的心愿,在安定的时间,为爱好智慧而一起生活。阿利比乌斯在这方面真是一尘不染,而特别令人惊奇的是他进入青年时也曾一度体验过男女之爱;可是他绝不留恋,反而更觉悔恶,从此以后,便度着非常纯洁的生活。

我提出有些人结婚后服膺智慧、有功于天主,对朋友也始终不渝,作为例子来反驳他。其实这些人的伟大胸襟我是望尘莫及,我不过是肉欲的奴隶,我戴着我的枷锁,还感到死亡的甜蜜,我害怕脱身,拒绝别人的忠告,好像解救我的手碰痛了我的创伤。

不仅如此,长虫还通过我对阿利比乌斯说话,笼络他,用我的唇舌在他的道路上撒下温柔的罗网,想绊住他正直而自由的双足。

他对我也非常诧异,他素来崇拜我,而我竟会陷在这种肉情的胶漆中,我们讨论这问题时,我竟然肯定我独身不娶,便不能生活。我见他不胜惊奇,为了替自己辩护,我甚至说他过去那一次抢来的、偷偷摸摸的体验,几乎已经忘怀,因此很容易对此表示轻蔑,丝毫无所系恋,这和我生活上的乐趣有很大区别。这种乐趣如果再挂上正大光明的婚姻美名,那么便不会诧异我为何不能轻视这种生活。最后他也开始想结婚了,当然不是被肉体的快乐所吸引,而是出于好奇心。他说他是欢喜目前的生活,而我却以为没有那种乐趣,生活便不成为生活,而是受罪,因此他愿意知道这乐趣究竟如何。他的精神本是自由而不受这种束缚,所以奇怪我甘愿被奴役,从奇怪进而也想尝试,这尝试可能会使他陷入他所奇怪的奴役中,因为他愿意"和死亡订约","谁爱危险,将跌入危险之中"。①

我们两人都很少注意到婚姻的光荣在乎夫妇和谐与养育子女的责任。对于我,主要是贪求情欲的满足,情欲俘虏我,磨折我;对于阿利比乌斯,则是好奇诱导他步武我的后尘。

我们当时的情况是如此,直至你至尊天主不放弃我们这团泥土,怜悯我们的不幸,用奇妙而隐秘的方式来解救我们。

十三

不断有人催促我结婚。我也向人提出婚姻的请求,对方也已经答应;我的母亲对这件事最热心,她希望我婚后能领受生命的"洗礼",希望我从此天天向上,她看出我的信仰即是她的愿望和你的诺言的实现。

由于我的要求和她自己的愿望,她每天向你发出衷心热切的祷告,求你在梦中对于我的婚事作一些指示。你却始终没有答应她。她见到一些幻觉幻象:人们思想上对一事念兹在兹后,自会有一股力量产生这种现象;她讲给我听,可是不像受你指示那样有信心,对此也并不重视。她自称能在一种不知如何而无法形容的况味中辨别出什么是出于你的指示,什么是出于自己的梦想。

人们对我的婚事催得很紧,已经征得姑娘的同意。她大约两年后才能出嫁。既然我的母亲中意,只有等待着。

---

① 见《旧约·以赛亚书》28 章 18 节;《智慧书》1 章 16 节。

十四

我们这一批朋友,不论思想上或谈话中,都讨厌人生的扰攘不安,经过讨论后,几乎都已拿定主意要去过遁世无闷的生活,我们的计划是如此:把我们所有的都拿出来,作为共有的产业,凭我们真诚的友谊,不分彼此,将全体所有合而为一,全部产业既属于每一人也属于全体。我们认为这个团体大约有十人,其中有几人比较富裕,最富有的是我们的同乡和我自幼即非常投契的罗玛尼阿努斯,他由于严重的事故而来到朝中的;他对这件事最热心,由于他雄厚的家产远远超过其余诸人,所以每有建议,余人很是重视。

我们都同意每年推举两人,和在职的官吏一样负责管理一切,其余都可安闲自在。但我们中间,有的已成婚,有的准备结婚,考虑到以后妇女们是否会容许如此办理,我们经过深思熟虑而订下的全部计划终于跳出我们的手掌而粉碎了。

我们重新回到叹息呻吟之中,重新踏上尘世的坦途;我们心中的思想是千头万绪,而你的计划永远不变。根据你的永恒计划,你哂笑我们的计划,同时你为我们准备你的计划,将及时地给我们粮食,你将伸出你的手,使我们的灵魂满受你的祝福。

十五

我的罪恶正在不断增长。经常和我同居的那个女子,视为我结婚的障碍,竟被迫和我分离了。我的心本来为她所占有,因此如受刀割。这创伤的血痕很久还存在着。她回到非洲,向你主立誓不再和任何男子交往。她把我们两人的私生子留在我身边。

但是不幸的我,还比不上一个女子,不能等待两年后才能娶妻,我何尝爱婚姻,不过是受肉情的驱使,我又去找寻另一个对象,一个情妇,好像在习惯的包庇下,继续保持、延长或增加我灵魂的疾疢,直至正式结婚。第一个女子和我分离时所留下的创伤尚未痊愈,在剧痛之后,继以溃烂,疼痛似乎稍减,可是创伤却更深陷了。

十六

赞美归于你,光荣归于你,慈爱的泉源!我的处境越是可怜,你越接近我,你的手已伸到我头上,就要把我从泥坑中拔出来,就要洗濯我,而我还不知不觉。

能阻止我更进一步陷入肉欲的深渊的,只有对死亡与死后审判的恐惧,这种恐惧在种种思想的波动中,始终没有退出我的心。

我和阿利比乌斯、内布利第乌斯两人讨论过善恶问题。倘若我也相信伊壁鸠鲁所不信的灵魂不死和人死后按功过受赏罚之说,则伊壁鸠鲁一定在我思想上可占优胜。我提出这一问题:如果我们长生不死,永久生活于肉体的佚乐中丝毫没有丧失的恐惧,如何还不能算幸福?我们还要求什么?我不懂得我已如此深入迷途,如此盲目,以致不能想象德行与美善本身的光明应该用无私的心情去怀抱的,这光明肉眼看不见,只能在心灵深处看到,这种昏昧正是我的重大不幸。这个可怜的我并不考虑到我能和知己们畅谈,即使谈的是可耻的事物,这种乐趣从何处得来;如果我没有这些朋友,即使我尽情享受着肉体的淫乐,在感官方面我也不会感到幸福。我知道我的爱这些朋友,并不杂有自私之心,而他们的爱我也是如此。

多么曲折的道路!一人离开了你,胆敢希望找到更好的东西,这人真可怜!不管他如何辗转反侧,一切是生硬的,唯有你才能使人舒畅安息。你却就在面前,你解救我们,使我们脱离可恨的歧途,把我们安放在你的道路上,你安慰我们,对我们说:"快快跑吧!我将支持你们,我将引导你们,我将抱你们到那里。"

卷 七

一

我败坏而罪恶的青年时代已经死去,我正在走上壮年时代,我年龄愈大,我思想的空虚愈显得可耻。除了双目经常看见的物体外,我不能想象其他实体。自从我开始听到智慧的一些教训后,我不再想象你天主具有人的形体——我始终躲避这种错误,我很高兴在我们的精神母亲、你的公教会的信仰中找到这一点——可是我还不能用另一种方式来想象你。一个人,像我这样一个人,企图想象你至尊的、唯一的、真正的天主!我以内心的全副热情,相信你是不能朽坏、不能损伤、不能改变的;我不知道这思想是从哪里来的,怎样来的;但我明确看到不能朽坏一定优于可能朽坏,不能损伤一定优于可能损伤,不能改变一定优于可能改变。

我的心呵叱着一切幻象,我力图把大批绕我飞翔的丑恶影像从我心目中一麾而去。可是随散随集,依然蜂拥我前,遮蔽我的视线。因之,我虽不再以人体的形状来想象你,但仍不得不设想为空间的一种物质,或散布在世界之中,或散布在世界之外的无限空际,我以为这样一个不能朽坏、不能损伤、不能变易的东西总优于可能朽坏、可能损伤、可能改变的东西,因为一样不被空间所占有的东西,在我看来,即是虚无,绝对虚无,而不仅仅是空虚,譬如一件东西从一处搬走,这地方空无一物,不论地上的、水中的、空际或天上的东西都没有,但境界则依旧存在,则是一个空虚之境,是有空间的虚无。

我昏昧的心甚至不能反身看清自己;我以为凡不占空间的,不散布于空间的,不凝聚于空间,不能在空间滋长的,凡不具备或不能具备这些条件的,都是绝对虚无。因为我的眼睛经常在那些形象中出入,我的思想也在其中活动,而我没有看出构成这些形象的思想和形象的性质迥不相同,如果思想不是一种伟大的东西,便不可能构成这些形象。

为此,我设想你,我生命的生命,是广大无边的,你渗透着整个世界,又在世界之外,充塞到无限的空间;天、地、一切都占有你,一切在你之中都有限度,但你无可限量。犹如空气,地上的空气并不障碍日光,日光透过空气,并不碎裂空气,而空气充满着日光;我以为天、地、空气、海洋、任何部分,不论大小,都被你渗透,有你的存在,六合内外,你用神秘的气息,统摄你所造的万物。我只是如此猜测,因我别无了悟的方法。但这种猜度是错误的。因为按照这种想法,天地大的部分占有你的大,小的部分占有你的小;万物都充满了你,则大象比麻雀体积大,因之占有你的部分多,如此你便为世界各部分所分割,随着体积的大小,分别占有你多少。其实并不如此。你还没有照明我的黑暗。

二

为了驳斥那些自欺欺人、饶舌的哑巴——因为你的"圣道"并不通过他们说话——对我而言,内布利第乌斯早已在迦太基时屡次提出的难题已经足够。这难题我们听了思想上都因此动摇:摩尼教徒经常提出一个和你对立的黑暗势力,如果你不愿和它相斗,它对你有何办法?倘若回答说:能带给你一些损害,那么你是可能损伤,可能朽坏了!倘若回答说:对你无能为力,那么就没有对抗的理由,没有理由说你的一部分,或你的某一肢体,或你本体的产物,被恶势力或一种在你创造之外的力量所渗和,受到破坏,丧失了幸福而陷入痛苦,因此需要你进行战伐而予以援救,为之洗涤;据他们说,这一部分即是灵魂,需要你的"圣道"来解救,则你的"道",一面是自由而未受奴役,纯洁而未受玷污,完整而未受毁坏,一面却是可能朽坏,因为与灵魂出于同一的本体。因此,不论他们说你怎样,如果说你赖以存在的本体是不可能损坏的,则他们的全部理论都是错误荒谬,如果说你是可能损坏,则根本已经错误,开端就是大逆不道。

该项论证已经足够驳斥那些摩尼教徒了,他们压制我们的心胸,无论如何应受我们吐弃。因为对于你持有这样的论调,抱着这种思想,他们的口舌肺腑无法避免地犯下了可怖的、亵渎神圣的罪。

三

我虽则承认你是不可能受玷污,不可能改变,不可能有任何变化,虽则坚信你是我们的主、真天主,虽则坚信你不仅创造我们的灵魂,也创造我们的肉体,不仅创造我们的灵魂肉体,也创造了一切的一切,但对于恶的来源问题,我还不能答复,还不能解决。不论恶的来源如何,我认为研究的结果不应迫使我相信不能变化的天主是可能变化的,否则我自己成为我研究的对象了。我很放心地进行研究,我是确切认识到我所竭力回避的那些人所说的并非真理,因为我看到这些人在研究恶的来源时,本身就充满了罪恶,他们宁愿说你的本体受罪恶的影响,不肯承认自己犯罪作恶。

我听说我们所以作恶的原因是自由意志,我们所以受苦的原因是出于你公正的审判,我对于这两点竭力探究,可是我还不能分析清楚。我力图从深坑中提高我思想的视线,可是我依旧沉下去;我一再努力,依旧一再下沉。

有一点能略略提高我,使我接近你的光明,便是我意识到我有意志,犹如意识我在生活一样。因此我愿意或不愿意,我确知愿或不愿的是我自己,不是另一人;我也日益看出这是我犯罪的原因。至于我不愿而被迫做的事,我也看出我是处于被动地位,而不是主动;我认为这是一种惩罚,而不是罪恶,想起你的公正后,我很快就承认我应受此惩罚。

但我再追问下去:"谁创造了我?不是我的天主吗?天主不仅是善的,而且是善的本体。那么为何我愿作恶而不愿从善?是否为了使我承受应受的惩罚？既然我整个造自无比温良的天主，谁把辛苦的种子撒在我身上，种在我心中？如果是魔鬼作祟，则魔鬼又是从哪里来的呢？如果好天使因意志败坏而变成魔鬼，那么既然天使整个来自至善的创造者，又何从产生这坏意志，使天使变成魔鬼？"这些思想重新压得我透不过气，但不至于把我推入不肯向你认罪、宁愿说我屈服于罪恶而不愿承认我作恶的错误深渊。

四

我努力找寻其他真理，一如我先前发现不能朽坏优于可能朽坏，发现你不论怎样，定必不能朽坏等真理一样。一人绝不能想象出比至尊至善的你更好的东西。既然不能朽坏确实优于可能朽坏，一如我已经提出的，那么，如果你可能朽坏，我便能想象一个比你更好的东西了。因此，既然我看出不能朽坏优于可能朽坏，便应从这一方面研究你，进而推求恶究竟在哪里，换言之，那种绝对不能损害你的朽坏从哪里产生的。朽坏，不论来自意志，不论出于必然或偶然，都不能损害我们的天主，因为你既是天主，天主所愿的是善，天主就是善的本体，而朽坏便不是善。你也不能被迫而行动，因为你的意志不能大于你的能力；倘若意志大于能力，那么你大于你本身了，因为天主的意志与能力即是天主的本体。你又无所不知，对于你能有偶然意外吗？一切所以能存在，都由于你的认识。对于天主本体的不能朽坏，不必多赘了，总之，天主如果可能朽坏的话，便不成为天主了。

五

我探求恶的来源时，我探求的方式不好，我在探求中就没有看出恶。我把眼前的全部受造物，如大地、海洋、空气、星辰、树木、禽兽，和肉眼看不见的穹苍、一切天使和一切神灵都排列在我思想之前。我的想象对于神体也分别为之位置，犹如具有形体一般。我把受造之物，或真正具有形体的，或本是神体而由我虚构一种形体的集合在一起，成为庞大的一群，当然不是按照原来的大小，因为我并不清楚，而是按照我的想象，但四面都有极限。而你呢，我的天主，你包容、渗透这一群，但各方面都是浩浩无垠的，犹如一片汪洋大海，不论哪里都形成一个无涯的海洋，海洋中有一团海绵，不论如何大，总有限度，而各方面都沉浸在无限的海洋中。

我是这样设想有限的受造物如此充满着无限的你。我说："这是天主以及天主所创造的万物，天主是美善的，天主的美善远远超越受造之物。美善的天主创造美善的事物，天主包容、充塞着受造之物。恶原来在哪里？从哪里来的？怎样钻进来的？恶的根荄、恶的种籽在哪里？是否并不存在？既然不存在，为何要害怕而防范它呢？如果我们不过是庸人自扰，那么这种怕惧太不合理，仅是无谓地刺激、磨折我们的心；既然没有怕惧的理由，那么我们越是怕惧，越是不好。以此推想，或是我们所怕惧的恶是存在的，或是恶是由于我们怕惧而来的。既然美善的天主创造了一切美善，恶又从哪里来呢？当然受造物的善，次于至善的天主，但造物者与受造物都是善的，则恶确从哪里来的呢？是否创造时，用了坏的质料,给予定型组织时,还遗留着不可能转化为善的部分?但这为了什么?既然天主是全能,为何不能把它整个转变过来,不遗留丝毫的恶?最后,天主为何愿意从此创造万物,而不用他的全能把它消灭净尽呢?是否这原质能违反天主的意愿而存在?如果这原质是永恒的,为何天主任凭它先在以前无限的时间中存在着,然后以此创造万物?如果天主是突然间愿意有所作为,那么既是全能,为何不把它消灭而仅仅保留着整个的、真正的、至高的,无限的善?如果天主是美善,必须创造一些善的东西,那么为何不销毁坏的质料,另造好的质料,然后再以此创造万物?如果天主必须应用不受他创造的质料,然后能创造好的东西,那么天主不是全能了!"

这些思想在我苦闷的心中辗转反侧,我的心既害怕死亡,又找不到真理,被深刻的顾虑重重压着。但是公教会所有对于你的基督、我们的救主的信仰已巩固地树立在我心中,这信仰虽则对于许多问题尚未参透,依然飘荡于教义的准则之外,但我的心已能坚持这信仰,将一天比一天更融洽于这信仰之中。

六

我也已经抛弃了星命家的欺人荒诞的预言,我的天主,对于这一事,我愿从我心坎肺腑中诵说你的慈爱。因为是你,完全是你——谁能使我脱离错误的死亡?只有不知死亡的生命,只有不需要光明而能照彻需要光明的心灵的智慧,统摄世界甚至风吹树叶都受其操纵的智慧才能如此——是你治疗我不肯听信明智的长者文狄齐亚努斯和杰出的青年内布利第乌斯的忠告而执迷不悟的痫疾。前者是非常肯定地，后者则以稍有犹豫的口吻一再对我说，并没有什么预言未来的法术，不过人们的悬揣往往会有偶然的巧合，一人滔滔汩汩的谈论中，果有不少话会应验，只要不是三缄其口，否则总有谈言微中的机会。你给我一个爱好星命的朋友，他并不精于此道，而是如我所说的，由于好奇而去向术者请教，他又从他父亲那里听到一些故事，足以打消他对这一门的信念，可是他并不措意。

这人名斐尔米努斯，受过自由艺术的教育和雄辩术的训练。他和我很投契，一次他对他的运气抱着很大希望，从而向我请教，要我根据他的星宿为他推算。其时我对于此事已开始倾向于内布利第乌斯的见解，但我并不表示拒绝，只表示我模棱的见解，并附带说明我差不多已经确信这种方法的无稽。他便向我谈起他的父亲也酷嗜这一类的书籍，并有一个朋友和他有同样的嗜好。两人对这种儿戏般的术数热切探究竟似着迷一般。甚至家中牲畜生产也记录时辰，为它观察星辰的位置，用以增加这种术数的经验。

他听他父亲说，当他的母亲怀孕斐尔米努斯时，朋友家中一个女奴也有妊了。女奴的主人，对家中母狗产小狗尚且细心观察，对此当然不会不注意的。他们一个对自己的妻子，一个对自己的女奴，非常精细地计算了时辰分秒，两家同时分娩了，两个孩子自然属于同一时刻，同一星宿位置。当两家产妇分娩的时候，两人预先约定，特派专人，相互报告孩子生下的时刻。他们既各是一家之主，很容易照此传递消息。当时两个家人恰在中途相遇，所以竟无从分判两小儿星宿时辰的差别。但斐尔米努斯生于显贵之家，一帆风顺，席丰履厚，且任要职，那个奴隶，始终没有摆脱奴隶的轭，仍在伺候着主人们,这是认识这奴隶的人亲口讲的。

我听了完全相信——既然讲述者是这样一个人——使我过去的犹疑亦都消释,便劝斐尔米努斯放弃这种玄想,我对他说,如果我推算星宿的位置,作正确的预言,应该看出他的父母有高贵的身份,他的家庭是城中的望族,他有良好的天赋,受到良好的自由艺术教育;可是倘若那个和他同时出生的奴隶也来请教我,我的推算如果正确,也应该看出他的父母卑贱,身为奴隶,他的种种情况和前者的不同是不可以道里计了。这样,推算同一时辰星宿,必须作出不同的答复才算正确,——如作同一答复,则我的话便成错误——因此,我得到一个非常可靠的结论,观察星辰而作出肯定的预言,并非出于真才实学,而是出于偶然,如果预言错误,也不是学问的不够,而仅是被偶然所玩弄。

从此我面前的道路已经打开,我便想去怎样对付那些借此求利、信口雌黄的人,我已经考虑怎样攻击、取笑、反驳那些人。如果有人这样反驳我,譬如说,斐尔米努斯对我讲的并非事实,或他的父亲对他讲的也不是事实。我便注意到孪生的孩子,脱离母胎往往只相隔极短时间,这短短时间,不论人们推说在自然界有多大影响,但这已不属于推算范围之内,星命家的观察绝对不能用什么星宿分别推演,作为预言未来的根据。这种预言本不足信,因为根据同一时辰星宿而推算,则对以扫和雅各[①]应作同样的预言,可是两人的遭遇截然不同。故知预言属于虚妄,如果确实,则根据同样的时辰星宿,应作出不同的预言。所以预言的应验,不凭学问,而是

---

① 以扫和雅各是孪生兄弟,事见《创世记》25章21—26节。

出于偶然。

主啊,你是万有最公正的管理者,你的神机默运不是占卜星命的术人所能窥见的。求你使那些推求命运的人懂得应该依照每人灵魂的功过听候你深邃公正的裁夺。任何人不要再说:"这是怎么回事?""为何如此?"任何人不要再如此说,因为我们不过是人。

七

我的依靠,你已经解除了我的束缚;虽则我仍在探索恶的来源,虽仍找不到出路,但你已不让我飘摇无定的思想脱出对于你的存在,对于你不变的本体,对于你垂顾的人群、审判万民,对于在你的圣子、我们的主基督之中用公教会的权力核定的圣经启引人类长生之道的信仰。

这些信仰已在我的思想由保持而趋于巩固了;我更迫不及待地追究恶的来源。我的天主,我的心经受了多少辛苦折磨,发出了多少呻吟哀号!我却不知你正在倾耳而听。我暗中摸索,向你的慈爱号呼,这是内心无词的忏悔。我所经受的,除你之外,更无人知。我的口向我最知己的朋友们泄露了多少呢?他们怎能听到我内心的喧哄?我没有时间也没有足够的言辞可以尽情倾吐。但一切只有上达到你耳际,"我的心在嗟吁吼叫,我的志愿呈露在你面前,我眼睛的光明却不和我在一起",①因为这光明在我心内,而我则散逸于身外;这光明不在空间,而我则注视着空间的事物;我找

---

① 见《诗篇》37 首 9—11 节。

不到安息之境,这些事物既不接纳我,使我能说:"够了,很好!"又不让我重返较安的处所。因为我在你下面,但高出于这些事物之上;如果我服从你,你将是我的欢忭,你将使一切次于我的受造物服从我。这是所谓允执其中,是我得救的中庸之道,使我能继续承袭你的肖像,能控驭着我的肉体而奉事你。可惜我妄自尊大,起来反抗你,"我挺着似围了坚盾的颈项"①向我的主直闯,卑微的受造物便爬在我头上,紧压我,绝不使我松过气来。我举目而望,只见它们成群结队,从各方面蜂拥而前;我想敛摄心神,而那些物质的影像已拦住我反身之路,好像对我说:"你想往哪里去,不堪的丑鬼!"这一切都从我的创伤中爬出来,因为"你屈辱骄傲的人,使之如受重创";②我的鸱张使我和你隔离,我浮肿的脸面使我睁不开眼睛。

八

主,"你是永永存在",但"并不永永向我们发怒",③你怜悯尘埃灰土的我,你愿意在你面前,改造我的丑恶。你用内心的锥刺来促使我彷徨不安,直至我心灵看到真实的信光。我的浮肿因你的灵药而减退了,我昏瞶糊涂的心灵之目依仗苦口的瞑眩之药也日渐明亮了。

---

① 见《旧约·约伯记》15 章 26 节。
② 见《诗篇》88 首 11 节。
③ 见《诗篇》32 首 11 节;84 首 6 节。

九

最先你愿意使我看到你是怎样"拒绝骄傲的人,把恩宠赐给谦虚的人",①你以多大的慈爱揭示人们谦虚的道路,既然"你的道成了血肉,寓于人世",②你使一个满肚子傲气的人把一些由希腊文译成拉丁文的柏拉图派的著作介绍给我。

我在这些著作中读到了以下这些话,虽则文字不同,而意义无别,并且提供了种种论证:"在元始已有道,道与天主同在,道就是天主;这道于元始即与天主同在,万物由此而成,没有他,便没有受造;凡受造的,在他之内具有生命,这生命是人的光;这光在黑暗中照耀,黑暗却没有胜过他";人的灵魂,虽则,"为光作证,但灵魂不是光",道,亦即天主自己,才是"普照一切人世之人的真光,他已在世界上,世界本是借他造成的,但世界不认识他。"至于"他来到了自己的领域,自己的人却没有接纳他,凡接受他的人,亦即信他的名字的人,他给他们成为天主的子女的权能"③,这些话,我没有读到。

同样,我看到:"道,亦即天主,不是由血气,也不是由肉欲,也不是由男欲,而是由天主生的",但我读不到:"道成为血肉,寓居于我们中间。"④

---

① 见《新约·雅各书》4章6节。
② 见《约翰福音》1章14节。
③ 同上,1—12节。
④ 同上,13—14节。

我在这些著作中,还看到用不同的字句称:"圣子本有圣父的形象,并不以自己与天主同等为僭越",因为他的本体是如此;可是,"他反而纡尊降贵,甘取奴仆的形象,成为人的样式,既取人身,就自卑自贱,存心顺服,以至于死,而且死在十字架上,所以天主高举他,使他的圣名超乎万名之上,使天上、人间、地下的一切,闻耶稣之名而屈膝,众口同声称耶稣为主,而归荣于天主圣父",①这种种都不见于这些著作中。

至于"你的独子是在一切时间之前,超越一切时间,常在不变,与你同是永恒,灵魂必须饫受其丰满,然后能致幸福;必须分享这常在的智慧而自新,然后能有智慧",这些都不见于上述著作中。而"他按所定的日子为罪人死","你不爱惜你的独子,使他为我们众人舍生",②却找不到。这是因为"你将这些事瞒着明智的人,而启示给稚子","使劳苦和负重担的人都到他那里去,他要使他们安息,因为他是良善心谦的",③他引导温良的人遵循正义,以自己的道路指示善良的人,他看见我们的卑贱、我们的困苦,他宽赦我们的罪。至于那些趾高气扬、自以为出类拔萃的人,便听不到:"跟我学习,因为我是良善心谦的,你们将找到你们灵魂的安息",④"他们虽则知道天主,却不视为天主而荣耀他,也不感谢他,他们的思想成为虚妄,无知的心就昏暗了,自称聪明,反成

---

① 见《新约·腓立比书》2 章 6—11 节。
② 见《新约·罗马书》5 章 6 节;8 章 32 节。
③ 见《马太福音》11 章 25,29 节。
④ 同上。

愚蠢"。①

为此，我在这些著作中又看到了："你光荣不朽的性体成为具有凡人禽兽蛇虫等形状的各式偶像"，②成为埃及的肴馔，以扫为此而丧失长子名分的肴馔，③因为你首出的民族，"心向埃及"，④不崇敬你，而去崇敬走兽的头颅，使他们的灵魂——你的肖像——膜拜食草的牛像。

我在那些著作中读到这一切，可是我没有取食。主，你愿意除掉次子雅各的耻辱，使"长子伺候次子"，⑤你又呼召外族来享受你的产业。我正从外族归向你，我爱上了你命你的子民从埃及带走的金子，因为金子无论在哪里，都是属于你的。你通过你的使徒保罗告诉雅典人说："我们在你之内生活、行动、存在"，⑥该派的有些学者也如此说，其实他们的学说即渊源于此。我并不措意于那些"将天主的真理变成谎言，不敬事造物主而崇拜受造之物"⑦的人们用你的金子祭祀埃及的偶像。

十

你指示我反求诸己，我在你引导下进入我的心灵，我所以能如

---

① 见《罗马书》1章21节。
② 同上，23节。
③ 事见《创世记》25章。
④ 见《新约·使徒行传》7章39节。
⑤ 见《罗马书》9章13节。
⑥ 见《使徒行传》17章28节。
⑦ 见《罗马书》1章25节。

此，是由于"你已成为我的助力"。我进入心灵后，我用我灵魂的眼睛——虽则还是很模糊的——瞻望着在我灵魂的眼睛之上的、在我思想之上的永定之光。这光，不是肉眼可见的、普通的光，也不是同一类型而比较强烈的、发射更清晰的光芒普照四方的光。不，这光并不是如此的，完全是另一种光明。这光在我思想上，也不似油浮于水，天覆于地；这光在我之上，因为它创造了我，我在其下，因为我是它创造的。谁认识真理，即认识这光；谁认识这光，也就认识永恒。唯有爱能认识它。

永恒的真理，真正的爱，可爱的永恒！你是我的天主，我日夜向你呻吟。我认识你后，你就提升我，使我看到我应见而尚未能看见的东西。你用强烈的光芒照灼我昏沉的眼睛，我既爱且惧，屏营战栗，我发觉我是远离了你漂流异地，似乎听到你发自天际的声音对我说："我是强者的食粮；你壮大后将以我为饮食。可是我不像你肉体的粮食，你不会吸收我使我同于你，而是你将合于我。"

我认识到"你是按照人的罪恶而纠正一人，你使我的灵魂干枯，犹如蛛丝"。[①] 我问道："既然真理不散布于有限的空间，也不散布于无限的空间，不即是虚空吗？"你远远答复我说："我是自有的。"[②]我听了心领神会，已绝无怀疑的理由，如果我再生疑窦，则我更容易怀疑我自己是否存在，不会怀疑"凭受造之物而辨识的"[③]真理是否存在。

---

① 见《诗篇》39首11节。
② 见《旧约·出埃及记》3章14节。
③ 见《新约·罗马书》1章20节。

十一

我观察在你座下的万物,我以为它们既不是绝对"有",也不是绝对"无";它们是"有",因为它们来自你,它们不是"有",因为它们不是"自有"的。因为真正的"有",是常在不变的有。"亲近天主,为我有益",①因为如果我不在天主之内,我也不能在我之内。而你则"常在不变而更新万物","你是我的主,因而你并不需要我的所有"。②

十二

我已清楚看出,一切可以朽坏的东西,都是"善"的;唯有"至善",不能朽坏,也唯有"善"的东西,才能朽坏,因为如果是至善,则是不能朽坏,但如果没有丝毫"善"的成分,便也没有可以朽坏之处。因为朽坏是一种损害,假使不与善为敌,则亦不成其为害了。因此,或以为朽坏并非有害的,这违反事实;或以为一切事物的朽坏,是在砍削善的成分:这是确无可疑的事实。如果一物丧失了所有的"善",便不再存在。因为如果依然存在的话,则不能再朽坏,这样,不是比以前更善吗?若说一物丧失了所有的善,因之进而至于更善,则还有什么比这论点更荒谬呢?因此,任何事物丧

---

① 见《诗篇》72 首 28 节。
② 见《智慧书》7 章 27 节;《诗篇》15 首 2 节。

失了所有的善,便不再存在。事物如果存在,自有其善的成分。因此,凡存在的事物,都是善的;至于"恶",我所追究其来源的恶,并不是实体;因为如是实体,即是善;如是不能朽坏的实体,则是至善;如是能朽坏的实体,则必是善的,否则便不能朽坏。

我认识到,清楚认识到你所创造的一切,都是好的,而且没有一个实体不是你创造的。可是你所创造的万物,并非都是相同的,因此万物分别看,都是好的,而总的看来,则更为美好,因为我们的天主所创造的,"一切都很美好"。①

十三

对于你天主,绝对谈不到恶;不仅对于你,对于你所创造的万物也如此,因为在你所造的万有之外,没有一物能侵犯、破坏你所定的秩序。只是万物各部分之间,有的彼此不相协调,使人认为不好,可是这些部分与另一些部分相协,便就是好,而部分本身也并无不好。况且一切不相协调的部分则与负载万物的地相配合,而地又和上面风云来去的青天相配合。因此我们绝不能说:"如果没有这些东西多么好!"因为单看这些东西,可能希望更好的东西,但即使仅仅着眼于这些东西,我已经应该称颂你了,因为一切都在赞颂你,"地上所有的蛟龙与诸渊,火与雹,雪与冰,遵行你的命令的狂飙,山岳与诸丘,果树与诸香柏,野兽与诸牲畜,爬虫与飞

---

① 见《创世记》1 章 31 节。

鸟,人君与万民,首长与诸执法,少年与处女,老人与稚子都在赞颂"①你的圣名。况且天上也在歌颂你、我们的天主:"你的天使,你的军旅,太阳太阴,发光的星辰,天上之天与天上之水",②都在赞颂你的圣名。我不再希望更好的东西了,因为我综观万有之后,虽则看到在上的一切优于在下的一切,但我更进一步地了悟,则又看出整个万有尤胜于在上的一切。

十 四

谁不欢喜某一部分受造物,便是缺乏健全的理智,而我过去就是如此,因为在你所创造的万物中,有许多使我嫌恶。可是我的灵魂,因为不敢对我的天主有所不满,便不肯把嫌恶的东西视为同出你手,遂不免趋向两种实体的说法,但这也不能使我灵魂安定,因为它只能拾取别人的唾余。等到我回头之后,又为我自己塑造了一个充塞无限空间的神,以为这神即是你,把这神像供养在我心中,我的灵魂重又成为我自己抟塑的而为你所唾弃的偶像的庙宇。但你在我不知不觉之中,抚摩我的头脑,合上我的眼睛,不让我的视觉投入虚幻,我便有些昏沉,我的狂热已使我委顿了;及至苏醒后,便看见了无可限量的天主,迥异于过去所见,这已不是由于肉体的视力。

---

① 见《诗篇》148首7—12节。
② 同上,1—5节。

十五

我再看其他种种，我觉它们都由你而存在，都限制于你的本体之内，但这种限制不在乎空间，而在于另一种方式之下；你用真理掌握着一切，一切以存在而论、都是真实；如以不存在为存在，才是错误。

我又看出每种东西不仅各得其所，亦复各得其时；唯有你是永恒的存在，你的行动不是开始于无量数时间之后，因为无论过去未来的一切时间，如果没有你的行动，不因你的存在，这时间便不会去，也不会来。

十六

我从经验体验到同样的面包，健康时啖之可口，抱病时食之无味；良目爱光亮，而病眼则有羞明之苦；这是不足为奇的。你的正义尚且遭到恶人的憎恨，何况你所造的毒蛇昆虫了，毒蛇昆虫本身也是好的，适合于受造物的下层。恶人越和你差异，便越趋向下流；越和你接近，便越适应上层受造物。我探究恶究竟是什么，我发现恶并非实体，而是败坏的意志叛离了最高的本体，即是叛离了你天主，而自趋于下流，是"委弃自己的肺腑"，[①]而表面膨胀。

---

① 见《德训篇》10章9节。

十七

我诧异我自己已经爱上了你,不再钟情于那些冒充你的幻象了;但我还不能一心享受天主,我被你的美好所吸引,可是我自身的重累很快又拖我下坠,我便于呻吟中堕落了:这重累即是我肉体的沾染。但对于你,我总记住着,我已绝不怀疑我应该归向于你,可惜我还不能做到和你契合,"这个腐朽的躯壳重重压着灵魂,这一所由泥土抟成的居室压制着泛滥的思想"。① 我确切了悟"你的永能和你的神性虽非肉眼所可窥见,但观之于天地万物之中,自能灼然辨识"。② 我研求着将根据什么来衡量天地万物的美好,如何能使我对可变的事物作出标准的评价,确定说:"这应该如此,那不应如此";我又研究着我根据什么下这样的断语,我发现在我变易不定的思想之上,自有永恒不变的真理。

这样我逐步上升,从肉体到达凭借肉体而感觉的灵魂,进而是灵魂接受器官传递外来印象的内在力量,也是禽兽所具有的最高感性。更进一步,便是辨别器官所获印象的判断力;但这判断力也自认变易不定。因此即达到理性本身,理性提挈我的思想清除积习的牵缠,摆脱了彼此矛盾的种种想象,找寻到理性所以能毫不迟疑肯定不变优于可变,是受那一种光明的照耀——因为除非对于不变有一些认识,否则不会肯定不变优于可变的——最后在惊心

---

① 见《智慧书》9 章 15 节。
② 见《罗马书》1 章 20 节。

动魄的一瞥中,得见"存在本体"。这时我才懂得"你形而上的神性,如何能凭所造之物而辨认洞见",①但我无力凝眸直视,不能不退回到原来的境界,仅仅保留着向往爱恋的心情,犹如对于无法染指的佳肴,只能歆享而已。

十八

我希望能具有享受你的必要力量,我寻求获致这力量的门路,可是无从觅得,一直到我拥抱了"天主与人类之间的中保,降生成人的耶稣基督",②他是"在万有之上,永受赞美的天主",③他呼唤我们,对我们说:"我是道路、真理、生命",④他因为是"道成为血肉",⑤以自己的血肉作为我们的饮食——但这时我还没有取食的能力,——使你用以创造万物的智慧哺乳我们的幼年。

我的谦卑还不足以占有我的天主,谦卑的耶稣,这还不能领会他的谦卑所给我的教训。因为你的道,永恒的真理,无限地超越着受造物的上层部分,他提拔服从他的人到他身边,他用我们的泥土在下界盖了一间卑陋的居室,为了促使服从他的人克制自己,吸收他们到他身边,治疗他们的傲气,培养他们的爱,使他们不至于依靠自身而走入歧途,使他们目睹卑以自牧的神性在他们脚下,穿着

---

① 见《罗马书》1 章 20 节。
② 见《新约·提摩太前书》2 章 5 节。
③ 见《罗马书》9 章 5 节。
④ 见《约翰福音》14 章 6 节。
⑤ 同上,1 章 14 节。

我们的"皮衣",①因而也能安于微贱,能废然自觉,俯伏于神性之前,神性将起而扶掖他们。

十九

但我并不作如是想。我以为我的主基督不过是一个具有杰出的智慧、无与伦比的人物;我以为特别由于他神奇地生自童贞女,对于轻视现世和争取不朽起了示范作用,他在天主对于我们的计划中,享有教诲人类的非常威权。至于"道成为血肉"②这一语的含义,我是丝毫未曾捉摸到。我从圣经上有关基督的记载中,仅仅知道他曾经饮食、睡眠、行路、喜乐、忧闷、谈话,知道他的肉体必须通过灵魂和思想和你的道结合。凡知道你的道是永恒不变的,都知道这一点,我也照我能力所及知道这一点,并不有所怀疑。因为随意摆动肢体或静止不动,有时感受情感的冲动有时感不到,有时说话表达明智的意见,有时沉默不语,这一切都显示出灵魂和精神的可变性。圣经所载耶稣基督的事迹如有错误,则其余一切也有欺诳的嫌疑,人类便不可能对圣经抱有得救的信心了。假使记载确实,则我在基督身上看到一个完整的人,不是仅有人的肉体,或仅有肉体灵魂而无理性,而是一个真正的人,但我以为基督之所以超越任何人,不是因为是真理的化身,而是由于卓越的人格,更完美地和智慧结合。

---

① 见《创世记》3章21节。
② 见《约翰福音》1章14节。

阿利比乌斯以为公教徒相信天主取了血肉，不过相信基督是天主又是血肉，但没有灵魂，因此也没有人的理性；同时阿利比乌斯坚信世世相传的基督一生事迹，如不属于一个具有感觉理性的受造物，便不可能如此；因此他对于基督教的信仰抱着趑趄不前的态度；以后他认识到过去的看法是阿波利那利斯派异端徒的谬论，因此欣然接受了公教信仰。

至于我呢，我是稍后才知道在"道成为血肉"一语的解释上公教信仰与福提努斯的谬论决裂。公教对异端徒的谴责揭示了你的教会的看法和纯正的教义。"需要异端出现，才能使历经考验的人在软弱的人中间显示出来。"[1]

二十

这时，我读了柏拉图派学者的著作后，懂得在物质世界外找寻真理，我从"受造之物，辨识你形而上的神性"，[2]虽则我尚未通彻，但已认识到我灵魂的黑暗不容许瞻仰的真理究竟是什么，我已经确信你的实在，确信你是无限的，虽则你并不散布在无限的空间，确信你是永恒不变的自有者，绝对没有部分的，或行动方面的变易，其余一切都来自你，最可靠的证据就是它们的存在。对于这种种我已确信不疑，可是我还太软弱，不能享受你。我自以为明白，我高谈阔论，但如果我不在我们的救主基督内寻求出路，我不会贯

---

[1] 见《哥林多前书》11章19节。
[2] 见《罗马书》1章20节。

通，只会自趋灭亡。我遍体是罪恶的惩罚，却开始以智者自居，我不再涕泣，反而以学问自负。哪里有建筑于谦卑的基础、基督上的爱？这些书籍能不能教给我呢？我相信你所以要我在读你的圣经之前，先钻研这些著作，是为了使我牢记着这些著作所给我的印象；以后我陶熔在你的圣经之中，你用妙手来裹治我的创伤，我能分辨出何者为臆断，何者为服膺，能知道找寻目的而不识途径的人，与找寻通往幸福的天乡——不仅为参观而是为了定居下来——的道路，二者有何区别。

因为假如我先受你圣经的熏陶，先玩味你的圣经，然后接触到这些著作，这些著作可能会推翻我诚信的基础；即使我的情感上能坚持所受到的有益影响，可能我会认为仅仅读这些著作也能收到同样的效果。

二十一

我以迫不及待的心情，捧读着你的"圣神"所启示的崇高著作，特别是使徒保罗的著作。过去我认为保罗有时自相矛盾，和《旧约》的律法、先知书抵触；这些疑难涣然冰释之后，我清楚看出这些纯粹的言论绝无歧异之处，我学会了"战战兢兢地欢乐"。[①]我开始下功夫，我发现过去在其他书籍中读到的正确的理论，都见于圣经，但读时必须依靠你的恩宠，凡有所见，不应"自夸，仿佛以

---

① 见《诗篇》2首11节。

为不是领受来的",①这不仅对于见到的应该如此,为了能够见到,也应如此,——因为,"所有一切,无一不是受之于天主",②——这样,不仅为了受到督促而求享见纯一不变的你,也为了治愈疾患而服膺不释。谁远离了你,不能望见你,便应踏上通向你的道路,然后能看见你,占有你。因为一人即使"衷心喜悦天主的法律,可是在他肢体之中,另有一种法律,和他内心的法律对抗,把他囚禁于肢体的罪恶法律之中",③他将如何对付呢?主啊,你是公义的,我们背道叛德,多行不义,"你的手沉重地压在我们身上"。④ 我们理应交付于罪恶的宿犯,死亡的首领,因为是他诱惑我们,使我们尤而效之,离弃真理。这样可怜的人能做什么?"谁能挽救他脱离死亡的肉体?"只有凭借你的恩宠,依靠我们的主、耶稣基督,他是你的圣子,和你同属永恒,你"在造化之初"⑤创造了他,人世的统治者在他身上找不到应死的罪名,把他处死;"我们的罪状因此一笔勾销"。⑥

以上种种,那些书籍中都未写出。在那些字里行间,没有悃款的气色,没有忏悔的眼泪,也没有"你所喜爱的祭献,愤悱的精神,悲深痛切的良心",⑦更没有万民的救援,你所许诺的圣城,"圣神"的保证,普渡人类的酒爵。所以那些书籍中,当然没有人歌唱:

---

① 见《哥林多前书》4章7节。
② 同上。
③ 见《罗马书》7章21、23节。
④ 见《诗篇》31首4节。
⑤ 见《旧约·箴言》8章22节。
⑥ 见《新约·歌罗西书》2章14节。
⑦ 见《诗篇》50首17节。

"我的灵魂岂非属于天主吗？我的救援自他而来，因为他是我的天主，我的救援，我的堡垒；我安然更不飘摇。"① 读遍了那些书，谁也听不到这样的号召："劳苦的人到我身边来。"② 他们藐视他的教诲，因为他是"良善心谦的"，③ 因为"你把这些事瞒住了聪明卓见的人，而启示于弱小者"。④ 从丛林的高处眺望和平之乡而不见道路，疲精劳神，彷徨于圹壤之野，受到以毒龙猛狮为首的遁逃者重重进逼是一回事；遵循着天上君王所掌管的，为逃避天上兵役的人们所不敢拦劫的，——因为他们避开这条道路，犹如逃避刑罚一般——通向和平之乡的道路，是另一回事。

我读了自称"使徒中最小的一个"，保罗的著作，这些思想憬然回旋于我心神之中，这时仰瞻你的神功伟绩，我不禁发出惊奇的赞叹。

---

① 见《诗篇》61 首 2—3 节。
② 见《马太福音》11 章 28 节。
③ 同上。
④ 同上，11 章 25 节。

卷 八

一

我的天主，我愿回忆、诵说你对我的慈爱，借以表示我的感激。希望你的爱使我沦肌浃髓，使我的骸骨说："主，谁能和你相似？你解除了我的束缚，我要向你献上歌颂之祭。"①我将叙述你怎样解除我的束缚，希望崇拜你的人们听了我的话，都能说："愿主受颂扬于上天下地；他的圣名是伟大而奇妙！"②

你的话已使我铭之肺腑，你已四面围护着我。我已确信你的永恒的生命，虽则我还"如镜中观物，仅得其仿佛"③；但我对于万物所由来的、你的不朽本体所有的疑团已一扫而空。我不需要更明确的信念，只求其更加巩固。我的暂时的生命依旧在动荡之中，我的心需要清除陈旧的酵母；我已经爱上我的"道路"，我的救主，可是还没有勇气面向着崎岖而举足前进。

你启示我使我以为应向西姆普利齐亚努斯请益。我认为他是

---

① 见《诗篇》115首16节。
② 同上，75首2节。
③ 见《哥林多前书》13章12节。

你的忠仆,在他身上显示出你的恩宠。我听说他自幼即热心奉事你。这时他年事已高,他一生恪遵你的道路,我相信他具有丰富的经验和广博的见识。事实确是如此。因此我愿意以我的疑难请他解决,请他就我当时的心境,指示我适当的方法,为走你的道路。

我看见教会中人才济济,各人有进修的方式。我已经讨厌我在世俗场中的生活,这生活已成为我的负担。我先前热衷名利,现在名利之心已不能催促我忍受如此沉重的奴役了。由于我热爱你的温柔敦厚和你美轮美奂的住所,过去的尘情俗趣在我已不堪回首。但我对女人还是辗转反侧,不能忘情。使徒并不禁止我结婚,虽则他劝我们更能精进,希望人人能和他一样。不中用的我却选择了比较方便的行径;仅仅为了这一事,我便为其他一切缠扰得没精打采,种种顾虑将我磨难,因我既已接受婚约的约束,对于我不愿承当的其他负担也必须配合着夫妇生活而加以适应。

我曾听到真理亲口说过:"有些人是为了天国而自阉的;可是谁能领受的,就领受吧!"①"那些不认识天主的人,都是昏愚的人,因为他们徒见悦目的东西,而不识物之所从来。"② 我已经破除了这种昏愚,已能高出一筹,从万有的证据中找到你天主,我们的创造者,找到你的"道",与你同在的天主,与你同是唯一的天主,你因他而创造万物。

另有一种大逆不道的人,"他们虽然认识天主,却不当作天主去光荣他,感谢他"。③ 我也曾堕入此种错误之中,你的手拯救我

---

① 见《马太福音》19 章 12 节。
② 见《智慧书》13 章 1 节。
③ 见《罗马书》1 章 21 节。

出来，把我安放在能治愈疾病的处所，因为你对人说过："诚信即是智慧"；"不要自以为聪明，因为谁自称为聪明，谁就成为愚蠢"。① 我已经找到了"明珠"，我本该变卖所有一切将它购进，而我还在迟疑不决。

二

我去谒见西姆普利齐亚努斯，对于蒙受你的恩宠而言，他是当时主教安布罗西乌斯的授洗者，安布罗西乌斯也敬爱他犹如父亲一般。我向他讲述了我所犯错误的曲折情况。他听到我读到柏拉图派的一些著作，这些著作是由已故罗马雄辩术教授维克托利努斯译成拉丁文的，我曾听说维克托利努斯将近逝世之前信了基督教；当时西姆普利齐亚努斯向我道贺，因为我没有涉猎其他满纸谰言的形而下的哲学著作，至于柏拉图派的学说，却用各种方式表达天主和天主的"道"。接着他勉励我效法基督的谦卑，这种谦德是"瞒着明智的人而启示于稚子的"；② 他又向我追述维克托利努斯的事迹，他在罗马时和维克托利努斯非常投契；我将他所讲述的传录出来，因为这事使我们兴奋地赞颂你所赐予的恩宠。这位维克托利努斯，耆年博学，精通各种自由学术，而且批判过许多哲学著作，一时高贵的元老多出于他门下，由于他对教育的卓越贡献，受到举世所公认的最大荣誉：人们在市场上建立他的纪念像；可是一

---

① 见《罗马书》1章22节。
② 见《马太福音》11章25节。

直到那时候,他还敬奉偶像,参加着罗马贵族和民众们举国若狂的亵渎神圣的淫祀,如奥赛烈司、各种妖神和犬首人身的阿努俾斯,他们曾和"涅普顿、维纳斯、密纳发对抗"①交战;罗马战胜他们后,反而向他们崇拜!老年的维克托利努斯多少年来用他惊人的口才充任他们的护法,但他绝无顾虑地成为你的基督的奴隶,而你的泉水下的婴孩终于引颈接受谦逊的轭,俯首接受十字架的耻辱。

主啊!"你使诸天下垂,你亲自陟降,你一触山,而山岳生烟",②你用什么方法进入这样一个人的心灵中呢?

西姆普利齐亚努斯说,维克托利努斯读了圣经,又非常用心地钻研基督教的各种书籍。他私下对西姆普利齐亚努斯真心地说:"你知道吗?我已是基督的信徒了!"西姆普利齐亚努斯回答说:"除非我看见你在基督的圣堂中,我不相信、我也不能认为你是信徒。"他便笑着说:"那么墙壁能使人成为信徒了!"他屡次说自己是信徒,西姆普利齐亚努斯屡次作同样的答复,而他也屡次重复墙壁的笑话。其实他是害怕得罪朋友们,害怕得罪那些傲慢的魔鬼崇拜者,害怕他们从巴比伦城上,犹如从尚未被天主砍断的黎巴嫩的香柏树梢上对他仇视而加以打击。但他经过熟读深思,打定了坚定的主意,他担心自己害怕在人前承认基督,基督也将在天主的使者之前不认识他;他觉得自己以你的"道"自卑自贱的奥迹为耻辱,而对于自己效法傲魔,举行魔鬼的淫祀却不以为耻,这种行径真是荒谬绝伦。因此他对于诞妄之事,便无所惶虑,而在真理之前

---

① 见维吉尔《埃涅阿斯》卷 8,698 句。
② 见《诗篇》143 首 5 节。

深觉惭愧。所以突然对西姆普利齐亚努斯说:"我们一起往圣堂中去;我愿意成为基督徒!"西姆普利齐亚努斯自言这事出乎他意料之外。便喜不自胜,陪他去了。他学习了基本教义后,不久就要求领受使人重生的"洗礼";此事在罗马引起了惊愕,教会却只是欢忭。骄傲的人们看到了是愤恨、切齿,怒火中烧;但是,主啊,为你的仆人,你是他的希望,他已不再措意于那种虚妄欺诳的疯狂了。

最后信仰宣誓的时刻到了。在罗马,誓文有一定格式,凡将受洗礼的人事先将誓文记住,届时站在高处,向教友群众朗诵。那时神职人员请维克托利努斯采用比较隐秘的方式,凡比较胆怯怕羞的人往往得采取这种方式,但维克托利努斯宁愿在神圣的群众之前表示自己的得救。他以为他所教的雄辩术与救援无关,尚且公开讲授,不怕在疯狂的人群之前发挥自己的见解,那么更何惮于在你的驯顺的羊群前宣布你的言论?因此他上台宣誓了,听众认识他的,都在相互指称他的名字,带着低低的赞叹声。可是谁不认识他呢?在皆大欢喜中,可以听到勉强抑制的欢呼:"维克托利努斯!维克托利努斯!"大家一看见他登台,欢欣鼓舞的情绪突然爆发了,但很快就肃静下来,都聚精会神地倾听着。他带着非常的信心,朗朗诵读着真实的信仰誓文。大家都想拥抱他,把他迎接到自己心中。的确大家都用敬爱和欢乐的双手去拥抱他。

三

好天主啊!人们对于一个绝望的灵魂从重大的危险中获得救

援,比始终有得救希望或遭遇寻常危险的灵魂,更觉得快乐,这种心情从何而来的呢?你,慈悲的父亲,你也"对于一个罪人悔改,比较对九十九个不用悔改的义人更欢喜"。① 我们怀着极大的喜悦,听得牧人找到迷途的羊,欢欢喜喜地负荷在肩上而归,和妇人在四邻相庆中把找到的一块钱送回你的银库中。读到你家中的幼子"死而复生,失而复得",我们也为之喜极而涕,来参加你家庭的大庆。这是你在我们心中,在具有圣爱的神圣天使心中所享的快乐,因为你是始终不变的,你永永不变地注视着一切有起有讫、变化不定的事物。

人们对于所爱的东西失而复得,比保持不失感到更大的快乐,这种心情究竟从何而来的呢?许多事例证明这一点,一切都提出证据,叫喊说:"确然如此。"战胜的元首举行凯旋礼,如果不战,不会胜利;战争中危险愈大,则凯旋时快乐也愈甚。航海者受风浪的簸弄,受覆舟的威胁,都胆战心惊等待与波臣为伍,忽然风浪平息,过去的恐怖换取了这时欣慰。一个亲爱的人害病,脉息显示他病势严重,希望他转好的人们,心中是和他一起害病。等到病势减轻,虽则元气尚未恢复,还不能行走,但人们所感到的愉快绝不是他未曾患病、健步行走时所能感觉的。人生愉快的心情,不仅来自突然的、出乎意外的遭遇,也来自预定的、自寻的烦恼。一人不先感到饥渴,便享受不到饮食的乐趣。酒鬼先吃些咸涩的东西,引起舌根的不快,然后饮酒时酣畅地消除这种苦味。习惯规定订婚后不立即结婚,使未婚夫经过一个时期的想望,成婚后对妻子更加

---

① 见《新约·路加福音》15 章 7 节。

爱护。

对于可耻的、卑鄙的乐趣是如此；对于许可的、合法的快乐是如此；对于最真诚的、正当的友谊也是如此；甚至对于儿子的"死而复生、失而复得"也不例外；无论哪种情况，事前忧患愈重，则所得快乐也愈大。

主，我的天主，这究竟是怎么回事？你为你自己是永恒的快乐，而在你周围的受造物也以你为快乐。但为何自然界的一部分有消长逆顺的不同？是否上及九天，下至九渊，前乎邃古之初，后至世纪之末，天使之尊，虫蚁之贱，自第一运动至最后运动，你安排着各类的美好以及一切合理的工程，使之各得其所，各得其时，事物必然有此情况？确然如此，你真是高于九天，深于九渊！你从不离开我们，可是我们要回到你身边是多么困难！

四

主，请你促醒我们，呼唤我们，熏炙我们，提撕我们，融化我们，使我们心悦诚服，使我怀着炽热的心情向你追踪。不是有许多人从更深于维克托利努斯的昏昧黑暗中回到你身边吗？他们靠近你，便获得光明，受到照耀；获得了光明，也就获得了成为你的子女的权利。这些人的事迹不如维克托利努斯为大众所熟悉，知道的人也不如那样高兴。因为大家欢喜，于是大家也更加高兴，相互之间能发出声应气求的热情。所以声名赫奕的人能挈带人们趋受得救的恩宠；他们是先觉，别人自会效其所为。为此，比他们更先进的人，当然也感到极大的兴奋，因为他们的快乐并非仅仅为了少数有名望的人。

在你的居处,绝对没有贫富贵贱的畛域。你反而"拣选了世上的弱者,使那些强有力者自感羞愧,拣选了世上的贱者和世俗所认为卑不足道而视若无物者,使有名无实者归于乌有"。① 但使徒中最小的一位,你通过他的喉舌发出上面这些话的,他战胜了总督保罗的骄傲,使之接受你的基督的轻轭,降为天地大君的庶民;他为了纪念这一伟大卓越的胜利,愿意把自己的原名扫罗改为保罗②。譬如敌人对某一人控制得越厉害,而且利用这人进而控制更多的人,则敌人在这人身上遭到的失败也越严重。大人先生们,由于他们的声望,更是受敌人控制的目标,敌人正可利用他们控制更多的人。你的孩子们想到维克托利努斯的心过去如何为魔鬼所掌握,视为不可攻克的堡垒,魔鬼利用他的口舌作为锐利的强弩,射死了多少人,而现在目睹我们的君王捆绑了这个力士,把他的器械收缴,洗炼之后,成为"合乎主用,准备盛置各种善事"③的宝器,不是更该手舞足蹈吗?

五

你的仆人西姆普利齐亚努斯讲完了维克托利努斯的故事后,我是满心想效法他,这正是西姆普利齐亚努斯讲述这故事的目的。

---

① 见《哥林多前书》1 章 27 节。
② 事见《使徒行传》13 章 7—12 节。
③ 见《提摩太后书》2 章 21 节。

他又附带说,犹利安帝①在位时,明命禁止基督徒教授文学和雄辩术,维克托利努斯遵照法令,宁愿放弃信口雌黄的教席,不愿放弃你"使婴儿的唇舌伶俐善辩"②的圣"道"。我以为他的运气不下于他的毅力,因为他能以全部时间供献于你了。我是叹息想望着这样的安闲时间。我并不为别人的意志所束缚,而我自己的意志却如铁链一般地束缚着我。敌人掌握着我的意志,把它打成一条铁链紧紧地将我缚住,因为意志败坏,遂生情欲,顺从情欲,渐成习惯,习惯不除,便成为自然了。这些关系的连锁——我名之为铁链——把我紧缠于困顿的奴役中。我开始萌芽的新的意志,即无条件为你服务,享受你天主,享受唯一可靠的乐趣的意志,还没有足够的力量去压伏根深蒂固的积习。这样我就有了一新一旧的双重意志,一属于肉体,一属于精神,相互交绥,这种内讧撕裂了我的灵魂。

从亲身的体验,我领会了所谈到的"肉体与精神相争,精神与肉体相争"③的意义。我正处于双重战争之中,但我更倾向于我所赞成的一方,过于我所排斥的一方。因为在我所排斥的一方,更可以说我并非自觉自愿地做而大部分出于勉强承受。习惯加紧向我进攻,这也未尝不是我自己造成的,因为我是自愿走到我所不愿去的地方。惩罚跟着罪恶,这也是理所当然的,谁能提出合法的抗议?我过去往往以为我的不能轻视世俗而奉事你是由于我对真理认识尚未足够,我也不能用这种假定来推卸罪责,因为我已确切认

---

① 犹利安(约331—363),361年为罗马帝,世称"叛教者"。
② 见《智慧书》10章21节。
③ 见《新约·加拉太书》5章17节。

识真理。我还和世俗牵连着,不肯投到你麾下,我的害怕消除牵累,无异于人们害怕沾惹牵累。

世俗的包袱,犹如在梦中一般,柔和地压在我身上;我想望的意念,犹如熟睡的人想醒寤时所作的挣扎,由于睡意正浓而重复入睡。谁也不愿意沉沉昏睡,凡头脑健全的人都愿意醒着。但四体非常疲乏时,往往想多睡片刻。即使起身的时间已到,不宜再睡,可是还有些依依不舍。同样,我已确知献身于你的爱比屈服于我的私欲更好。前者使我服膺,驯服了我;后者使我依恋,缠绕着我。你对我说:"你这睡着的人,应当醒过来,从死中复活,基督就要光照你了。"①我是没有一句话回答你。你处处使我看出你所说的都真实可靠,真理已经征服了我,我却没有话回答,只吞吞吐吐、懒洋洋地说:"立刻来了!""真的,立刻来了!""让我等一会儿。"但是"立刻",并没有时刻;"一会儿"却长长地拖延下去。我的内心喜爱你的法律是无济于事的,因为"我肢体中另有一种法律,和我心中的法律交战,把我掳去,叫我顺从肢体中犯罪的法律"。② 犯罪的法律即是习惯的威力,我的心灵虽然不愿,但被它挟持,被它掌握;可惜我是自愿入其彀中,所以我是负有责任的。我真可怜!"除了通过我们的主耶稣基督,依靠你的恩宠外,谁能救我脱离这死亡的肉身?"③

---

① 见《以弗所书》5 章 14 节。
② 见《罗马书》7 章 22、23 节。
③ 见《罗马书》7 章 24、25 节。

六

我将叙述你怎样解除了紧紧束缚着我的淫欲与俗务的奴役;主啊,我的救援,我的救主,我将称颂你的圣名。

我照常生活着,但我的苦闷有增无已,我天天向你叹息,每逢压在我身上使我呻吟的事务外,一有余暇,便经常到圣堂中去。阿利比乌斯和我在一起,他第三次担任法律顾问后,已经停止这方面的事务,这时正好闲着,等待机会再出售他的法律顾问,和我出售雄辩术一样——如果这种技术可能有人请教的话。内布利第乌斯为了我们的友谊而自愿牺牲,担任凡莱公都斯的助教。凡莱公都斯是我们最知己的朋友,米兰人,在米兰教授文法;他希望,而且以朋友的名义要求我们中间有一人能赤胆忠心地帮助他,因为他觉得非常需要。内布利第乌斯的所以如此,并非为了利益,——照他的才学,如果他愿意的话,能找到更好的出路——这位非常忠厚、非常和气的朋友,为了体贴我们,不愿拒绝我们的要求。他办事非常谨慎,避免世俗场中那些大人物的赏识,因此也避免了这方面可能带来的麻烦,他愿意保持精神的自由,尽量取得空余的时间,以便对于智慧进行研究、阅读或讨论。

一天,我和阿利比乌斯在家——内布利第乌斯外出,原因我已记不起来了——有一位客人,名蓬提齐亚努斯,访问我们;他是非洲人,是我们的同乡,在宫中担任要职:我已记不起他向我们要求什么。我们坐下来交谈着。他偶然注意到在我们面前一张安放玩具的桌子上有一本书,他拿了过来,翻开一看,是使徒保罗的书信。

当然这是出乎他意料之外的。他本来想是我教学用的一本书。他含笑望着我，向我道贺，对于他意外发现在我跟前仅有的这一本书表示惊讶。他是一个热心的教友，经常到圣堂中去，跪在你、我们的天主之前作长时的祈祷。我对他说，我现在特别致力研究这书。他便向我讲起埃及隐修士安东尼①的事迹，安东尼的名字早已盛传于你的仆人之中，但直到那时，我们还是初次听到。他知道这情况后，即在这题目上，把这样一个伟大人物介绍给我们这些少见多怪的朋友，他也不免诧异我们的孤陋寡闻。我们听了自然不胜惊奇，竟在这样近的时代，就在我们的并时，你的灵异的迹象在纯正的信仰中，在公教会内显示了确切不移的证据。对于如此伟大的事迹，我们大家同声惊叹，而他却纳罕我们的懵懂无知。

他谈到了许多隐修院，谈到隐修士们德行的馨香如何上达天庭，如何在旷野中结出丰盛的果实；这一切为我们都是闻所未闻的。而且就在米兰城外，有安布罗西乌斯创办的一所隐修院，院中住满了热心的隐修士，我们也从未得知。蓬提齐亚努斯讲得娓娓不倦，我们穆然静听。他又讲到某一天，在特里尔城中，那天午后皇帝来观马车竞赛，他和同事三人在城墙附近一个花园中散步，他们四人分作两起，蓬提齐亚努斯和一人是一起，其余两人又是一起，各自信步闲行。其余两人走向一间小屋，屋中住着你的几位仆人，是"天国为他们所有"②的神贫者。这两人进入屋中看见一卷安东尼的传记。其中一人取而阅读，顿觉惊奇、兴奋，一面读，一面

---

① 安东尼（约251—约356），古代基督教著名的隐修士。
② 见《马太福音》5章3节。

想度如此生活,预备放弃官职,为你服务。这两人都是皇帝的近臣。而此人竟然勃发神圣的热情,感到真纯的悔恨,睁眼注视着他的朋友说:"请你告诉我,我们如此殚心竭力,希望达到什么目标?我们究竟追求什么?我们为谁服务?我们在朝廷供职,升到'恺撒之友'①,不是荣宠已极吗?即使幸获这种职位,也不是朝乾夕惕,充满着危险吗?真的,冒了很大危险,不过为了踏上更大的危险!况且什么时候才能到达呢?不如为'天主之友',只要我愿意,立即成功了。"

他说这些话时,正处于新生命诞生的紧张阶段中。他的目光回到书本上,他继续读下去,他的内心正在变化;只有你能明鉴。他遗世绝俗的意志很快就表现出来。他读此书时,思潮起伏汹涌,他望准了更好的方向,当机立断,已经成为你的人了。他对他朋友说:"我已将我的功名意愿毅然斩断,我已决定奉事天主了。此时此地,我即实行。如果你不同情于我,则不要阻止我。"那一位回答说,愿和他同享这种赏报,分担这项工作。他们已经属于你了。他们放弃了所有一切,追随你,用了必要的代价,共同起造救生的宝塔。

这时,蓬提齐亚努斯和另一位正在花园另一部分散步,开始找寻他们两人,找到后,催促他们回去,因为天色已晚。两人便告诉他们自己打下什么主意和计划,又说明了这种愿望产生的经过,表示已经下了决心,要求他们如果不愿参加,则亦不要阻挠。蓬提齐亚努斯说,他自己和那一位朋友虽与这两人分道扬镳,但不免泣下

---

① "恺撒之友"在罗马帝制时代,形成一个特殊阶层,往往担任最重要的职位。

沾襟，同时向他两人祝贺，并请他们代为祈祷，便带着一颗人世的功名心回到朝中，那两人却逊心天上，从此栖隐于小屋之中。

那两人都已订婚，两位未婚妻听到这消息后，便也守贞不字，献身于天主。

七

蓬提齐亚努斯讲了这些事。主啊！在他谈话时，你在我背后拉着我，使我转身面对着自己，因为我背着自己，不愿正视自己；你把我摆在我自己面前，使我看到自己是多么丑陋，多么委琐龌龊，遍体疮痍。我见了骇极，却又无处躲藏。我竭力想逃避我的视线，而蓬提齐亚努斯还在讲述他的故事，你又把我按在我面前，强我去看，使我猛省而痛恨我的罪恶。我认识了，但我闭上眼睛，强自排遣，于是我又淡忘了。

当时，我越佩服他们两人能激发有益的热情，贡献全身，听凭你治疗，相形之下，越觉得自己的可耻，便越痛恨自己。从我十九岁那年读了西塞罗的《荷尔顿西乌斯》一书引起我对智慧的爱好后，多少年月悠悠过去了——大约十二年——我始终留连希冀于世俗的幸福，不致力于觅取另一种幸福，这种幸福，不要说求而得之，即使仅仅寄以向往之心，亦已胜于获得任何宝藏，胜于身践帝王之位，胜于随心所欲恣享淫乐。可是我这个不堪的青年，在我进入青年时代之际已没出息，那时我也曾向你要求纯洁，我说："请你赏赐我纯洁和节制，但不要立即赏给。"我怕你立即答应而立即消除我好色之心，因为这种病态，我宁愿留着忍受，不愿加以治疗。

我又走上狂悖迷信的邪路,但对于这种迷信,我本无真实信心,不过以为较优于其他理论,而所谓其他,我却无意诚求,只不过抱着敌对的态度加以攻击。

我自以为我的趑趄不前,不肯轻视世俗的前途而一心追随你,是由于我没有找到确切的指南针,来指示我的方向。但时间到了;我终于赤裸裸地暴露在我面前,我的良心在谴责我:"你还有什么话说?你一直借口找不到明确的真理,所以不肯抛弃虚妄的包袱。现在你可明确了,真理在催迫你,只要你脱卸负累,自会生翅高飞,已不必辛苦探索,更无须再费一二十年的深思熟虑了。"

我的心灵在腐蚀着,蓬提齐亚努斯讲述时,我感到非常可怕的羞愧。他讲完后,办好了应办的事,告辞而去。我以心问心,自怨自艾,我对我自己什么话没有说过?我思想的鞭策为了催促我努力跟随你曾多少次打将下来?我倔强,我抗拒,并不提出抗拒的理由。理由已经说尽,都已遭到驳斥。剩下的只是沉默的恐惧,和害怕死亡一样,害怕离开习惯的河流,不能再畅饮腐败和死亡。

八

当我和我的灵魂在我的心境中发生剧烈的争哄时,我的面色我的思想也同样紧张,我冲到阿利比乌斯那里,叫喊道:"我们等待什么?你没有听到吗?那些不学无术的人起来攫取了天堂,我们呢?我们带着满腹学问,却毫无心肝,在血肉中打滚!是否他们先走一步,我们便耻于跟随他们?不是更应该惭愧自己没有跟随吗!"

我对他大概说了这一类的话,我激动的情绪将我从他面前拉走;他不作声,惊愕地望着我。我的话不同于寻常。我的额,我的面颊,我的眼睛,我的气色,我说话的声音,比我的言语更表示出我内心的冲动。

我们的寓所有一个小花园,屋子和花园都听凭我们使用,因为屋主并不住在那里。我内心的风暴把我卷到花园中。那里没有人来阻止我自己思想上的剧烈斗争;斗争的结局,你早已清楚,我那时并不知道。但这种神经失常有益于我;这种死亡是通向生命。那时我了解我的病根在哪里,却不知道不久就要改善。

我退到花园中,阿利比乌斯是寸步不离地跟在我后面。即使有他在身边,我依旧觉得我是孤独的。况且他看见我如此情形,能离我而去吗?

我们在离开屋子最远的地方坐定下来。我的内心奔腾澎湃着愤慨的波涛,恨自己为何不追随你的意志,接受你的约法;我的天主,我全身骨骼都对此发出呼号,它们的歌颂声上彻云霄。为达到这目的地,并不需要舟楫车马,甚至不需要走像从我们所生之处到屋子那样短短的一段路程。因为走往那里,甚至到达那里,只需愿意去,抱有坚强而完整的意志,而不是只有半身不遂,左右摇摆,半起半仆,半推半就,挣扎争抗的意志。

正在心烦意乱之际,我的手足做出许多动作,这些动作,如果一人手足残缺,或手足被束缚着,或四肢乏力,或因其他原因而不能动弹,则即使要做也没有这能力。我搔头,敲额,抱膝,这些动作是因为我要,才做出来。假如手足不听我指挥,那么即使我要做也做不到。这一方面,有许多动作,我的意愿和动作是不一致的。但另一方面，我又不做那些我以非常热烈的意愿所想望的事，这些事，只要我愿意做，立刻就能做；只要我真正愿意，就能如愿以偿；这一方面，能力和意愿是一致的；愿意即是行动。但我并不行动。我的肉体很容易听从灵魂的驱使，念头一转，手足跟着动了；我的灵魂却不容易听从自己的意志，完成重大的愿望。

九

哪里来的这种怪事？原因何在？请你的慈爱照耀我，使我盘问一下人类所负担的神秘惩罚，和亚当子孙潜在的苦难，如果它们能答复我的话。这种怪事哪里来的？原因何在？灵魂命令肉体，肉体立即服从；灵魂命令自己，却抗拒不服。灵魂命手动作，手便应命而动，发令和执行几乎不能区分先后，但灵魂总是灵魂，手是属于肉体的。灵魂命令灵魂愿意什么，这是命令自己，却不见动静。这种怪事哪里来的呢？原因何在？我说，灵魂发令愿意什么，如果灵魂不愿，便不会发令，可是发了命令，却并不执行。

其实灵魂并不完全愿意，所以发出的命令也不是完全的命令。命令的尺度完全符合愿意的尺度，不执行的尺度也遵照不愿意的尺度，因为意志下令，才有意愿，这意愿并非另外一物，即是意志本身。于此可见，灵魂不是以它的全心全意发出命令，才会令出不行。如果全心全意发出命令，则即无此命令，意愿亦已存在。因此意志的游移，并非怪事，而是灵魂的病态。虽则有真理扶持它，然它被积习重重压着，不能昂然起立。因此可见我们有双重意志，双方都不完整，一个有余，则一个不足。

十

我的天主,有人以意志的两面性为借口,主张我们有两个灵魂,一善一恶,同时并存。让这些人和一切信口雌黄、妖言惑众的人,一起在你面前毁灭!这些人赞成这种罪恶的学说真是败类。倘使他们能接受正确的见解,和坚持真理的人一心一德,自然会变恶为善。那么我们便能用使徒保罗的话对他们说:"从前你们是黑暗,如今在主里面成为光明。"①他们不愿"在主里面",想在自己身内成为光明,以为灵魂的本体即是神的本体,这样便加深了他们的黑暗,他们由于这种滔天的傲慢,所以和你"照耀入世之人"②的真光距离更远了。你们该考虑你们所说的话,该自知惭愧,"快靠拢他,你们必将受到光照,你们便不会面红耳赤了!"③

在我考虑是否就献身于我的主、天主时,我本已有此计划,愿的是我,不愿的也是我,都是我自己。我既不是完全愿意,也不是完全不愿意。我和我自己斗争,造成了内部的分裂,这分裂的形成,我并不情愿;这并不证明另一个灵魂的存在,只说明我所受的惩罚。造成这惩罚的不是我自己,而是"盘踞在我身内的罪",④是为了处分我自觉自愿犯下的罪,因为我是亚当的子孙。

如果有多少彼此对立的意愿,便有多少对立的本性,那么一人

---

① 见《以弗所书》5章8节。
② 见《约翰福音》1章9节。
③ 见《诗篇》33首6节。
④ 见《罗马书》7章17节。

身上不仅有两个本性,该有许多本性。一人在考虑是否去开会,①或是去看戏,他们便说:"那不是两个本性吗?一个向善,一个向恶。否则这种敌对意愿的迷惘从哪里来的呢?"我说,这两个意愿,一个要到他们那里去,一个要去看戏,都是坏的。但摩尼教徒认为要到他们那里去是个好主意。那么,假如我们的人也在两种意愿对立之下犹豫不决,考虑是否去看戏,还是到圣堂中去,摩尼教徒也将迟疑而难于置答了。因为他们或是承认——他们是不肯承认的——到圣堂中去,和领受了圣事的人经常到圣堂中去一样,是出于好的意志;或是承认一个人身上存在两个对立的坏的本性,两个坏的意志;么他们所说的一善一恶,是不正确的;或是他们将归向真理,不再否认一人在考虑时,是一个灵魂在两种意愿之间摇摆不定。

因此,希望他们感觉一人身上有彼此对立的双重意志时,不再主张有一善一恶两个对立的灵魂,具有两种对立的本体,来自两个对立的本原。你,真实无妄的天主,你是反对他们,驳斥他们,揭露他们:一人有两个坏主意,譬如一人考虑用毒药或用武器去杀人;强占这一家或那一家的田地;财色不能兼得时,考虑花大量金钱去享乐,还是一毛不拔做守财奴;又如两种娱乐在同一天举行,考虑去看戏还是去看赛车;还可以加上第三个主意:如有机会,到别人家中去偷东西;或是第四个主意:如果有同样的机会,去和人幽会;这些机会如果同时来到,都合他的心意,但不能同时进行,这样那人的灵魂就被四种或更多的对立意志所脔割,因为人们的欲望简

---

① 按指摩尼教徒的集会,本节是针对摩尼教而言。

直太多了！但摩尼教徒对这一大批不同的本性往往只字不提！

对于好的意志也是如此。如果我问他们："爱读使徒的书信好不好？欣赏一篇庄严的圣诗好不好？解释福音好不好？"他们一定说："好。"那么，如果同时欢喜这一切，我们的心不是被不同的意志东拉西扯吗？这些意愿都好，可能彼此相持不让，直至我选择其中之一，使分歧的意志成为统一。

同样，永远的真福在上提携我们，而尘世的享受在下控引我们，一个灵魂具有二者的爱好，但二者都不能占有整个意志，因此灵魂被重大的忧苦所割裂：真理使它更爱前者，而习惯又使它舍不下后者。

十一

我被这种心疾折磨着，我抱着不同于寻常的严峻态度责斥我自己，我在束缚我的锁链中翻腾打滚，想把它全部折断。这锁链已经所剩无几，可是依旧系絷着我。主，你在我心坎中催迫我，你严肃的慈爱用恐惧悔恨的鞭子在加倍地鞭策我，不使我再松动不去拧断剩下的细脆的链子，任凭它获得新的力量，把我更加牢牢束缚。

我在心中自言自语说："快快解决吧！快快解决吧！"我的话似已具有决定性，即欲见之行事，可是还下不了手；我并不回到过去的覆辙，但站在边缘上喘息。我再鼓足勇气，几乎把握到了，真的几乎得手了，已经到了手掌之中，入我掌握了。不，不，我并没有到达，并没有到手，并没有掌握；我还在迟疑着，不肯死于死亡，生于生命；旧业和新生的交替，旧的在我身上更觉积重难返；越在接近我转变的时刻，越是使我惶恐，我虽并不因此却步，但我不免停顿下来了。

拖住我的是那些不堪的、浪荡虚浮的旧相好；它们轻轻地扯我肉体的衣裾，轻轻地对我说："你把我们抛开了吗！""从此以后，我们不再和你一起了！""从此起，这些、那些，为你都不许可了！"我把"这些、那些"包括它们所暗示的一切，我的天主啊，它们暗示些什么呢？求你的慈爱把这一切从你仆人的灵魂中全部扫除出去！多么丑恶，多么可耻！它们的声音，我听见的还不到一半，因为它们不是面对着我，肆无忌惮地反对我，而是好像在我背后窃窃私语，见我要走，便偷偷拉我，想叫我回过头来。它们拉住我，因为我犹豫不肯就走，不肯对它们毅然决绝，奔向呼唤我的地方去；我的强悍的习惯在对我说："你以为没有这一切，你能生活下去？"

但这句话已经说得没精打采了。因为在我前面，我害怕去的那一面，呈现着纯洁庄严的节制，明朗而肃穆地微笑着，庄重地邀请我上前，向我伸出充满着圣善的双手，准备接纳我，拥抱我。那里有多少儿童，多少青年，多少年龄不同的人，有可敬的节妇，有老年的贞女，在这些人身上，节制并非没有生息，因主的照临，使她儿女成行，欢聚膝下。

节制的美德好似在笑我，这是出于鼓励的嘲哂；它似乎在对我说："这些孩子，这些女子能做的，你不能吗？他们所以能如此，岂是靠自己而不是在天主之内？他们的天主把我赏给他们。为何你要依仗自己而不能安定？把你投向天主，不要害怕；天主不会缩手任凭你跌倒；放心大胆地投向他，他自会接纳你，治疗你。"我羞愧得无地自容,因为我还听见那些不堪的唧唧哝哝的私语,我依然若往若还,游移不决。"节制"好像重新对我说:"对于你在世间所有秽恶的肉体,你不要听其蛊惑,由它去受屈辱,去受磨炼。它所说的乐趣,绝不能和你的天主的法律相比。"这些争执在我心中搅扰,正是我与我的决斗。阿利比乌斯傍我而坐,静静地等待着我这次异乎寻常的内心冲动的结局。

十二

我灵魂深处,我的思想把我的全部罪状罗列于我心目之前。巨大的风暴起来了,带着倾盆的泪雨。为了使我能嚎啕大哭,便起身离开了阿利比乌斯,——我觉得我独自一人更适宜于尽情痛哭——我走向较远的地方,避开了阿利比乌斯,不要因他在场而有所拘束。

我当时的情况,他完全看出,因为我不知道说了什么话,说时已是不胜呜咽。我起身后,他非常诧异,留在我们并坐的地方。我不知道怎样去躺在一棵无花果树下,尽让泪水夺眶而出。这是我向你奉上的,你理应哂纳的祭献。我向你说了许多话,字句已记不起,意思是如此:"主啊,你的发怒到何时为止?请你不要记着我过去的罪恶。"[①]我觉得我的罪恶还抓住我不放。我呜咽着喊道:"还要多少时候?还要多少时候?明天吗?又是明天!为何不是现在?为何不是此时此刻结束我的罪恶史?"

---

① 见《诗篇》78首5,8节。

我说着,我带着满腹辛酸痛哭不止。突然我听见从邻近一所屋中传来一个孩子的声音——我分不清是男孩子或女孩子的声音——反复唱着:"拿着,读吧!拿着,读吧!"立刻我的面色变了,我集中注意力回想是否听见过孩子们游戏时有这样几句山歌;我完全想不起来。我压制了眼泪的攻势,站起身来。我找不到其他解释,这一定是神的命令,叫我翻开书来,看到哪一章就读哪一章。我曾听说安东尼也偶然读福音,读到下面一段,似乎是对他说的:"去变卖你所有的,分给穷人;你积财于天,然后来跟随我。"①这句话使他立即归向你。

我急忙回到阿利比乌斯坐的地方,因为我起身时,把使徒的书信集留在那里。我抓到手中,翻开来,默默读着我最先看到的一章:"不可耽于酒食,不可溺于淫荡,不可趋于竞争嫉妒,应被服主耶稣基督,勿使纵恣于肉体的嗜欲。"②我不想再读下去,也不需要再读下去了。我读完这一节,顿觉有一道恬静的光射到心中,溃散了阴霾笼罩的疑阵。

我用手或其他方法在书上作一标记,合上书本,满面春风地把一切经过告诉阿利比乌斯。他也把他的感觉——我也不知道——告诉我。他要求看我所读的一节。我指给他看。他接着再读下去,我并不知下文如何。接下去的一句是:"信心软弱的人,你们要接纳他。"③他向我说,这是指他本人而言的。这忠告使他坚定于善愿,也正是符合他的优良品性,我早已望尘莫及的品性。他毫

---

① 见《马太福音》19 章 21 节。
② 见《罗马书》13 章 13 节。
③ 同上,14 章 1 节。

不犹豫,一无纷扰地和我采取同一行止。

我们便到母亲那里,把这事报告她。她听了喜形于色。我们叙述了详情细节,她更是手舞足蹈,一如凯旋而归,便向你歌颂,"你所能成全于我们的,超越我们的意想,"①因为她看到你所赐与我的远远超过她长时期来哀伤痛哭而祝祷的。你使我转变而归向你,甚至不再追求室家之好,不再找寻尘世的前途,而一心站定在信仰的金科玉律之中,一如多少年前,你启示她我昂然特立的情景。她的哀伤一反而成为无比的喜乐,这喜乐的真纯可爱远过于她所想望的含饴弄孙之乐。

---

① 见《以弗所书》3章20节。

卷 九

一

"主,我是你的仆人,我是你的仆人,你的婢女的儿子。你解放了我的束缚,我要向你献上谢恩之祭。"①请使我的心和我的唇舌歌颂你,使"我的四体百骸说:主,谁能和你相比"?② 请你答复我,请你"对我的灵魂说:我是你的救援"。③

我是谁?我是怎样一个人?什么坏事我没有做过?即使不做,至少说过;即使不说,至少想过。但你,温良慈爱的主,你看见死亡深入我的骨髓,你引手在我的心源中疏瀹秽流。我便蠲弃我以前征逐的一切,追求你原来要的一切。

但在这漫长的岁月中,我的自由意志在哪里?从哪一个隐秘的处所刹那之间脱身而出,俯首来就你的温柔的辕轭,肩胛挑起你的轻松的担子?耶稣基督,"我的依靠,我的救主!"④我突然间对

---

① 见《诗篇》115 首 16—17 节。
② 同上,34 首 10 节。
③ 同上,3 节。
④ 同上,18 首 15 节。

于抛弃虚浮的乐趣感到无比的舒畅,过去唯恐丧失的,这时却欣然同它断绝。

因为你,真正的、无比的甘饴,你把这一切从我身上驱除净尽,你进入我心替代了这一切。你是比任何乐趣更加浃洽,但不为血肉之躯而言;你比任何光彩更明灿,比任何秘奥更深邃,比任何荣秩更尊显,但不为自高自大的人。这时我的心灵已把觊觎和营求的意念、淫佚和贪猾的情志从万端纷扰中完全摆脱;我向你,我的光明,我的财产,我的救援,我的主、天主,我向你倾泻胸臆。

二

"在你鉴临之下"①,我决定不采取众目昭彰的办法,而用柔和的方式摆脱我嚣讼市集上卖弄唇舌的职务,不要再让青年们不"钻研你的法律"②和你的和平,而去钻研狂妄的辞令和市场的论战,从我的口中购买肆行诡谲的武器。

幸而这时距离"秋收假期"③已是不远了,我决定耐过这几天,和寻常一样离校。我既已经你救赎,绝不想再蹈出卖自己的覆辙。

这是我们在你面前打下的主意,除了家人和几个知己外,别人都不知道。我们相约不要向外随意透露消息,虽则那时我们自

---

① 见《创世记》30 章 27 节。
② 见《诗篇》118 首 70 节。
③ 按当时秋收假期始于九月十六日。

"涕泣之谷"①上升,唱着"升阶之歌"②,已在你手中领取了"利箭和炽炭,抵御诡诈的口舌"③,这些口舌以忠告为名而实行阻挠,似乎满怀关切,却把我作为食物一般吞噬下去。

你把爱的利箭穿透我们的心,你的训示和你忠心仆人们的模范已镂刻在我们的心版上,变黑暗为光明,犹生死而肉骨,在我们思想上燃起炎炎火炬,烧毁了我们的疲弱,使我们不再沉沉下降,而是精神百倍地向上奔腾,凡是从诡诈的唇舌所嘘出挠扰的逆风,不仅不能熄灭我们内心的神火,反而吹得更旺了。

你的圣名已广扬于世界,因之,对我的志愿和计划当然也有称许的人,但如果不等待转瞬即至的假期,未免近于特殊;因不待秋收假期的来到而先辞去众目昭彰的公职,则必然引起人们的注意,将不免议论纷纭,以我为妄自尊大。使别人猜议我的心理,诽谤我们的善行,为我有何裨益呢?

由于夏季教学工作辛劳过度,我的肺部开始感到不适,呼吸困难,胸部隐痛,证明我已有病,不能发出响亮或较长的声音。始而心烦意乱,因为不得不放弃教师的职位,即使能够治愈,也必须暂离讲席。但打定了坚决的主意,要"休息,并看看你是主"④之后,——我的天主,你知道这事——我反而很高兴能有这样一个并不撒谎的辞职理由,足以安安那些只为子女打算而要我卖命的人的心。

---

① 见《诗篇》83首6节。
② 同上,119首1节。
③ 同上,4节。
④ 见《诗篇》15首11节。

我非常愉快地忍受这一段时间，等它过去——大约二十天，我记不清楚了——终于毅然熬过了；以前有名心利心和我共同担负艰难，这时若不是把坚忍来替代名利之心，我真要委顿得难以自持了。

你的仆人中，我的弟兄中，可能有人认为我既然要一心奉事你，若再在撒谎的讲坛上迟留片刻，便是犯罪。我对此不愿申辩。慈爱无量的主啊！你岂非已把这种罪过和其他可怕的、致命的罪业在神圣的水中①一洗而空吗？

三

凡莱公都斯对于我们的幸福却是忧心如捣，因为他看到自己由于无法摆脱的束缚，将不得不和我们分离。他不是基督徒，但他的妻子则已受了"洗礼"；他的所以不能和我们同行，最大的阻碍便是他的妻子，他自称唯有一个办法可以奉教，而这办法他却不能采用。

但他诚恳地把房屋借给我们，任我们居住多久。主啊！你将在义人复活的时候赏报他，因为你已经以义人的结局给予他。离别后，他前往罗马，患了疾病，病中领受洗礼，奄然逝世。这样你不但哀怜他，并且也照顾到我们，使我们不至于想起这位推诚相与的良友竟屏置于你的羊群之外，而感到无尽无极的悲痛。

感谢你，我的天主！我们是属于你的，你的劝告，你的抚慰都

---

① 按指基督教中的"洗礼"。

证明这一点。既许必践的你,以万古常春的天堂的温暖,酬报了凡莱公都斯借给我们避暑的加西齐亚根别墅,你宽赦了他此生的罪业,把他安置于"富饶的山上,你的山上,膏腴的山上"。①

那时凡莱公都斯闷闷不乐,内布利第乌斯却同我们一起高兴。他尚未奉教,而且曾经堕入最危险的荒谬学说的深坑,他认为你的圣子——即真理本身——的肉体不过是幻象,但此时已抛弃了他的谬见,虽未领受教会的"圣事",却正在非常热烈地追求真理。当我们弃邪归正,通过你的洗礼获得更生后不久,他也成为虔诚的公教信徒,全家也跟着他接受了信仰;他和家人一起留居非洲,在淡泊宁静的完美生活中敬事你,你就召他脱离尘世。

现在他生活"在亚伯拉罕怀中"②——不论此语作何解释——我的内布利第乌斯,我的挚友。主啊,他由奴隶而获得自由,成为你的义子,他现在生活在那里。为这样一个灵魂,能有其他更好的归宿吗?他生活在那里;关于这个境界,他曾向渺小愚昧的我提出许多问题。现在他已不再侧着耳朵靠近我的口边了,现在他的超出尘凡的口舌尽情畅饮着你的灵泉,吸取你的智慧,度着永永无疆的幸福生活。但我想他不会沉沉醉去而把我忘却,因为他畅饮了你,而你是始终顾复我们的。

我们当时的情况是如此,我们竭力安慰凡莱公都斯,他虽则对于我们的归正闷闷不乐,但并不妨碍我们的友谊;我们鼓励他尽好分内的、夫妇生活的责任。对于内布利第乌斯,则我们等待他加入

---

① 见《诗篇》67 首 16 节。
② 见《路加福音》16 章 22 节。

一起,他和我们不过相距咫尺,而且几乎就能实现了。这些日子终于过去,为我真是度日如年,因为我渴望着空闲自由的时刻,为了能尽情歌唱:"我的心向你说:我曾找寻你的圣容,主,我还要找寻你的圣容。"①

四

正式脱离雄辩术讲席的日子终于到了,虽则我思想上早已脱离。大事告成:你已解放了我的心,现在又解放了我的口。我兴高采烈地感谢你,和亲友一行,启程到别墅中去。

在那里我写了些什么? 我的文学已经为你服务,但还带着学校的傲慢气息,一如奔走者停步后呼吸还觉得急促;在我记述和友好谈论或在你面前自问自答的语录中以及和外出的内布利第乌斯的通讯中,都流露着此种气息。

我已经急于要转到更重大的事件了。什么时候我才有充分的时间来追述你尤其在这一阶段中所加给我的一切洪恩厚泽呢? 过去种种如在目前。主啊! 向你忏悔往事,我还感到温暖,譬如回想你不知用了哪一种利剑刺我的心灵,降伏了我;你怎样"削平了我思想上的山丘,修直了曲折的道路,填平了崎岖的峻坂";②你怎样用你的独子,"我们的救主耶稣基督"③的圣名使我心爱的弟兄阿利比乌斯俯首就范,起初他甚至在我们书札中看到这名字便生憎

---

① 见《诗篇》26 首 8 节。
② 见《路加福音》3 章 4 节。
③ 见《彼得前书》3 章 18 节。

恶,宁愿在我文字中嗅到学校中的、已被"你砍倒的香柏"的气味,不愿闻教会内防御毒蛇有奇妙功能的药草。

我的天主啊!我讽诵大卫的诗歌、洋溢着衷心信仰的诗歌、最能扫除我们满腹傲气的诗歌时,我向你发出哪些呼声?这时我对于真正的爱还是一个学徒,我和阿利比乌斯都是"望教者",[①]住在乡间别墅中,母亲和我们在一起,她虽然是个妇女,但在信仰上却是杰出的丈夫,她具有老年的持重,母亲的慈祥,教友的虔诚。我在讽诵这些诗歌时,发出哪些呼声?使我内心燃起对你多么大的爱火?我抱着如此热情,假如可能的话,真想将这些诗篇向全世界朗诵,用以谴责人类的狂妄!可是全世界不是都在讽诵吗?"没有一人能挣脱你的煦育。"[②]我是多么痛恨那些摩尼教徒?却又怜悯他们的昏昧,不懂那些奥蕴,不识那些妙剂,反而至死不悟,訾诋续命的药饵。我真希望他们隐在我身旁;当我心旷神怡讽诵《诗篇》第四首时,希望他们看看我的面容,听听我的声音,希望他们体会到这些诗歌如何为我而发:"我的公义的天主啊!我向你呼吁时,你应允我;我在困苦之中,你使我舒畅;求你怜悯我,俯听我的祈祷。"[③]希望他们窃窃私听,而我则并不觉察;否则他们必以为我诵读这篇诗是针对着他们的;其实如果我知道有人听着看着,我绝不会说话,绝不会说那些话;他们呢,也绝不认为这些话出于我肺腑,只是在你面前,对我自己说的。

我一面是战栗恐惧,一面却欢欣鼓舞地信慕你的慈爱。当你

[①] 见《诗篇》28 首 5 节。

[②] 同上,18 首 7 节。

[③] 同上,4 首 2 节。

的慈祥之神对我们说:"人的儿子们,你们心事重重何时为止?你们为何要喜爱空虚,寻觅虚伪?"①上述种种心情已自然而然露于目光,流于声息。的确,我喜爱过空虚,寻觅过虚伪。但是主,"你已经显扬你的圣者",②"起之于死中,升之于诸天,位之于己右",③又自天派遣他所许的"施慰之神,真理之神"。④他已经派遣,而我还茫然不知。他已经派遣,因为他已复活升天,受到显扬。在此以前,"圣神"尚未降临,因为耶稣尚未受荣显。先知呼喊说:"你们心事重重,何时为止?你们为何喜爱空虚,寻觅虚伪?你们该知道天主已经显扬他的圣者。"他至今在呼喊:"你们该知道,"而我仍长期愤愤,喜爱空虚,寻觅虚伪。为此,我听了不胜惊怖,因为我回忆过去的情况,这些话真是针对着我这样的人。我奉为真理的那些幻象,不过是空虚,是虚伪。我回想及此,禁不住痛恨而长太息。希望那些至今还在喜爱空虚、寻觅虚伪的人听听这些话!可能他们也要转侧不安而唾弃前非。如果他们向你呼吁,你一定俯听他们,因为"代我们求你"⑤的基督,以血肉之身真的为我们受死。

我读到:"发怒吧,不要再犯罪!"⑥我的天主,我多么感动!我已经知道恼怒我以前种种,决定今后不再犯罪;我理应发怒,因为并非另一个黑暗窳败的天性利用我身而犯罪,一如那些不知道自

---

① 见《诗篇》4 首 3 节。
② 同上,4 节。
③ 见《以弗所书》1 章 20 节。
④ 见《约翰福音》14 章 16 节。
⑤ 见《新约·罗马书》8 章 34 节。
⑥ 见《诗篇》4 首 5 节。

恨,"为自身积蓄着天主公义审判的忿怒"①的人所说的。我的财富不在身外,也不是在太阳之下用我肉眼找寻得到。凡以快乐寄托于身外之物的,容易失去操守,沉湎于有形的、暂时的事物,他们的思想饥不择食地去舐那些事物的影子。唉!巴不得他们感到空虚厌倦而喊出:"谁能指示我们幸福?"②我们将回答他们说:"主,你的圣容神光深印在我们心中。"③因为我们不是"普照生灵④的真光",我们是受你的光照:我们"本是黑暗,在你怀中成为光明"。⑤ 唉,巴不得他们能够看出身内的永恒真光!我虽已体味到,但无法向人揭示。巴不得他们背着你而注视着外物的眼光能向我流露出他们的内心,肯对我说:"谁能指示我们幸福?"我原来也就在这方寸之间恼怒,就在心坎深处发出悔恨,宰割了"故我"作为牺牲后,我的"新我"开始信赖你而入于深思,也就在此时,你开始使我体味到你的甘饴,"使我心悦怿"。⑥ 我口诵心维,欢呼雀跃,不愿再放情于外物,啮食时间,同时为时间所吞噬,因为我在永恒的纯一本体中有另一种"小麦",另一种"酒",另一种"油"。⑦

读到下一节,我的内心禁不住高呼说:"啊,在和平中,就在存在本体中,我安卧,我酣睡。"⑧圣经上所说的"死亡被消灭于凯旋

---

① 见《罗马书》2 章 5 节。
② 见《诗篇》4 首 6 节。
③ 同上。
④ 见《约翰福音》1 章 19 节。
⑤ 见《以弗所书》5 章 8 节。
⑥ 见《诗篇》4 首 7 节。
⑦ 同上,8 节。
⑧ 同上,9 节。

之中"①一朝实现,谁还敢抵抗我们?始终不变的你就是存在的本体,在你之中足以得到扫除一切忧患的宁静,因为无人能和你相比,也不需再追求你以外的其他一切。"主,你巩固了我,收敛我于希望之中。"②

我讽诵着,满怀是炽热的情绪,但想不出怎样对付那些充耳无闻的死人,过去我也是其中之一,曾经散布疫疠,对流注天上蜜露、映彻你的光辉的圣经,曾经恶毒地、盲目地狂吠;想到那些与圣经为敌的人,真使我悲不自胜。

什么时候我能追述这次假期中的一切经过?但对于你严厉的鞭策和疾于迅雷的慈爱,我绝不会遗忘,绝不会默尔而息的。

这时你用牙痛来磨难我,痛得我连话都不能讲。我想起请在场的亲友们代我祈求你一切救援的天主。我写在蜡板上递给他们看。我们双膝刚刚下跪,热切祷告,我便霍然而愈了。多么剧烈的疼痛!怎样消失的呢?主,我的天主!我真是惶恐不安,我承认,因为我一生从未经历过这样的情况。你的德能渗透到我心坎深处,我在信仰之中感到喜悦,歌颂你的圣名,但这信仰对于我过去未经洗礼赦免的罪恶还不能使我安心。

五

秋收节结束后,我通知米兰人,请他们为自己的学生另聘一位

---

① 见《哥林多前书》15章54节。
② 见《诗篇》4章9节。

言语贩卖者,理由是我已决定献身为你服务,而且由于呼吸困难,胸部作痛,不克担任此项职务。

我又致书于你的圣善的主教安布罗西乌斯,具述我以往的错误和现在的志愿,请教他我最好先读圣经中哪一卷,使我更能有充分的准备,为领受洗礼的恩泽。他教我先读《以赛亚书》,这一定是由于这位先知最明白清楚地预言你的福音和外族的归化。可是一开卷我便不解其中意义,以为全书都是如此,便暂时放下,希望等我对你的圣训比较熟悉后再行阅读。

六

我登记领受洗礼的日子终于到了。我离开乡村回到米兰。

阿利比乌斯愿意和我一起受洗,同沾复生恩宠。这时他已满怀谦抑,具有领受你的"圣事"的精神;他非常坚强地压制肉身,竟敢在意大利冰冻的土地上赤足步行。

我们两人外,加上我孽海中来的儿子阿得奥达多斯。这个孩子,你给他很好的资质,还不满十五岁,而聪慧超过许多耆年博学之士。主,我的天主,我承认这都是你的恩赐,你是万有的创造者,你能斡旋我们的丑行。我在这孩子身上,除了罪业之外,一无所贻。至于我们所以能遵照你的法度教养他,也是出于你的启发,不是别人指导。因此我只能归功于你的恩赐。

在我所著《师说》一书中,记述了他和我的谈话。你知道书中所列和我交谈者的议论,便是他十六岁时的思想。我记得他还有许多更突出的见解。这样的天赋真使我惊悚,除了你之外,谁能制造这样的奇迹？

你不久就使他脱离尘世，我对此感到安心，他的童年、青年以及他的一生，我可不必为抱杞忧了。

他和我们同时领受你的恩宠，并将在你的法度中栽培成长。我们受了洗礼，过去生活上种种阴影已是荡涤无余。

那些时候，我钦仰你为救援众生而制订的高明沉潜的计划，感到无限恬怪，但并不以为已足。听到你的圣堂中一片和平温厚的歌咏之声，使我涔涔泪下。这种音韵透进我的耳根，真理便随之而滋润我的心曲，鼓动诚挚的情绪，虽是泪盈两颊，而此心觉得畅然。

七

不久以前，米兰教会开始采用这样一种慰勉人心的方法，即弟兄们同气同心，热情歌唱。大约一年前，幼主瓦楞提尼亚努斯的太后优斯提那受了阿利阿派教徒①的蛊惑，信从异端，迫害你的安布罗西乌斯。虔诚的群众夜间也留在圣堂中并与他们的主教，你的仆人同生同死。我的母亲，你的婢女，为了关心此事，彻夜不睡，并且站在最前，一心以祈祷为生活。我们虽则尚未具有你的"圣神"的热情，但和全城居民一样焦急不安。这时唯恐民众因忧郁而精

---

① 阿利阿教派，创自阿利乌斯（Arius，280—336）反对基督教三位一体的教义，否定耶稣基督是天主。

神沮丧,便决定仿效东方的习惯,教他们歌唱圣曲圣诗。这方式保留下来,至今世界各地所有教会几乎都采行了。

也就在这时,你梦示你的主教安布罗西乌斯,指明普罗泰西乌与盖尔瓦西乌斯两位殉教者葬身之处。你在神秘的库藏中保存两人的遗体经历多少寒暑而不臭不腐,等到这适当时间出而昭示于人,借以抑制一个身为太后的妇人的横暴。遗体掘出之后,以隆重的仪式奉迎至安布罗西乌斯的圣堂中,这时不仅那些受秽魔骚扰的人恢复了平静,连魔鬼也自己直认失败。更有一个全城知名的、多年失明的人,听到万民欢庆之声,询悉缘由,便起身请人引导他前去。到了那里,他请求准许他以手帕一触"你所珍视的神圣的死者"①的灵柩,他这样做了,把手帕按在眼上,双目立即复明。这消息轰传远近,便庄严热烈地展开了对你的歌颂。那个一心树敌的妇人虽并未转向健全的信仰,但她肆虐教会的凶焰不得不被压伏。

感谢你,我的天主。你把我的回忆导向何处呢?我竟会向你诉说这些已被我忘失的重大事件!虽则"你的香膏芬芳四溢"②,我们并不奔波求索,所以现在听到神圣的颂歌之声,更使我涕泪交流;以前我只会向你太息而已,这时才能尽情嘘吸,使我的"茅屋"③中充满馨香。

---

① 见《诗篇》115首15节。
② 见《旧约·雅歌》1章3节。
③ 见《旧约·以赛亚书》40章6节,按此指人的肉体。

八

"你使一心一德的人住在一起"①,使我们的同乡青年埃伏第乌斯来与我们做伴。他本是政府大员,先我们归向你,受了洗礼,便辞去职位,转而为你工作。我们常在一起,而且拿定神圣的主意,要终身聚在一起。

我们研究在什么地方最能为你服务:决定一起回到非洲。到了梯伯河口,我的母亲去世了。

我是匆忙得紧,把许多细节略去不谈了。我的天主,关于我不曾提及的、我所身受更仆难数的恩宠,只有请你接受我的忏悔和感谢。但是对于你的婢女,肉体使我生于兹世、精神使我生于永生的母亲,哀恋之情,我不能略而不言。我不谈她的遗事,而是追述你给她的恩泽。因为她既非自有此身,也不是自己教养自己,你创造了她;生她的父母也不会预知未来的情形,都是你的基督的鞭策,你的"独子"的法式,使她在你的教会所属的一个良好教友家庭中,受到对你端严崇敬的教育。

我的母亲除了追怀她生身之母勋劳抚育之外,更称道一位老年保姆对她的尽心教导。我的外祖父小时候已由这个女子带领长大,一如姑娘们惯常背负着孩子。因此这个教友家庭中,主人们对这位赤胆忠心的老妇人都很尊重,所有的女孩子都托她管教,她便尽心照顾,必要时用神圣的严规约束她们,而寻常教导她们时也是

---

① 见《诗篇》67首7节。

周详审慎。

除了女孩子们和父母同桌进用极俭朴的三餐外,为了不纵容她们沾染不良的习惯,即使极感口渴,也不许她们随便喝水,对她们发出极合情理的告诫:"现在你们只喝清水,因为没有办法喝到酒;将来你们出嫁后,成为伙食储藏室的主妇,会觉得清水淡而无味,取酒而饮便会成为习惯。"她这样一面开导,一面监督,禁住了孩童的饕餮,而女孩子们对饮水也就有合理的节制,哪里更会有不合体统的嗜好?

事虽如此,但我母亲仍然渐有酒的爱好。这是你的婢女亲口告诉自己的儿子的。她的父母见她是一个循规蹈矩的女孩子,往往叫她从酒桶中取酒。她把酒杯从桶口去舀,在注入酒瓶之前,先用舌头舔上一舔,并不多喝,因为她并不想喝。她所以如此,不是为了嗜酒,而是出于孩子的稚气,喜动而好玩,孩子的这种倾向唯有在家长管束下加以纠正。

这样,每天增加一些,——"凡忽视小事,便逐渐堕落"[①]——习惯而成自然,后来津津有味地要举杯引满了。

那时,她把这位贤明的老妈和她的严峻禁诫已置之脑后了!主啊,你是常常关心着我们,对于这种隐匿的疾患,除了你的救药外,还有其他有效的方剂吗?父亲、母亲和保姆都不在旁,你却鉴临着;你创造我们,呼唤我们,潜引默导,甚至通过其他人物,完成有益于灵魂的行动。

我的天主,你那时在做什么?你怎样照顾她呢?你怎样治疗

[①] 见《德训篇》19章1节。

她呢？你不是用别人锐利刺耳的谩骂作为你秘传去疾的砭熨方法一下子把腐烂部分销蚀了？

经常陪她到酒窖去盛酒的使女，一次和这位小姐争吵起来，那时只有她们两人，这使女抓住她的弱点，恶毒地骂她："女酒鬼。"她受了这种刺激，立即振发了羞恶之心，便从此痛改前非，涓滴不饮了。

朋友们的投其所好，往往足以害人，而敌人的凌侮却常能发人猛省。当然你处理这些人，仅凭他们损害别人的意愿，而不是依照你利用他们所得的善果。那个使女发怒时，只想使女公子难堪，并不想纠正她的缺点；她或是由于两人吵架的时间和地点别无人在，或是以为历时已久而方始揭发可能对自己反有嫌疑，遂趁着没有旁人的机会才敢放肆。

但是你，天地的主宰，千仞的悬瀑，时代的洪流，无一不随你的意旨而盘旋、而奔注；你用一个人的积怒治疗了另一人的积习。明察者不应以别人听我的忠告而去恶从善，便自以为出于我的力量。

九

她这样在贞静俭素之中长大起来，与其说是父母教导她尊奉你，尤应说是你教导她顺从父母。到了成年出嫁，便"事夫如事主"，①设法使丈夫归向你，用贤德来向他宣传你，你也用这些懿范

---

① 见《以弗所书》5章21节。

增加她的端丽,得到丈夫的敬爱赞叹。她忍受了丈夫的缺点,对于他的行为从未有所忿争。她只等待你垂怜丈夫,使他信仰你而能束身自爱。

我父亲的心地很好,不过易于发怒,她在丈夫躁性发作时,照常言容温婉,等待他火气平息,才伺机解释自己所持的理由,指出他可能过于急躁,未加思考。许多夫人,丈夫的气性不算太坏,但还不免受到殴辱,以致脸上伤痕累累,她们闺中谈话往往批评丈夫的行为,我的母亲却批评她们的长舌,带着玩笑的口吻,给她们进尽忠言:在听人读婚约①的时候,她以此为卖身契,因此主张谨守闺范,不应和丈夫抗争。这些妇女知道她嫁着一个粗暴的丈夫,但传闻中或形迹上,从未听到或看出巴特利西乌斯曾殴打妻子或为家庭琐事而发生口舌,因此都很诧异,闲谈中向她询问原因,她便把上述的见解告诉她们。凡是受她指导的,琴瑟和好,每来向她致谢;不肯遵照的,依旧遭受折磨。

由于坏丫头的簸弄是非,她的婆婆开始也生她的气,但后来便为她的温顺忍耐所感动,竟把女仆们造成家庭间、姑媳间不和的谗言向儿子和盘托出,命令处罚她们。我父亲听从我祖母的话,并且为了整顿家规,保持家人和睦起见,便鞭责了我祖母所愤斥的女仆;祖母还声言谁再说媳妇的坏话,将同样受责;从此无人再敢妄言,家人之间融融泄泄,值得后人怀念。

---

① 当时风俗,女子出嫁时,在证人及父母前读婚约,见奥氏《讲道集》51篇22节。

"我的天主,我的慈爱",①你还赋予你忠心的婢女——在她怀中你创造了我——一种可贵的美德:人们发生龃龉争执,她总尽力调解;争吵的双方都是满腹怨气,像有不解之仇,人前背后往往会说出种种尖锐毒辣的话,发泄自己的怨恨,她听到任何一方丑诋对方的语句,不但从不宣泄,只有从容劝解。

这种庸德庸言似乎不足称道,但人们刺心的经验,世间有不少人沾染了广泛流行的罪恶疫疠,不仅把积怨的双方对于仇家所发的言论尽量搬弄,甚至火上添油地加以造说;凡有人道的人,不仅不应该挑拨离间,增剧别人的怨毒,却应尽力劝说,平息双方的怒气。

我的母亲所以能如此,是由于你在她内心的学校中默导她。

在我父亲去世前一段时期内,她又为你赢得了他。我父亲成为教友后,对他未奉教前她所受的委屈绝不追怨。她真是你的仆人们的婢女。凡认识她的人,都因她的懿范而赞扬你、热爱你;他们感觉到你是在她心中,她的圣善生活的结果证明这一点。她"以忠贞事夫,以孝顺事亲,以诚笃治理家政,有贤德之称"。② 她教养子女,每次看见他们疏远你,便每次进行再造之功。主啊,至于我们,你的仆人们——由于你的慈爱,我们敢这样自称——在她去世前,领受了洗礼的恩泽,我们已同心同德生活在你的怀抱中,而她关心我们,真是我们一辈的慈母,她服侍我们,又似我们一辈的孝女。

---

① 见《诗篇》58 首 18 节。
② 见《提摩太书》5 章,9、4、10 节。

十

　　相近她去世前的某一天,——她的去世之日你是清楚的,我们并不知道——你冥冥之中安排着,使我们母子两人凭在一个窗口,纵目于室外的花园,这时我们小住于远隔尘嚣的梯伯河口;长途跋涉之后,稍事休息,即欲挂帆渡海。我们两人非常恬适地谈着,"撇开了以前种种,向往着以后种种",① 在你、真理本体的照耀下,我们探求圣贤们所享受的"目所未睹,耳所未闻,心所未能揣度的"② 永生生命究竟是怎样的。我们贪婪地张开了心灵之口对着"导源于你的生命之泉"③ 的天上灵液,极望尽情畅吸,对于这一玄奥的问题能捉摸一些踪影。

　　我们的谈话得到这样一个结论:我们肉体官感的享受不论若何丰美,所发射的光芒不论若何灿烂,若与那种生活相比,便绝不足道;我们神游物表,凌驾日月星辰丽天耀地的穹苍,冉冉上升,怀着更热烈的情绪,向往"常在本体"。④ 我们印于心,诵于口,目击神工之缔造,一再升腾,达于灵境,又飞越而进抵无尽无极的"膏壤";⑤ 在那里,你用真理之粮永远"牧养着以色列",⑥ 在那里,生命融合于古往今来万有之源,无过去、无现在、无未来的真慧。真

---

① 见《腓立比书》3 章 13 节。
② 见《哥林多前书》2 章 9 节。
③ 见《诗篇》35 首 10 节。
④ 同上,4 首 9 节。
⑤ 《旧约·以西结书》34 章 14 节。
⑥ 见《诗篇》77 首 71 节。

慧既是永恒,则其本体自无所始,自无所终,而是常在;若有过去未来,便不名永恒。我们这样谈论着,向慕着,心旷神怡,刹那间悟入于真慧,我们相与叹息,留下了"圣神的鲜果",①回到人世语言有起有讫的声浪之中。但哪一种言语能和你常在不灭,无新无故而更新一切的"道"、我们的主相提并论呢?

我们说:如果在一人身上,血肉的蠢扰,地、水、气、天的形象都归静寂,并自己的心灵也默尔而息,脱然忘我,一切梦幻,一切想象,一切言语,一切动作,以及一切倏忽起灭的都告静止——这种种定要向听的人说:"我们不是自造的,是永恒常在者创造我们的"②,言毕也请它们静下来,只倾听创造者——如果天主直接说话,不凭其他而自己说话,让我们听到他的言语,声音不出于尘间的喉舌,不由于天使的传播,不借云中霹雳的震响,也不用譬喻廋辞来使人揣度,而径自谛听他自己说话;我们本在万物之中爱他,现在离开万物而听他自己,一如我们现时的奋发,一转瞬接触到超越万有、永恒常在的智慧;如果持续着这种境界,消散了其他不同性质的妙悟,仅因这一种真觉而控制,而吸取了谛听的人,把他沉浸于内心的快乐之中;如果永生符合于我们所叹息想望的,那时一刹那的真觉,则不就是所谓"进入主的乐境"③吗?但何时能实现呢?是否在"我们都要复活,但不是都要改变"④的时候?

我们谈话的内容是如此,虽然是用另一种方式、另一种语辞。

---

① 见《罗马书》8章23节。
② 见《诗篇》3首5节。
③ 见《马太福音》25章21节。
④ 见《哥林多前书》15章51节。

主啊,你知道就在我母子俩这番谈话中觉得世间一切逸乐不值一顾时,她对我说:"我儿,以我而言,此生已毫无留恋之处。我不知道还有何事可为,为何再留在此世;我的愿望都已满足。过去的所以要暂留此世,不过是望你在我去世之前成为基督公教徒。而天主的恩赉超越我本来的愿望,使我见到你竟能轻视人世的幸福,成为天主的仆人。我还要做些什么?"

十一

我回答她的话已经记不清楚了。大约五天之后,她发热病倒了。病中,有一天她失去知觉,辨别不清左右的人。我们赶到后,即觉清醒,她望着我和我的弟弟,似要找什么东西似的问我们说:"我刚才在哪里?"接着见我忧急的神情,便说:"你们将你们的母亲葬在这里。"我不作声,竭力忍住眼泪。我的弟弟表示最好是回到本乡,不要死在异地。她听了面现忧色,用责备的目光望着他,怪他作如此打算,后又望着我说:"你听他说什么。"稍待,又对我们两人说:"随便你们葬我在哪里,不要为此操心。我要求你们一件事:以后你们不论到什么地方,在天主台前要想起我。"她勉强说完了这句话,便沉默不语了。病势加剧,痛苦也加甚了。

无形无象的天主,我想到你散播在信徒心中的恩宠结出的奇妙果实,我欣喜,我感谢你;我想起她自知不久于人世,曾亦非常关心死后埋骨之处,预备与丈夫合葬。他们两人和谐的生活,使她怀着生前同心死则同穴的意愿——人心真不易向往神圣的事物!——使后人羡慕她渡海而归后,自己的躯壳还能与丈夫的遗骸同埋于一抔土中。

你在何时以无量慈爱使这种无聊的愿望从她心中剔去,我不得而知;但在明了真相后,我只能赞叹欣慰;其实在我们凭窗谈论中,她说:"我现在还有何事可为?"的时候,也已经不表示怀有死于故乡的愿望了。我又听说我们在梯伯河口时,一天她同我的几位朋友,以慈母的肫挚,论及轻视浮生而重视死亡,那时我不在旁,我的朋友们都惊奇这位老太太的德行——这是你赋畀给她的——因而问她是否忧及殁后葬身远域,她说:"对天主自无远近之分,不必顾虑世界末日天主会不认识地方而不来复活我!"

病后第九天,这个具有圣德的至诚的灵魂离开了肉躯,享年五十有六,这时我年三十三岁。

十二

我给她闭上了眼睛,无比的悲痛涌上心头,化为泪水;我的两眼在意志的强制下,吸干了泪壑的泉源;这样挣扎真觉非常难受。在她气绝之时,我的儿子阿得奥达多斯号啕大哭,我们力加阻止,才不出声。而我幼稚的情感也几乎要放声大哭,却被他的青年的声音、心灵的声音所抑止而不再出声。因为我们认为对于这样的安逝,不宜哀伤恸哭;一般认为丧事中必须哀哭,无非是为悼念死者的不幸,似乎死者已全部毁灭。但我母亲的死亡并非不幸,且自有不死者在。以她的一生而论,我们对这一点抱有真诚的信念和肯定的理由。

但我为何感到肝肠欲裂呢?这是由于母子相处亲爱温煦的生

活突然决裂而给我的创痛。她在病中见我小心侍候，便抚摩我，叫我"乖孩子"，并且很感动地说，从未听我对她说过一句生硬忤逆的话，想到她这种表示，可以使我感到安慰。

但是，我的天主，创造我们的天主，我的奉养怎能和她对我的劬劳顾复相比？失去了慈母的拊畜，我的灵魂受了重创，母子两人本是相依为命的，现在好像把生命分裂了。

我们阻止了孩子啼哭后，埃伏第乌斯拿了一本《诗篇》开始咏唱圣诗，合家都相应和："主，我要歌唱你的仁慈与公义。"[1]许多弟兄和热心的妇女听到我们的丧事也都来了。依照风俗，自有专务此业的人来办理殡仪，我则依例退处别室，友好们以为不应离开我，都来作陪。我和他们谈论遭丧的事情，用真理的慰藉来减轻我的痛苦；你知道我的痛苦，他们都不知道，都留心听我谈话，以为我并不哀毁。我在你的耳际——没有一人能听到的——正在抱怨我心软弱，竭力抑制悲痛的激浪，渐渐把它平静下来：但起伏的心潮很难把持，虽未至变色流泪，终究感觉到内心所受的压力。我深恨自然规律与生活环境必然造成的悲欢之情对我的作弄，使我感觉另一种痛苦，因之便觉有双重悲哀在磨折我。

安葬的时候，一路来回，我没有流过一滴泪。依照当地风俗，入土前，遗体停放在墓穴旁边，举行赎罪的祭礼，向你祈祷时，我也没有流泪。但是整天忧伤苦闷，虽尽力哀求你治疗我的痛楚，却不曾获得允许。我相信，即使仅仅这一事，已能使我记住，对于一个已经饫闻不能错误的金言的人，习惯的束缚仍复有此作用。这时

---

[1] 见《诗篇》67首6节。

我想去沐浴,因为听说沐浴一词,希腊语义为被除烦闷。但是"孤儿们的父亲",①我要面对你的慈爱而忏悔:我浴后,和浴前一样,依然没有洗刷内心的酸苦。我睡了一觉,醒来时,便觉得轻松了一大半;独自躺在床上,默诵你的安布罗西乌斯确切不移的诗句:

"天主啊,万有的创造者,

穹苍的主宰,你给白天

穿上灿烂的光明,给黑夜

穿上恬和的睡眠,

使安息恢复疲劳的肢体,

能继续经常的工作,

松弛精神的困顿,

解除忧伤的郁结。"②

这样,我又逐渐回想到你的婢女一生对你的虔诚和对我的爱怜,一旦溘然长逝,我忍不住在你面前想到她而为她痛哭,想到我自己而为我自己痛哭。我任凭我抑制已久的眼泪尽量倾泻,让我的心躺在泪水的床上,得到安息,因为那里只有你听到我的哭声,别人听不到,不会对我的痛哭妄作猜测。

主啊,我现在在著作中向你忏悔。谁愿读我所作,请他读下去,听凭他作什么批评;如果认为我对于在我眼中不过是死而暂别、许多年为我痛哭使我重生于你眼前的母亲,仅仅流了少许时间的眼泪,是犯罪的行为,请他不要嘲笑,相反,如果他真的有爱人之

---

① 见《诗篇》68 首 5 节。
② 见法国米涅氏所辑《拉丁教父集》(Migne: *Patrologia Latina*) 16 册 403 页。

心,请他在你、基督众弟兄的大父之前,为我的罪恶痛哭。

十三

我这一处可能受人指斥为肉体情感造成的内心创伤,现在已经痊愈了。我的天主,现在我为母亲流另一种眼泪,为一切"死于亚当"①的人所面临的危险,忧急而流下的泪。虽则我的母亲肉躯存在之时,已生活于基督之中,能以信光与德业显扬你的圣名,但我不敢说她自受了"洗礼"再生之日起从未有一句话违反你的诫命。你的圣子,真理本体说过:"谁说自己的弟兄是疯子,就应受地狱之罚";②假如一个正人君子撇开你的慈爱而检查自己的生平,也必大可寒心!但你并不苛求我们的过恶,为此我们才能安心希望在你左右得一位置。如果有人想计算自己真正的功绩,那么除了计算你的恩泽外还有什么?唉!如果人们能认识人之所以为人,那么"谁想夸耀,只应夸耀天主!"③

为此,"我的光荣,我的生命,我心的天主",④我撇开了她的懿行——对此我愉快地感谢你——又为我母亲的罪业祈求你,请你顾视高悬十字架、"坐在你右边、为我们代求"、⑤治疗我们创伤的良医而俯听我。我知道我母亲一生以忠恕待人,常宽免别人所负

---

① 见《哥林多前书》15 章 22 节。
② 见《马太福音》5 章 22 节。
③ 见《哥林多后书》10 章 17 节。
④ 见《诗篇》117 首 14 节;76 首 26 节。
⑤ 见《罗马书》8 章 34 节。

的债;如果她在受洗获救后悠悠岁月中积有罪债,请你也赦免她。主啊!求你宽赦,求你宽赦,"求你对她免行审判"。① "让哀矜胜于决谳",②你的话真实不虚,你原许以怜悯对待怜悯。"你要怜悯谁,就怜悯谁;要恩遇谁,就恩遇谁",③一人所以能够如此,无非出于你的恩赐。

我相信,我所要求的,你已施行了。但是,主,"请你收纳我心口相应的献礼"。④ 我母亲临命之前,绝不关心死后的哀荣,不计较傅体的香料,不希望建立坊表,不要求归葬本乡;她不作这一类的遗嘱,而仅叮咛我们在天主台前纪念她,她一天也不间断地在你台前侍候着,她知道在台上分发神圣的牺牲,而这牺牲"已经钩销了我们的罪状",⑤战胜了综核我们罪恶、穷尽心计控告我们的仇敌,仇敌对我们赖以致胜的基督更无所施其搏击。谁能输还基督无辜的鲜血?谁能偿还基督从敌人手中救赎我们所付出的代价?你的婢女以信仰的锁链把她的灵魂束于救赎我们的奥迹上,防止有人使她脱离你的保护,防止毒龙猛狮用暴力诡计离间你和她;她也不会说自己一无欠缺,使奸猾的控告者无从反驳,无所借口;她将承认自己的罪债已为吾人无法图报的、自身一无欠缺而代人偿债的恩主所赦免。

希望我父母安息于和平之中,我母亲从闺女至寡居一直保有

---

① 见《诗篇》142首2节。
② 见《雅各书》2章3节。
③ 见《罗马书》9章15节。
④ 见《诗篇》118首108节。
⑤ 见《歌罗西书》2章14节。

贞淑的操守,她侍奉丈夫,把"辛勤得来的果实"①献给你,赢得他归向你。我的主,我的天主,求你启发你的仆人们,我的弟兄们,求你启发你的子女们,我的主人们;我现在以心灵、以言语、以文字为他们服务;求你启发一切读这本书的人,使他们在你台前纪念我的父母,——我不知道你怎样用他们的血肉生我于此世——你的婢女莫尼加和她的丈夫巴特利西乌斯。希望读者以虔诚的心情纪念我今生的父母,他们是和我一起同奉你为慈父,和我同是慈母教会内的弟兄,也是同属于永恒的耶路撒冷——你的羁旅中的子民自出发至旋归期间念念不忘的永城——的同胞。这样,通过我的忏悔而获得许多人的祈祷,比我一人的祈祷能更有力地完成我母亲的最后愿望。

---

① 见《路加福音》8 章 15 节。

卷 十

一

主,你认识我,我也将认识你,"我将认识你和你认识我一样"。① 我灵魂的力量啊,请你渗透我的灵魂,随你的心意抟塑它,占有它,使它"既无瑕疵,又无皱纹"。② 这是我的希望,我为此而说话;在我享受到健全的快乐时,我便在这希望中快乐。人生的其他一切,越不值得我们痛哭的,人们越为此而痛哭;而越应该使我们痛哭的,却越没有人痛哭。但你喜爱真理,"谁履行真理,谁就进入光明"。③ 因此我愿意在你面前,用我的忏悔,在我心中履行真理,同时在许多证人之前,用文字来履行真理。

二

主,你洞烛人心的底蕴,即使我不肯向你忏悔,在你鉴临之下,

---

① 见《哥林多前书》13章12节。
② 《以弗所书》,5章27节。
③ 见《约翰福音》3章21节。

我身上能包蕴任何秘密吗？因为非但不能把我隐藏起来，使你看不见，反而把你在我眼前隐藏起来。现在我的呻吟证明我厌恶自己，你照耀我，抚慰我，教我爱你，向往你，使我自惭形秽，唾弃我自己而选择你，只求通过你而使我称心，使你满意。

主，不论我怎样，我完全呈露在你的面前。我已经说过我所以忏悔的目的。这忏悔不用肉体的言语声息，而用你听得出的心灵的言语、思想的声音。如果我是坏的，那么我就忏悔我对自身的厌恶；如果我是好的，那么我只归功你，不归功于自己，因为，主，你祝福义人，是先"使罪人成为义人"。[①] 为此，我的天主，我在你面前的忏悔，既是无声，又非无声。我的口舌缄默，我的心在呼喊。我对别人说的任何正确的话，都是你先听到的，而你所听我说的，也都是你先对我说的。

三

我和别人有什么关系？为何我要人们听我的忏悔，好像他们能治愈我的一切疾病似的？人们都欢喜探听别人的生活，却不想改善自己的生活。他们不愿听你揭露他们的本来面目，为何反要听我自述我的为人。他们听我谈我自己，怎能知道我所说的真假？因为除了本人的内心外，谁也不能知道另一人的事。相反，如果他们听你谈论有关他们自身的事，那么绝不能说："天主在撒谎。"因为听你谈论他们自身的事，不就是认识自己吗？一人如果不说谎，

---

① 见《罗马书》4章5节。

那么认识自己后,敢说:"这是假的"吗?但"爱则无所不信",[①]至少对于因爱而团结一致的人们是如此。因此,主啊!我要向你如此忏悔,使人们听到。虽则我无法证明我所言的真假,但因爱而倾听我的人一定相信我。

我内心的良医,请你向我清楚说明我撰写此书有何益处。忏悔我已往的罪过——你已加以赦免而掩盖,并用信仰和"圣事"变化我的灵魂,使我在你里面获得幸福——能激励读者和听者的心,使他们不再酣睡于失望之中,而叹息说:"没有办法";能促使他们在你的慈爱和你甘饴的恩宠中苏醒过来,这恩宠将使弱者意识到自己的懦弱而转弱为强。对于心地良好的人们,听一个改过自新者自述过去的罪恶是一件乐事,他们的喜乐不是由于这人的罪恶,而是因为这人能改过而迁善。

我的天主,我的良心每天向你忏悔,我更信赖你的慈爱,过于依靠我的纯洁。但现在我在你面前,用这些文字向人们忏悔现在的我,而不是忏悔过去的我,请问这有什么用处?忏悔已往的好处,我已经看到,已经提出。但许多人想知道现在的我,想知道写这本《忏悔录》的时候我是怎样一个人,有些人认识我,有些人不认识我,有些人听过我的谈话,或听别人谈到我,但他们的双耳并没有对准我的心,而这方寸之心才是真正的我。为此他们愿意听我的忏悔,要知道耳目思想所不能接触的我的内心究竟如何;他们会相信我,因为不如此,他们不可能认识我。好人的所以为好人在乎爱,爱告诉他们我所忏悔的一切并非诳语,爱也使我信任他们。

---

① 见《哥林多后书》13 章 7 节。

四

但是他们希望得到些什么益处呢？是否他们听到我因你的恩赐而接近你，愿意向我道贺，或听到我负担重重，逡巡不前，将为我祈祷？对这样的人，我将吐露我的肺腑。因为，主、我的天主，有许多人代我感谢你，祈求你，为我大有裨益。希望他们以兄弟之情，依照你的教训，爱我身上所当爱的，恨我身上所当恨的。

这种兄弟之情，只属于同类之人，不属于"口出诳语，手行不义的化外人"；①一人具有弟兄之情，如赞成我的行为，则为我欣喜，不赞成我，则为我忧伤；不论为喜为忧，都出于爱我之忱。我要向他们吐露肺腑：希望他们见我的好而欢呼，见我的坏而太息。我的好来自你，是你的恩赐；我的坏由于我的罪恶，应受你的审判。希望他们为我的好欢呼，为我的坏太息；希望歌颂之声与叹息之声，从这些弟兄心中，一如在你炉中的香烟，冉冉上升到你庭前。

主，你如果欣悦你的圣殿的馨香，那么为了你的圣名，请按照你的仁慈垂怜我，填补我的缺陷，不要放弃你的工程。

这是我的忏悔的效果，我不忏悔我的过去，而是忏悔我的现在；不但在你面前，怀着既喜且惧，既悲伤而又信赖的衷情，向你忏悔，还要向一切和我具有同样信仰、同样欢乐、同为将死之人、或先或后或与我同时羁旅此世的人们忏悔。这些人是你的仆人、是我的弟兄，你收他们为子女，又命令我侍候他们如主人，如果我愿意

---

① 见《诗篇》143 首 7 节。

依靠你、和你一起生活。你的"道"如果仅用言语来命令,我还能等闲视之,但他先自以身作则。我以言语行动来实践,在你的覆翼之下实践,因为假如我的灵魂不在你覆翼之下,你又不认识我的懦弱,则前途的艰险不堪设想。我是一个稚子,但我有一个永生的父亲,使我有恃无恐;他生养我,顾复我。全能的天主,你是我的万善,在我重返你膝下之前,你是始终在我左右。因此,我将向你所命我伺候的人们吐露肺腑,不是追叙我过去如何,而是诉说我目前如何,今后如何;但"我不敢自评功过"。①

希望人们本着这样的精神来听我的忏悔。

五

因为主,判断我的是你。虽则"知人之事者莫若人之心",②但人心仍有不知道的事,唯有你天主才知道人的一切,因为人是你造的。虽则在你面前,我自惭形秽,自视如尘埃,但对于我自身所不明了的,对于你却知道一二。当然,"我们现在犹如镜中观物,仅能见影,尚未觌面";③因此,在我们远离你而作客尘世期间,虽则我距我自己较你为近;但是我知道你绝不会受损伤,而对我自己能抵拒什么诱惑却无法得知。我的希望是在乎你的"至诚无妄,绝不容许我受到不能忍受的试探,即使受到试探,也为我留有余地,

---

① 见《哥林多前书》4 章 3 节。
② 同上,2 章 11 节。
③ 同上,13 章 12 节。

使我能定心忍受"。①

因此,我要忏悔我对自身所知的一切,也要忏悔我所不知的种种,因为对我自身而言,我所知的,是由于你的照耀,所不知的,则我的黑暗在你面前尚未转为中午,仍是无从明彻。

六

主,我的爱你并非犹豫不决的,而是确切意识到的。你用言语打开了我的心,我爱上了你。但是天、地以及覆载的一切,各方面都教我爱你,而且不断地教每一人爱你,"以致没有一人能推诿"。② 你对将受哀怜的人更将垂怜,而对于已得你哀怜的人也将加以垂怜,否则天地的歌颂你,等于奏乐于聋聩。

但我爱你,究竟爱你什么?不是爱形貌的秀丽,暂时的声势,不是爱肉眼所好的光明灿烂,不是爱各种歌曲的优美旋律,不是爱花卉膏沐的芬芳,不是爱甘露乳蜜,不是爱双手所能拥抱的躯体。我爱我的天主,并非爱以上种种。我爱天主,是爱另一种光明、音乐、芬芳、饮食、拥抱,在我内心的光明、音乐、馨香、饮食、拥抱:他的光明照耀我心灵而不受空间的限制,他的音乐不随时间而消逝,他的芬芳不随气息而散失,他的饮食不因吞啖而减少,他的拥抱不因久长而松弛。我爱我的天主,就是爱这一切。

这究竟是什么呢?

---

① 见《哥林多前书》10 章 13 节。
② 见《罗马书》1 章 20 节。

我问大地,大地说:"我不是你的天主。"地面上的一切都作同样的答复。我问海洋大壑以及波臣鳞介,回答说:"我们不是你的天主,到我们上面去寻找。"我问飘忽的空气,大气以及一切飞禽,回答说:"安那克西美尼斯①说错了,我不是天主。"我问苍天、日月星辰,回答说:"我们不是你所追求的天主。"我问身外的一切:"你们不是天主,但请你们谈谈天主,告诉我有关天主的一些情况。"它们大声叫喊说:"是他创造了我们。"我静观万有,便是我的咨询,而万有的美好即是它们的答复。

我扪心自问:"你是谁?"我自己答道:"我是人。"有灵魂肉体,听我驱使,一显于外、一藏于内。二者之中,我问哪一个是用我肉体、尽我目力之所及,找遍上天下地而追求的天主。当然,藏于形骸之内的我,品位更高;我肉体所作出的一切访问,和所得自天地万有的答复:"我们不是天主","是他创造我们",必须向内在的我回报,听他定夺。人的心灵是通过形体的动作而认识到以上种种;我,内在的我,我的灵魂,通过形体的知觉认识这一切。关于我的天主,我问遍了整个宇宙。答复是:"不是我,是他创造了我。"

是否一切具有完备的官觉的都能看出万有的美好呢?为何万有不对一切说同样的话呢?大小动物看见了,但不能询问,因为缺乏主宰官觉的理性。人能够发问,"对无声无形的天主,能从他所造的万物而心识目睹之",②但因贪恋万物,为万物所蔽而成为万

---

① 公元前第六世纪的希腊哲学家,以空气为万物之源。
② 见《罗马书》1 章 20 节。

物的附庸，便不能辨别判断了。万物只会答复具有判断能力的人，而且不能变换言语，不能变换色相，不能对见而不问的人显示一种面目，对见而发生疑问的人又显示另一副面目；万物对默不作声或不耻下问的两类人，显示同样的面目，甚至作同样的谈话，唯有能以外来的言语与内在的真理相印证的人始能了解；因为真理对我说："天地和一切物质都不能是你天主。"自然也这样说。睁开眼睛便能看到：物质的部分都小于整体。我的灵魂，我告诉你，你是高出一等，你给肉体生命，使肉体生活，而没有一种物质能对另一种物质起这种作用；但天主却是你生命的生命。

七

我爱天主，究竟爱些什么呢？这位在我灵魂头上的天主究竟是什么？我要凭借我的灵魂攀登到他身边。我要超越我那一股契合神形、以生气贯彻全身的力量。要寻获我的天主，我不能凭借那股力量，否则无知的骡马也靠这股力量而生活，也能寻获天主了。

我身上另有一股力量，这力量不仅使我生长，而且使我感觉到天主所创造而赋予我的肉体，使双目不听而视，双耳不视而听，使其他器官各得其所，各尽其职；通过这些官能我做出各种活动，同时又维持着精神的一统。但我也要超越这股力量，因为在这方面，我和骡马相同，骡马也通过肢体而有感觉。

八

我要超越我本性的力量，拾级而上，趋向创造我的天主。我到达了记忆的领域、记忆的殿廷，那里是官觉对一切事物所感受而进献的无数影像的府库。凡官觉所感受的，经过思想的增、损、润饰后，未被遗忘所吸收掩埋的，都庋藏在其中，作为储备。

我置身其间，可以随意征调各式影像，有些一呼即至，有些姗姗来迟，好像从隐秘的洞穴中抽拔出来，有些正当我找寻其他时，成群结队，挺身而出，好像毛遂自荐地问道："可能是我们吗？"这时我挥着心灵的双手把它们从记忆面前赶走，让我所要的从躲藏之处出现。有些是听从呼唤，爽快地、秩序井然地鱼贯而至，依次进退，一经呼唤便重新前来。在我叙述回忆时，上述种种便如此进行着。

在那里，一切感觉都分门别类、一丝不乱地储藏着，而且各有门户：如光明、颜色以及各项物象则属于双目，声音属耳，香臭属鼻，软硬、冷热、光滑粗糙、轻重，不论身内身外的、都属全身的感觉。记忆把这一切全都纳之于庞大的府库，保藏在不知哪一个幽深屈曲的处所，以备需要时取用。一切都各依门类而进，分储其中。但所感觉的事物本身并不入内，库藏的仅是事物的影像，供思想回忆时应用。

谁都知道这些影像怎样被官觉摄取，藏在身内。但影像怎样形成的呢？没有人能说明。因为即使我置身于黑暗寂静之中，我能随意回忆颜色，分清黑白或其他色彩之间的差别，声音绝不会出来干扰双目所汲取的影像,二者同时存在,但似乎分别储藏着。我随意呼召,它们便应声而至;我即使钳口结舌,也能随意歌唱;当我回忆其他官感所收集的库藏时,颜色的影像虽则在侧,却并不干涉破坏;虽则我并不嗅闻花朵,但凭仗记忆也自能辨别玉簪与紫罗兰的香气;虽则不饮不食,仅靠记忆,我知道爱蜜过于酒,爱甜而不爱苦涩。

这一切都在我身内、在记忆的大厦中进行。那里,除了遗忘之外,天地海洋与宇宙之间所能感觉的一切都听我指挥。那里,我和我自己对晤,回忆我过去某时某地的所作所为以及当时的心情。那里,可以复查我亲身经历或他人转告的一切;从同一库藏中,我把亲身体验到的或根据体验而推定的事物形象,加以组合,或和过去联系,或计划将来的行动、遭遇和希望,而且不论瞻前顾后,都和在目前一样。我在满储着细大不捐的各式影像的窈深缭曲的心灵中,自己对自己说:"我要做这事,做那事","假使碰到这种或那种情况……","希望天主保佑,这事或那事不要来……"我在心中这么说,同时,我说到的各式影像便从记忆的府库中应声而至,如果没有这些影像,我将无法说话。

我的天主,记忆的力量真伟大,太伟大了!真是一所广大无边的庭宇!谁曾进入堂奥?但这不过是我与性俱生的精神能力之一,而对于整个的我更无从捉摸了。那么,我心灵的居处是否太狭隘呢?不能收容的部分将安插到哪里去?是否不容于身内,便安插在身外?身内为何不能容纳?关于这方面的问题,真使我望洋兴叹,使我惊愕!

人们赞赏山岳的崇高,海水的汹涌,河流的浩荡,海岸的逶迤,星辰的运行，却把自身置于脑后；我能谈论我并未亲见的东西，而我目睹的山岳、波涛、河流、星辰和仅仅得自传闻的大洋，如果在我记忆中不具有广大无比的天地和身外看到的一样，我也无从谈论，人们对此却绝不惊奇。而且我双目看到的东西，并不被我收纳在我身内；在我身内的，不是这些东西本身，而是它们的影像，对于每一个影像我都知道是由哪一种器官得来的。

九

但记忆的辽廓天地不仅容纳上述那些影像。那里还有未曾遗忘的学术方面的知识，这些知识好像藏在更深邃的府库中，其实并非什么府库；而且收藏的不是影像，而是知识本身。无论文学、论辩学以及各种问题，凡我所知道的，都藏在记忆之中。这不是将事物本身留在身外仅取得其影像。也不是转瞬即逝的声音，仅通过双耳而留遗影像，回忆时即使声息全无，仍似余韵在耳；也不像随风消失的香气，刺激嗅觉，在记忆中留下影像，回忆时如闻香泽；也不比腹中食物，已经不辨滋味，但回忆时仍有余味；也不以肉体所接触的其他东西，即使已和我们隔离，但回忆时似乎尚可捉摸。这一类事物，并不纳入记忆，仅仅以奇妙的速度摄取了它们的形影，似被分储在奇妙的仓库中，回忆时又奇妙地提取出来。

十

有人提出，对每一事物有三类问题，即：是否存在？是什么？

是怎样？当我听到这一连串声音时，虽则这些声音已在空气中消散，但我已记取了它们的影像。至于这些声音所表达的意义，并非肉体的官感所能体味，除了我心灵外，别处都看不到。我记忆所收藏的，不是意义的影像，而是意义本身。

这些思想怎样进入我身的呢？如果它们能说话，请它们答复。我敲遍了肉体的每一门户，没有找到它们的入口处。因为眼睛说："如果它们有颜色的话，我们自会报告的。"耳朵说："如果它们有声音，我们自会指示的。"鼻子说："如果有香气，必然通过我。"味觉说："如果没有滋味，不必问我。"触觉说："如果不是物体，我无法捉摸，捉摸不到，便无法指点。"

那么它们来自何处，怎样进入我的身内呢？我不清楚。我的获知，不来自别人传授，而系得之于自身，我对此深信不疑，我嘱咐我自身妥为保管，以便随意取用。但在我未知之前，它们在哪里？它们尚未进入我记忆之中。那么它们究竟在哪里？我何以听人一说，会肯定地说："的确如此，果然如此。"可见我记忆的领域中原已有它们存在着，不过藏匿于邃密的洞穴，假使无人提醒，可能我绝不会想起它们。

十一

于此可见，这一类的概念，不是凭借感觉而摄取的虚影，而是不通过影像，即在我们身内得见概念的真面目；这些概念的获致，是把记忆所收藏的零乱混杂的部分，通过思考加以收集，再用注意力好似把概念引置于记忆的手头，这样原来因分散、因疏略而躲藏着的,已和我们的思想相稔,很容易呈现在我们思想之中。

我们已经获致的,上文所谓在我们手头的概念,我们的记忆中不知藏有多少,人们名之为学问、知识。这些概念,如果霎时不想它们,便立即引退,好像潜隐到最幽远的地方,必须重新想到它们时,再把它们从那里——因为它们并无其他藏身之处——抽调出来,重新加以集合,才会认识,换言之,是由分散而合并,因此拉丁文的思考"Cogitare",源于 Cogere(集合),一如"agitare"的源于"agere","factitare"的源于 facere。① 但 cogitare 一字为理智所擅有,专指内心的集合工作。

十二

记忆还容纳着数字、衡量的关系与无数法则。这都不是感觉所镌刻在我们心中的,因为都是无色、无声、无臭、无味、无从捉摸的。人们谈论这些关系法则时,我听到代表数字衡量的声音,但字音与意义是两回事。字音方面有希腊语、拉丁语,意义却没有希腊、拉丁或其他语言的差别。我看见工人画一条细如蛛丝的线,但线的概念并非我肉眼所见的线的形象。任何人知道何谓"直线",即使不联系到任何物质,也知道直线是什么。通过肉体的每一官能,我感觉到一、二、三、四的数字,但计数的数字却又是一回事,并非前者的影像,而是绝对存在的。由于肉眼看不到,可能有人讪笑我的话,我对他们的讪笑只能表示惋惜。

---

① agitare,义为摇动,agere 义为行动;factitare 义为习于……,facere 义为作为。

十三

以上种种,我用记忆牢记着,我还记得我是怎样得来的。我又听到反对者的许多谬论,我也牢记着,尽管是谬论,而我的牢记不忘却并不虚假。我又记得我怎样分别是非,我现在更看出分别是非是一回事,回想过去怎样经过熟思而分别是非又是一回事。这样,我记得屡次理解过,而对于目前的理解分析我又铭刻在记忆之中,以便今后能记起我现在理解过。因此我现在记得我从前曾经记忆过,而将来能想起我现在的记忆。这完全凭借记忆的力量。

十四

记忆又拥有我内心的情感,但方式是依照记忆的性质,和心灵受情感冲动时迥乎不同。

我现在并不快乐,却能回想过去的快乐;我现在并不忧愁,却能回想过去的忧愁;现在无所恐惧、无所觊觎,而能回想过去的恐惧,过去的愿望。有时甚至能高兴地回想过去的忧患、或忧伤地回想以往的快乐。

对于肉体的感觉,不足为奇,因为肉体是肉体,灵魂是灵魂。譬如我愉快地回想肉体过去的疼痛,这是很寻常的。奇怪的是记忆就是心灵本身。因为我们命一人记住某事时,对他说:"留心些,记在心里";如果我们忘掉某事,便说:"心里想不起来了",或说:"从心里丢掉了":称记忆为"心"。

既然如此,那么当我愉快地回想过去的忧愁时,怎会心灵感到愉快而记忆缅怀忧愁?我心灵愉快,因为快乐存在心中,但为何忧愁在记忆之中,而记忆不感到忧愁?那么记忆是否不属于心灵了?这谁也不敢如此说的。

那么记忆好似心灵之腹,快乐或忧愁一如甜的或苦的食物,记忆记住一事,犹如食物进入腹中,存放腹中,感觉不到食物的滋味了。

设想这个比喻,当然很可笑,但二者并非绝无相似之处。

又如我根据记忆,说心灵的感情分愿望、快乐、恐惧、忧愁四种,我对每一种再分门类,加上定义;所有论列,都得之于记忆,取之于记忆,但我回想这些情感时,内心绝不感受情绪的冲动。这些情感,在我回忆之前,已经在我心中,因此我能凭借回忆而取出应用。

可能影像是通过回忆,从记忆中提出来,犹如食物的反刍,自胃返回口中。但为何谈论者或回忆者在思想的口腔中感觉不到快乐的甜味或忧愁的苦味?是否二者并不完全相仿,这一点正是二者的差别?如果一提忧愁或恐惧,就会感到忧惧,那么谁再肯谈论这些事呢?另一方面,如果在记忆中除了符合感觉所留影像的字音外,找不到情感的概念,我们也不可能谈论。这些概念,并不从肉体的门户进入我心,而是心灵本身体验这些情感后,交给记忆,或由记忆自动记录下来。

十五

是否通过影像呢？这很难讲。

我说："石头"、"太阳"；面前并没有岩石、太阳，但记忆中有二者的影像，供我使唤。我说身上的"疼痛"，我既然觉不到疼痛，疼痛当然不在场，但如果记忆中没有疼痛的影像，便不知道指什么，也不知道和舒服有什么区别。我说身体的"健康"，我的确无病无痛，因此健康就在身上，但如果健康的影像不存在我的记忆中，我绝对不可能想起健康二字的含义；病人听到健康二字，如果记忆中没有健康的影像，虽则他身上正缺乏健康，但也不会知道健康是什么。

我说计数的"数字"，呈现在我记忆中的，不是数字的影像，而是数字本身。我说"太阳的影像"，这影像在我记忆之中，我想见的，不是影像的影像，而是太阳的影像，是随我呼召，供我使唤的影像。我说"记忆"，我知道说的是什么，但除了在记忆之中，我哪里去认识记忆呢？那么呈现在记忆之中的，是记忆的影像呢，还是记忆本身？

十六

我说"遗忘"，我知道说的是什么；可是不靠记忆，我怎能知道？我说的不是遗忘二字的声音，而是指声音所表达的事物，如果我忘却事物本身，便无从知道声音的含义。因此在我回想记忆时，是记忆听记忆的使唤；我回想遗忘时，借以回想的记忆和回想到的遗忘同在我前。但遗忘是什么？只是缺乏记忆。既然遗忘，便不能记忆，那么遗忘怎会在我心中使我能想见它呢？我们凭记忆来记住事物，如果我们不记住遗忘，那么听到遗忘二字，便不能知道二字的意义，因此记忆记着遗忘。这样遗忘一定在场，否则我们便会忘掉，但有遗忘在场，我们便不能记忆了。

那么，能否作下面的结论：遗忘并非亲身，而以它的影像存在记忆中，如果亲自出场，则不是使记忆记住，而是使记忆忘记！

谁能揭开这疑案？谁能了解真相？

主，我正在探索，在我身内探索：我自身成为我辛勤耕耘的田地。现在我们不是在探索寥廓的天空，计算星辰的运行，研究大地的平衡；是在探索我自己，探索具有记忆的我，我的心灵。一切非我的事物和我相隔，不足为奇。但有什么东西比我自身更和我接近呢？而我对于记忆的力量便不明了，但如果没有这记忆力，我将连我自己的姓名都说不出来！我又能记得我的遗忘，这是确无可疑的事实。这怎样讲呢？是否能说我记起的东西并不在我记忆之中？或是说遗忘在我记忆之中，是为了使记忆不遗忘。这两说都讲不通。

对第三种解释有什么看法？我能否说我回忆遗忘时，记忆所占有的不是遗忘本身，而是遗忘的影像？我如此说有什么根据？事物的影像刻在记忆中之前，必须事物先在场，然后能把影像刻下。譬如我记得迦太基或我所到过的其他地方，我记得我所遇见的人物，或其他感觉所介绍的东西，如记得身体的健康或病痛：事物先在场，记忆然后撷取它们的影像，使我能想见它们，如在目前，以后事物即使不在,我仍能在心中回想起来。

因此,如果记忆保留了遗忘的影像,而不是遗忘本身,那么遗忘必先在场,然后能摄取影像,如果遗忘在场,怎能把影像留在记忆之中?因为遗忘一出场,便勾销了所认识的一切。但不论如何深奥难明,一点是确无可疑的,便是我记得这个破坏记忆的遗忘。

十七

我的天主,记忆的力量真伟大,它的深邃,它的千变万化,真使人望而生畏;但这就是我的心灵,就是我自己!我的天主,我究竟是什么?我的本性究竟是怎样的?真是一个变化多端、形形色色、浩无涯际的生命!

瞧,我记忆的无数园地洞穴中充塞着各式各类的数不清的事物,有的是事物的影像,如物质的一类;有的是真身,如文学艺术的一类;有的则是不知用什么概念标志着的,如内心的情感——即使内心已经不受情感的冲动,记忆却牢记着,因为内心的一切都留在记忆之中——我在其中驰骋飞翔,随你如何深入,总无止境:在一个法定死亡的活人身上,记忆的力量、生命的力量真是多么伟大!

我的天主,我真正的生命,我该做什么?我将超越我本身名为记忆的这股力量,我将超越它而飞向你、温柔的光明。你有什么吩咐?你高高在上照临着我,我将凭借我的心神,上升到你身边,我将超越我身上名为记忆的这股力量,愿意从你可接触的一面到达你左右,愿意从你可攀附的一面投入你的怀抱。飞禽走兽也有记忆,否则它们找不到巢穴,做不出习惯的动作,因为没有记忆,便没有习惯。我将超越记忆而达到你天主，达到使我不同于走兽，使我比飞禽更聪明的天主那里。我将超越记忆而寻获你。但在哪里寻获你，真正的美善、可靠的甘饴，我将在哪里寻获你？如果在记忆之外寻获你，那么我已忘掉了你。如果我忘掉你，那么我怎能寻获你呢？

十八

一个妇人丢了一文钱，便点了灯四处找寻，如果她记不起这文钱，一定找不到，即使找到，如果记不起，怎能知道是她的钱？我记得我找到许多丢失的东西，找寻时，别人问我："是否这个？是否那个？"在未获我所遗失的东西之前，我只能回答："不是。"假如我记不起，即使拿到手中，也认不出，找不到。我们每次找寻并寻获失去的东西，都是如此。一件物质的可见的东西在我眼前不见，但并不被我的记忆丢失，记忆抓住了这东西的影像，我们凭此找寻，直至重现在我们眼前为止。东西找到后，根据我们心中的影像，便能认识。假如记不起，便不认识，不认识，便不能说失物已经找到。因此，一样东西在我眼前遗失，却仍被记忆保管着。

十九

但是，如果记忆本身丢失了什么东西，譬如我们往往于忘怀之后，尽力追忆，这时哪里去找寻呢？不是在记忆之中吗？如果记忆提出另一样东西，我们拒而不纳，直至所找寻的东西前来；它一出现,我们便说:"就是这个。"我们如果不认识,便不会这样说;如果记不起,便不会认识。可是这东西我们一定已经遗忘过了。

是否这事物并未整个丢失,仅仅保留一部分而找寻另一部分?是否记忆觉得不能如经常的把它整个回想出来,好似残缺不全,因此要寻觅缺失的部分?

我们看见或想到一个熟悉的人而记不起他的姓名,就是这种情况。这时想到其他姓名,都不会和这人联系起来,我们一概加以排斥,因为过去思想中从不把这些姓名和那人相连,直到出现那个姓名和我们过去对那人的认识完全相符为止。这个姓名从哪里找来的呢?当然来自记忆。即使经别人的提醒而想起,也一样得自记忆。因为不是别人告诉我们一个新的东西,我们听信接受,而是我们回忆起来,认为别人说的确然如此。如果这姓名已经完全忘怀,那么即使有人提醒,我们也想不起来的。因此记得自己忘掉什么,正说明没有完全忘怀。一件丢失的东西,如果完全忘掉,便不会去找寻的。

二十

主啊,我怎样寻求你呢?我寻求你天主时,是在寻求幸福的生命。我将寻求你,使我的灵魂生活,因为我的肉体靠灵魂生活,而灵魂是靠你生活。我怎样寻求幸福生活呢?在我尚未说,在我不得不说:"够了,幸福在此"之前,我还没有得到幸福。为此,我怎样寻求幸福生活呢?是否通过记忆,似乎已经忘怀,但还能想起过去的遗忘?是否通过求知欲,像追求未知的事物,或追求已经忘怀而且已经记不起曾经遗忘的事物?不是人人希望幸福,没有一人不想幸福吗?人们抱有这个希望之前,先从哪里知道的呢?人们爱上幸福之前,先在哪里见过幸福?的确,我们有这幸福;但用什么方式占有的?那我不知道了。一种方式是享受了幸福生活而幸福,一种是拥有幸福的希望而幸福。后者的拥有幸福希望当然不如前者的实际享受幸福,但比既不享受到也不抱希望的人高出一筹;他们的愿意享福是确无可疑的,因此他们也多少拥有这幸福,否则不会愿意享福的。他们怎样认识的呢?我不知道,他们不知怎样会意识到幸福。我正在探索这问题。这意识是否在记忆中?如果在记忆中,那么过去我们曾经享受过这幸福。是否人人如此,或仅仅是首先犯罪的那一个人,"我们都在他身上死亡"①,因此生于困苦之中?现在我不讨论这个问题。我仅仅问:幸福生活是否存在记忆之中?如果我们不认识,便不会爱。我们一听到这名词,都承认自己向往幸福生活,而不是这名词的声音吸引我们,希腊人听了拉丁语便无动于衷,因为不懂拉丁语;如果我们听到了,或希腊人听到希腊语,便心向往之,原因是幸福本身不分拉丁希腊,不论说拉丁语、希腊语还是说其他语言的人都想望幸福本身。于此可见,人人知道幸福,如果能用一种共同的语言问他们是否愿意幸福,每一人都毫不犹豫地回答说:"愿意。"假如这名词所代表的事物本身不存在他们的记忆之中,便不可能有这种情况。

---

① 见《哥林多前书》15 章 22 节,按指亚当。

二十一

这种回忆是否和见过迦太基的人回忆迦太基一样？不是，因为幸福生活不是物质，不是肉眼所能看见。

是否如我们回忆数字那样？不是，对于数字，我们仅有概念，并不追求，而幸福的概念使我们爱幸福，使我们希望获得幸福，享受幸福。

是否如我们回忆辩论的规则那样？不是，虽则我们一听到雄辩学这名词就联想到事物本身，而且许多不娴于辞令的人都希望能擅长此道——这也证明先已存在于我们意识之中——但这是通过感觉而注意、欣赏别人的辞令，从而产生这种愿望。当然，欣赏必然通过内在的认识，能欣赏然后有愿望。幸福生活却绝不能凭肉体的感觉从别人身上体验而得。

是否如我们回忆过去的快乐呢？可能如此，因为即使我们现在忧闷，却能回忆快乐，一如我们在苦难之中能回忆幸福生活。我的快乐不能用肉体的官觉去视、听、嗅、闻，体味捉摸，我欢乐时仅在内心领略到，快乐的意识便胶着在记忆之中，以后随着不同的环境回想过去的快乐或感到不屑，或表示向往。譬如过去对于一些可耻的事物感到快乐，现在回忆起来，觉得厌恶痛恨；有时怀念着一些正经好事，可能目前办不到，因此带着惋惜的心情回想过去的乐趣。

至于幸福生活，过去我在何时何地体验过，以致现在怀念不忘、爱好想望呢？这不仅我个人或少数人如此，我们每一人都愿享幸福。如果对它没有明确的概念,我们不会有如此肯定的愿望。但这怎么说呢?如果问两人是否愿意从军,可能一人答是,一人答否;但问两人是否愿意享受幸福,两人绝不犹豫,立即回答说:希望如此;而这人的愿意从军,那人的不愿从军,都是为了自己的幸福。是否这人以此为乐,那人以彼为乐?但两人愿得幸福是一致的。同样,如果问两人愿否快乐,答复也是一致的,他们称快乐为幸福。即使这人走这条路,那人走那条路,两人追求的目的只有一个:快乐。没有一个说自己从未体验过快乐,因此一听到幸福二字,便在记忆中回想到。

二十二

主,在向你忏悔的仆人心中,绝不存有以任何快乐为幸福的观念。因为有一种快乐绝不是邪恶者所能得到的,只属于那些为爱你而敬事你、以你本身为快乐的人。幸福生活就是在你左右、对于你、为了你而快乐;这才是幸福,此外没有其他幸福生活。谁认为别有幸福,另求快乐,都不是真正的快乐。可是这些人的意志始终抛不开快乐的影像。

二十三

那么,人人愿意幸福,这句话不确切了?因为只有你是真正的幸福,谁不愿以你为乐,也就是不要幸福。是否虽则人人愿意幸福,但"由于肉体与精神相争,精神与肉体相争,以致不能做愿意做的事",①遂退而求其次,满足于力所能及的;对于力所不能的,他们的意志不够坚强,不足以化不可能为可能?

我问不论哪一人:宁愿以真理为乐,还是以虚伪为乐?谁也毫不迟疑地说:宁愿真理,和承认自己希望幸福一样。幸福就是来自真理的快乐,也就是以你为快乐,因为你"天主即是真理"②,是"我的光明,我生命的保障,我的天主"。③ 于此可见,谁也希望幸福,谁也希望唯一的真正幸福,谁也希望来自真理的快乐。

我见到许多人欢喜欺骗别人,但谁也不愿受人欺骗。他们在哪里认识幸福生活的呢?当然在认识真理的同时。他们爱真理,因为他们不愿受欺骗。他们既然爱幸福,而幸福只是来自真理的快乐,因此也爱真理,因此在记忆中一定有真理的某种概念,否则不会爱的。

但为何他们不以真理为快乐呢?为何他们没有幸福呢?原因是利令智昏,他们被那些只能给人忧患的事物所控制,对于导致幸福的事物仅仅保留着轻淡的记忆。人间"尚有一线光明";前进吧,前进吧,"不要被黑暗所笼罩"。④

既然人人爱幸福,而幸福即是来自真理的快乐,为何"真理产生仇恨"⑤?为何一人用你的名义宣传真理,人们便视之为仇敌呢?原因是人们的爱真理,是要把所爱的其他事物作为真理,进而

---

① 见《新约·加拉太书》5 章 17 节。
② 见《约翰福音》14 章 6 节。
③ 见《诗篇》26 首 1 节,41 首 12 节。
④ 见《约翰福音》12 章 35 节。
⑤ 拉丁诗人戴伦西乌斯(公元前 194—前 159)的诗句。

因其他事物而仇恨真理了。他们爱真理的光辉,却不爱真理的谴责。他们不愿受欺骗,却想欺骗别人,因此真理显示自身时,他们爱真理,而真理揭露他们本身时,便仇恨真理。结果是:即使他们不愿真理揭露他们,真理不管他们愿不愿,依旧揭露他们,而真理自身却不显示给他们看了。

确然如是,人心确然如是;人心真的是如此盲目偷惰,卑鄙无耻,只想把自己掩藏起来,却不愿有什么东西蒙蔽自己的耳目。结果适得其反,自身瞒不过真理,真理却瞒着他。同时,他们虽则如此可怜,却又欢喜真实,不爱虚伪。假如他对一切真理之源的唯一真理能坦坦荡荡,不置任何障碍,便能享受幸福了。

二十四

主啊!我走遍了记忆的天涯地角找寻你,在记忆之外没有找到你。从我知道要认识你时开始,凡我找到有关你的东西,都不出乎我的记忆的范围,因为从那时起,我从未忘掉你。哪里我找到了真理,便找到真理之源、我的天主;哪一天我认识了真理,便没有忘掉真理。从你认识我时,你就常驻在我的记忆之中,我在记忆中想起你,在你怀中欢欣鼓舞,找到了你。这是我精神的乐趣,也是你哀怜我的贫困而赐予的。

二十五

主啊,你驻在我记忆之中,究竟驻在哪里?你在其中建筑了怎样的屋宇,兴造了哪一种圣堂?你不嫌我记忆的卑陋,惠然肯来,但我要问的是究竟驻在记忆的哪一部分。在我回忆你的时候,我超越了和禽兽相同的部分,因为那里在物质事物的影像中找不到你;我到达了心灵庋藏情感的部分,但也没有找到你。我进入了记忆为心灵而设的专室——因为心灵也回忆自身——你也不在那里,因为你既不是物质的影像,也不是生人的情感,如忧、乐、愿望、恐惧、回忆、遗忘或类似的东西,又不是我的心灵;你是我心灵的主宰,以上一切都自你而来,你永不变易地鉴临这一切;自我认识你时起,你便惠然降驻于我记忆之中。

那么我怎能探问你的居处,好像我记忆中有楼阁庭宇似的?你一定驻在其中,既然从我认识你时起我就想着你;而且我想起你时,一定在记忆中找到你。

二十六

但我想认识你时,哪里去找你呢?因为在我认识你之前,你尚未到我记忆之中。那么要认识你,该到哪里找你?只能在你里面,在我上面。你我之间本无间隔,不论我们趋就你或离开你,中间并无空隙。你是无往而不在的真理,处处有你在倾听一切就教的人,同时也答复着一切问题。你的答复非常清楚,但不是人人能听清楚。人人能随意提出问题,但不是时常听到所希望的答复。一人不管你的答复是否符合他的愿望,只要听你说什么便愿意什么,这人便是你最好的仆人。

二十七

我爱你已经太晚了,你是万古常新的美善,我爱你已经太晚了!你在我身内,我驰骛于身外。我在身外找寻你;丑恶不堪的我,奔向着你所创造的炫目的事物。你和我在一起,我却不和你相偕。这些事物如不在你里面便不能存在,但它们抓住我使我远离你。你呼我唤我,你的声音振醒我的聋聩,你发光驱除我的幽暗,你散发着芬芳,我闻到了,我向你呼吸,我尝到你的滋味,我感到饥渴,你抚摩我,我怀着炽热的神火想望你的和平。

二十八

我以整个的我投入你的怀抱后,便感觉不到任何忧苦艰辛了;我的生命充满了你,才是生气勃勃。一人越充满你,越觉得轻快;由于我尚未充满你,我依旧是我本身的负担。我理应恸哭的快乐和理应欢喜的忧苦,还在相持不下,胜利属于哪一方,我尚不得而知。

主啊,求你垂怜这可怜的我。我的罪恶的忧苦和良好的喜乐正在交绥,我不知胜负谁属。主啊,求你垂怜这可怜的我。我并不隐藏我的创伤,你是良医,我患着病;你是无量慈悲,我是真堪怜悯。"人生岂不是一个考验"吗?① 谁愿担受艰难?你命我们忍

---

① 见《旧约·约伯记》7 章 1 节。

受,不命我们喜爱。一人能欢喜地忍受,但谁也不会喜爱所忍受的。即使因忍受而快乐,但能不需忍受则更好。在逆境中希望顺利,在顺境中担心厄逆。两者之间能有中间吗?能有不受考验的人生吗?世间使人踌躇满志的事是真可诅咒的;由于患得患失,由于宴安鸩毒,更该受双重的诅咒。世间的逆境也应受诅咒,由于贪恋顺境,由于逆境的艰苦,由于耐心所受的磨难,应受三重诅咒。人的一生真是处于连续不断的考验中!

二十九

我的全部希望在于你至慈极爱之中。把你所命的赐予我,依你所愿的命令我。你命我们清心寡欲。古人说:"我知道,除非天主恩赐,无人能以贞白自守;而且能知此恩何自而来,也就是智慧。"①清心寡欲可以收束我们的意马心猿,使之凝神于一。假使有人在爱你之外,同时为外物所诱,便不算充分爱你。我的天主,你是永燃不熄的爱,请你燃烧我。你命我清心寡欲,便请将所命的赐予我,并依照你的所愿而命令我。

三十

你肯定命令我谨戒"淫欲、声色、荣华富贵"。②

---

① 见《智慧书》8 章 21 节。
② 见《新约·约翰一书》2 章 16 节。

你禁止男女的苟合而不废婚姻,但又指出优于有家有室的生活方式。由于你的赐予,在我成为你的"圣事"的施行者之前,已经选择了这一种生活方式。但上面所述的种种前尘影事仍未免出没隐见于我记忆中,这是我的根深蒂固的结习。当我清醒的时候,这些影像隐隐约约地现于心目,但一入梦境,它们不仅赢得我的欢悦,甚至博得我的同意,仿佛使我躬行实践。幻象对我的灵魂和肉体,还起着如此作用:我醒时所不为的事情,在梦中却被幻象所颠倒。主、我的天主,是否这时的我是另一个我?为何在我入梦到醒觉的须臾之间,使我判若两人?我醒时抵拒这一类的想象,甚至在事物真身进攻前所持坚定的理智,梦时到哪里去了?是否和双目一起紧闭了?是否和肉体的感觉一起沉睡了?又为何往往在梦中也会抵抗,也能记起我们的决心而坚持不释,对这一类的诱惑绝不顺从呢?但这二者有很大的差别:譬如梦中意志动摇,醒时仍觉问心无愧,则由于二者的界线分明,我们感觉到刚才在我们身上无端出现的、我们所痛恨的事情并非我们自身的行为。

全能的天主,是否你的能力不足以治愈我所有的痼疾,还需要你赋畀更充裕的恩宠才能消灭我梦中的绮障?主啊,请你不断增加你的恩赐,使我的灵魂摆脱情欲的沾染,随我到你身边,不再自相矛盾,即使在梦寐之中,非但不感溺于秽影的沾惹,造成肉体的冲动,而且能拒而远之。全能的天主,"你能成全我们,超过我们的意想",①要使我不但在此一生,而且在血气方刚的年龄,不受这一类的诱惑,甚至清心寡欲者梦寐之中有丝毫意志即能予以压制

---

① 见《新约·约翰一书》、《以弗所书》3章20节。

的微弱诱惑也不再感受,在你并非什么难事。我已经对我的好天主诉说过,我目前还处于这一类的忧患之中,对你的恩赐,我是既喜且惧,对自身的缺陷,悲痛流泪,希望你在我身上完成你慈爱的工程,到达完全的和平,等到"死亡被灭没于凯旋之中",[①]此身内外一切将和你一起享受和平。

三十一

每天还有一种负担,希望这负担够我一天受用!我们需要饮食来补充身体每天的消耗,直到有一天,你止息了我饮啖的机能,用神妙的餍饫来斩断我口腹之欲,使朽坏的躯壳化为永久不朽。

可是目前,这需要为我是一种乐事,为了不被这乐趣俘虏,我和它作斗争,每天用斋戒作战,鞭挞我的躯体,使它驯伏;但我的痛楚被乐趣所驱除。因为饥渴是一种痛苦,如无饮食的救济,则和寒热病一般,饥火中烧,致人于死。由于你的赐赉照顾,天地水土为我们脆弱的肉躯供应救药,灾难因此成为乐事了。

你教诲我们取用饮食应该作为药物。但当我从饥饿进入饱饫的阶段时,口腹之欲便乘隙而入,向我撒下罗网,因为这个过渡阶段就是一种乐趣,而充肠果腹若非通过这个阶段,别无途径。本来为维持生命而饮食,但危险的乐趣追随不离,而且往往争先着,以致我声明或愿意为了维持生命而做的,转而为它做了。

---

① 见《新约·约翰一书》、《哥林多前书》15章54节。

二者的方式并不一样：为维持生命本已足够的，为了口腹之乐却嫌不够，往往很难确定是否为了身体的需要而进食，还是受饕餮的引诱而大嚼。我们这个不幸的灵魂对于这种疑团却是正中下怀，乐于看不清什么是维持健康的节制，乘机找寻借口，以养生的美名来掩盖口腹之欲。我每天努力抵抗这一类的诱惑，并且恳求你的帮助。由于我对这点尚未有明确的观念，我把我的疑虑上陈，听候你的指示。

我听到我的天主的命令："你们的心不要沉湎于酒食。"① 我绝不酗酒，求你怜悯，终不要让我嗜酒。但你的仆人有时不免于饕餮，更求你怜悯，使我深恶痛绝。没有你的恩赐，一人绝不能清心寡欲。你倾听我们的祈祷，赐赉有加；即使在祈祷前，我们所蒙受的恩泽来自你，而以后所以能认识你的恩赐也来自你。我从未沉湎于酒，但我认识有些酒徒被你感化成为有节制的人。因此，一人能不染过去未有的恶习，另一人能改弦易辙，先后不同，都是你的工程，而两人能意识到所以然的原因，也是你的工程。

我又听到你另一道命令："不要随从你的欲情，应抑制你的欲望。"② 由于你的恩赐，我又听到这样一句使我拳拳服膺的话："我们吃也无损，不吃也无益。"③ 意思是：前者并不使我富裕，后者并不使我匮乏。还有一句名言："无论什么境况，我都能知足，我知道如何处宽裕，我也知道如何处贫困。我依靠加给我力量的天主，

---

① 见《路加福音》21 章 34 节。
② 见《德训篇》18 章 30 节。
③ 见《哥林多前书》78 章 8 节。

所以能应付一切。"①这真是天朝战士的气魄,绝非身为尘埃的我们所能企及的。但是主啊,请你顾念我们都是灰土,你用灰土造了人类,并且失而复得。使徒保罗所以能如此,并非依靠自身,因为他本身也是灰土,他是在你启发之下道出了我所服膺的至言:"我依靠加给我力量的天主,能应付一切。"求你加给我力量,使我有这样的能力;把你所命的赐给我,然后依照你所愿而命令我。保罗承认自己一切得自你:"谁要夸耀,夸耀应归于主。"②我又听到另一位要求你说:"请你解除我口腹之欲。"③于此可见,我的圣善的天主啊,凡依照你的命令而实践的,都是出于你的赐赉。

我的慈父,你又教诲我:"自处洁净的人,一切都是洁净;但如有人因饮食而使人失足,就有罪了;天主所造的都是好的,没有一物可以抛弃的,但领受时应感谢天主;食物并不使我们见悦于天主;不要使人以饮食来批判我们;吃的人不可轻看不吃的人,不吃的人不可批判吃的人。"④

这是我所聆的教训,我感谢你,赞美你,我的天主、振我聋聩、照我心田的良师。求你救我于一切诱惑。我不怕食物的不洁,只怕嗜好的不洁。我知道你容许挪亚吃一切禽兽的肉;⑤以利亚食肉后恢复了体力;⑥约翰惊人的苦行,也以蝗虫为食,并不因食肉

---

① 见《腓立比书》4章11—14节。
② 同上《哥林多前书》1章31节。
③ 见《德训篇》23章6节。
④ 见《新约·提多书》1章15节;《罗马书》14章20节;《提摩太前书》4章4节;《哥林多前书》8章8节;《歌罗西书》2章16节;《罗马书》14章3节。
⑤ 事见《创世记》25章36节。
⑥ 事见《旧约·列王纪上》17章6节。

而受带累;①但我也知道以扫因贪一盆扁豆而受欺;②大卫以渴求饮水而自责;③而我们的君王耶稣所受试探,不是酒肉,而是面包;④人民在旷野中所以受到惩罚,不是因为想吃肉,而是为想吃肉而抱怨天主。⑤

我被围于诱惑之中,每天和口腹之欲交战;这种食欲和淫欲不同,不能拿定主意和它毅然决绝,如我对于绝欲的办法;必须执住口腔的羁勒,驾御控纵。主啊,哪一人能丝毫不越出需要的界限?如果有这样的人,真是伟大,请他赞美你的圣名。我呢,我是一个罪人,我绝不能如此。但我也赞美你的圣名。希望战胜世界的耶稣,为我的罪恶代求,希望他把我列为全身残弱的肢体之一,因为"你的双目洞烛它的缺陷,人人都记录在你的表册上"。⑥

三十二

芬芳的诱惑对我影响不大;闻不到,并不追求;嗅到了,也不屏绝;但我准备终身不闻芬芳。至于我有此打算,可能估计错误。因为我内心一片黑暗,使我看不出我本身能做什么,以致扪心自问我有什么能力时,我也轻易不敢自信,除了经验已经证明外,我内心一切往往最难测度。人的一生既是连续不断的考验,对于生活谁

---

① 事见《马太福音》3章4节。
② 事见《创世记》25章30—34节。
③ 事见《旧约·撒母耳记下》23章15—17节。
④ 见《马太福音》4章3节。
⑤ 事见《旧约·民数记》11章4节。
⑥ 见《诗篇》138首14节。

也不能有恃无恐,一人能改恶从善,也能变好为坏。唯一的希望,唯一的依赖,唯一可靠的保证是你的慈爱。

三十三

声音之娱本来紧紧包围着我,控制着我,你解救了我。现在对于配合着你的言语的歌曲,以优美娴熟的声音唱咏而出,我承认我还是很爱听的,但不至于留连不舍。这些歌曲是以你的言语为灵魂,本应在我心中占比较特殊的席位,但我往往不能给它们适当的位置。有时好像给它们过高的光荣:听到这些神圣的歌词,通过乐曲唱出,比不用歌曲更能在我心中燃起虔诚的火焰,我们内心的各式情感,在抑扬起伏的歌声中找到了适合自己的音调,似被一种难以形容的和谐而荡漾。这种快感本不应使神魂颠倒,但往往欺弄我;人身的感觉本该伴着理智,驯顺地随从理智,仅因理智的领导而被接纳,这时居然要反客为主地超过理智而自为领导。在这方面,我不知不觉地犯了错误,但事后也就发觉的。

有时我过分防范受骗,犯了过于严厉的错误,有几次我不愿听,甚至不要在圣殿中唱配合大卫《诗篇》的经常唱的歌曲,我认为采用相传亚历山大城主教阿塔那西乌斯所采用的方式比较妥善,用这种方式咏唱诗篇,声调极少变化,不像歌唱,更近乎朗诵。

但回想我恢复信仰的初期,怎样听到圣堂中的歌声而感动得流泪,又觉得现在听了清澈和谐的歌曲,激动我的不是曲调,而是歌词,便重新认识到这种制度的巨大作用。

我在快感的危险和具有良好后果的经验之间真是不知如何取

舍,我虽则不作定论,但更倾向于赞成教会的歌唱习惯,使人听了悦耳的音乐,但使软弱的心灵发出虔诚的情感。但如遇音乐的感动我心过于歌曲的内容时,我承认我在犯罪、应受惩罚,这时我是宁愿不听歌曲的。

这是我目前的情况。凡内心有良好意愿而能实践的人,请他们和我一起痛哭,为我痛哭;因为内心不作打算的人,对这一切是无动于衷的。主、我的天主,求你俯听、垂视我、恻然医治我;在你眼中,我为我自己是一个不解之谜,这正是我的病根。

三十四

最后我将忏悔我双目的享受,希望身为天主的圣殿的人们以友谊的双耳诚听我的忏悔。有关肉情的诱惑,将至此告一段落,这种种诱惑至今正在袭击着"呻吟不辍、渴望得庇于天上的安宅,犹如衣服蔽体"①的我。我的眼睛喜欢看美丽的形象、鲜艳的色彩。希望我的灵魂不要为这种种所俘虏,而完全为天主所占有;这一切美好是天主所创造的,我的至宝是天主,不是它们。每天,只要我醒着,它们便挑逗我,不让我有片刻的安宁,不似悦耳的声音有时入于万籁俱寂之中,使我能享受暂时的恬静。白天,不论我在哪里,色彩之王、光华灿烂浸润我们所睹的一切,即使我另有所思,也不断用各种形色向我倾注而抚摩着我。它具有极大的渗透力,如

---

① 见《哥林多后书》5章2节。

果突然消失，我便渴望追求，如果长期绝迹，我的心灵便感到悒悒不乐。

光明啊！双目失明的多比雅看见了你，他以生活之道教诲儿子，以仁爱的实践自为先导，从未走入歧途①；龙钟而蒙瞀的以撒也看见了你，他能用祝福来辨识二子，而不是先认清儿子后给予祝福；②年迈而失明的雅各也看见了你，他以内心的光芒照明了代表民族前途的诸子，对自己的孙子、约瑟的二子，不照约瑟根据长幼而排列的次序，却凭了心灵的辨别，交叉了双手祝福他们。③ 这才是真光的照耀，是唯一的光明，使见到此光而油然生爱的人与此光融而为一。

为那些醉心于世俗的瞎子，我所说的物质的光明给生活撒上了逗人的、危险的甜味。但谁能因这种光明而赞颂你天主、赞颂万有的创造者，则已在对你的歌颂中吸取光明，而不是在醉生梦死中被光明所吸取。我也愿意如此。我拒绝了眸子的诱惑，不让它们阻碍我的双足走你的道路；我向你睁开了无形的眼睛，盼望你把我双足从罗网中解脱出来。我双足不断蹈入罗网，你是不断地把它们提携起来。遍地是罗网，我经常失足，你不断拯救我，因为你是"以色列的保护者，你是无休无止的清醒着"。④

---

① 事见《旧约·多比雅书》4章2节。译者按：《多比雅书》见于天主教本《旧约》，基督教新教斥为"次经"，不录。
② 事见《旧约·创世记》27章。
③ 事见《创世记》28，29章。
④ 见《诗篇》120首4节。

人们对衣、履、器物以及图像等类,用各种技巧修饰得百般工妙,只求悦目,却远远越出了朴素而实用的范围,更违反了虔肃的意义;他们劳神外物,钻研自己的制作,心灵中却抛弃了自身的创造者,摧毁了创造者在自己身上的工程。

我的天主,我的光荣,就在这一方面我也要歌颂你,向为我而自作牺牲的祭献者献上歌颂之祭,因为艺术家得心应手制成的尤物,无非来自那个超越我们灵魂、为我们的灵魂所日夜想望的至美。创造或追求外界的美,是从这至美取得审美的法则,但没有采纳了利用美的法则。这法则就在至美之中,但他们视而不见,否则他们不会舍近求远,一定能为你保留自己的力量,不会消耗力量于疲精劳神的乐趣。

我虽则谈论分析了以上种种,而我自己却蹈入了美丽的罗网,但是你挽救了我,主啊,你挽救了我,因为你的慈爱常常在我眼前。我可怜地自投罗网,你慈爱地挽救我,有时我摇摇欲坠,你在我不知不觉之际拯拔我;有时我深入陷阱,你便使我忍痛割爱。

三十五

除了上述之外另有一种诱惑具有更复杂危险的形式。肉体之欲在于一切官感的享受,谁服从肉欲,便远离你而自趋灭亡,但我们的心灵中尚有另一种挂着知识学问的美名而实为玄虚的好奇欲,这种欲望虽则通过肉体的感觉,但以肉体为工具,目的不在肉体的快感。这种欲望本质上是追求知识,而求知的工具在器官中主要是眼睛,因此圣经上称之为"目欲"。①

"看",本是眼睛的专职,但对于其他器官,如我们要认识什么,也同样用"看"字。我们不说:"听听这东西怎样发光","嗅嗅这东西多么光亮","尝尝这东西多么漂亮","摸摸这东西多么耀眼"。但对这一切都能通用"看"字。我们不仅能说:"看看什么在发光",这仅有眼睛能看到;但也能说:"去看看什么在响","看看什么在发出香味","看看这有什么滋味","看看这东西硬不硬"。

因此,从器官得来的一般感觉都名为"目欲",看的职务主要属于眼睛,其他器官要探索或需认识一样东西时,因性质类似,所以也袭用"看"字。

我们于此能更明显地确定快感与好奇通过感觉有些什么作用:快感追求美丽、和谐、芬芳、可口、柔和,而好奇则在追求相反的感觉作为尝试,不是为了自寻烦恼,而是为了试验,为了认识。

观看血淋淋的死尸有什么快感呢?可是那里躺着一具尸体,人们便趋之若鹜,看得不寒而栗,觉得凄惨。人们害怕梦见死尸,一似醒时有人强迫他们去看,或听到似有什么好看的情状才被吸引着去看。

对于其他感觉也是如此,不能一一论列。由于好奇的毛病,舞台上便演出种种离奇怪诞的戏剧。好奇心驱使我们追究外界的秘密,这些秘密知道了一无用处,而人们不过为好奇而想知道,别无其他目的。好奇使人们为了同样的虚妄知识,从事巫术。好奇甚至使人们在宗教中试探神明,不为人的幸福,仅仅为了长见识而要

---

① 见《新约·约翰一书》2章16节。

求灵迹。

在这个密布着陷阱危险的大森林中,我已经斩断了许多祸根,把它们从我心中铲除出去,这是你天主、我的救援,赐予我如此做的。但在我日常生活的周围喧阗着形形色色的事物,什么时候我才敢说没有一样东西能吸引我的注意,攫取我虚妄的好奇心?

的确,戏剧已经勾引过我,我也不再醉心于星辰的运行了,我从未向鬼魅有所卜祝,我痛恨荒诞的迷信。主、我的天主,我本该谨敬质朴地奉事你,但人类的死敌用多少阴谋诡计挑动我的幻想,唆使我向你要求灵迹!通过我们的君王耶稣,通过我们的天乡、纯洁醇朴的耶路撒冷,我恳求你,使我现在如此深恶痛绝,更使我永久如此,且能再接再厉。但我为别人的生死祸福向你祈祷时,那么我仰求你的意志便迥乎不同于此了;你现在赏赐我,将来也乐于赏赐我完全遵照着你的意志与措施。

每天还有许多微不足道的琐事来考验我们的好奇心。谁能计算我们失足的次数!多少次我们最初是碍于情面不要使人难堪,勉强听着无聊的闲谈,逐渐却听得津津有味了。我不再去竞技场看狗逐兔子,但偶然经过田野,发现走狗猎兔,可能会打断我的沉思,虽则不至于使我的坐骑改换方向,但心神已追随不舍。如果不是立即发觉我的弱点,重新收敛思想,上升到你左右,不再妄行盼视,或是想到这事的无谓,不再停留,那么我会出神地呆在那里。

我在家中闲坐时,壁虎抓苍蝇,蛛网缠飞虫不是往往会吸引我的注意吗?是否因为这些都是蕞尔小虫,情况便不一样?我能从此出发,赞颂你创造亭毒万有的奇妙,可是我的注意往往并不从此开始。迅速站立起来是一回事,从不跌倒是另一回事。

我的生活中满是这种情形。我唯一的、最大的希望是你的慈爱。我的心收藏了如是一大堆的虚幻,因此我们的祈祷也往往受骚扰而中断;在你鉴临之下,我们的心向你呼号时,不知从哪里来的空洞凌乱的思潮汹涌而至,打断了这一项重要功夫。

三十六

我们是否能把这些缺点认为不足挂齿呢?什么能为我们带来希望呢?只有你的慈爱,我们所熟悉的慈爱,因为你已经开始变化我们。变化的过程,你是最清楚的。你先治疗我欢喜报仇的积习,从此"你赦免了我其他一切罪过,医治我一切病症,救我的性命脱离死亡,用仁惠和慈爱作为我的冠冕,以美好满足我的欲望",①你制服我的骄傲,使我的脖子接受你的轭。现在我负着此轭,觉得很轻松,一如你所许诺而实践的。其实本来是轻松的,但那时我不知道,因为我害怕承受羁勒。

主,唯有你统治一切而不骄矜,你是唯一的、真正的主宰,你自己没有其他主宰。是否第三类诱惑已经在我身上绝迹,或我有生之日是否可能绝迹?这诱惑是要人们畏而爱之,别无其他目的,只是求逞自己的私意,其实这并无什么乐趣。人生真是可怜,而它的妄自尊大实是丑恶!人们所以不能爱你、敬畏你,主要原因在乎此。为此,你拒绝骄傲的人,赐恩宠于谦逊的人,你对世间的名利荣华,大声呵斥,山基也为之震撼!

---

① 见《诗篇》103首3节。

由于人类社会的某些义务，我们必须得到别人的敬爱畏惧，敌人不甘心我们享受真正幸福，便在各处撒下罗网，喝彩叫好，要使我们在贪婪地收拾这种诱饵时，不知不觉地为所擒获，使我们的快乐和你的真理隔绝，欢喜别人的敬爱畏惧，不是为了你，而是替代了你；这样，他使我们和他相似，占有了我们，不是为了团结于仁爱之中，而是和他同受极刑；他高坐在北方，教我们在黑暗寒冷之中，伺候这个狡狯阴险地模仿你的死敌。

主啊，我们是你一批弱小的羊群，请你保佑我们。请展开你的双翅，让我们避到你的翼下。希望你成为我们的光荣，希望我们能为了你而受人的敬畏，为了有你的圣"道"在我们身上而受人敬畏。凡是不管你的谴责而谋求别人的褒奖的人，在受你审判的时候，将得不到别人的辩护，也逃不脱你的惩罚。即使不是"恶人称心如意，受到赞美，也不是作恶的受到祝福"，[①]而是一人由于你的恩赐而受赞美，这人如果更欢喜自身受赞美，过于所受于你的恩赐，这也是不管你的谴责而受人赞美，这样，赞美他的人优于受赞美的人。因为前者欣幸天主加给别人的恩赐，后者却更欣幸别人给他的恩赐，过于所受于天主的恩赐。

三十七

我们天天受这些诱惑的试探，我们在连续不断地受试探。人们的舌头是每天锻炼我们的洪炉。在这一方面你也命令我们节制

[①] 见《诗篇》9首24节。

自己。你知道对这方面我的心如何向你哀号,我的眼睛如何涕零如雨。因为我很难确定我是否已完全免于这一种疫疠。我非常害怕我的隐匿的过错,这些隐匿的过错,你虽则明鉴,我却无从看出。对于其他诱惑我已有了一些辨识的能力,对于这种诱惑,我还是一无所知。对于肉体的情欲和空虚的好奇心,只消我的意志不受影响,或它们不出现,我就能看出我有多少力量控制我的心灵,因为我能盘问我自己,不受这种诱惑时是否或多或少感到不痛快。

对于财帛,人们追求钱财是为了满足上述三种私欲之一二,或同时为三者;如果一人自疑虽已拥有、能否轻视,则可以弃置,作为考验。

对于所受的荣誉,为了避免荣誉,为了考验我们的能耐,是否必须趋向败坏、堕落、放肆的生活,使认识我们的人都唾弃我们?还有什么比这种论调、这种见解更荒谬呢?别人的赞美往往跟随着,而且应该跟随着良好的生活和良好的行动,二者都不能弃置。唯有事物不在目前,才能看出对这事物能否放下或有所系恋。

主,对于这一类诱惑我向你忏悔什么?当然我欢喜听人家的赞美。但我爱慕真理,过于赞美。因为如果有人向我提示:疯狂谬乱而受到普世的称扬,坚持真理而受到普世的呵责,我于二者之间知道选择什么。我所不愿的是:因我做了一些好事,便把别人的褒奖增加我的快乐。但很可惜,我坦白承认,事实上未免增加我的快乐,犹如受到别人的谴责会减少我的兴致。

我对于这种弱点感到不安时,种种借口便乘隙而入,结果如何,天主啊,你完全明了,因为这情形使我举棋不定。你不仅命令我们操持谨严,对某些事物控制我们的爱情,同时又命令我们服膺于指示我们爱情的正确方向的正义,你不仅要我们爱你,也要我们爱人,为此我听了中肯的赞美而感到欣然,或听到不虞之誉、求全之毁时,我觉得我往往为了别人的进步与希望而高兴,为了另一人的乖舛而叹息。

有时别人的赞美也使我悒悒不乐,原因是别人所称许我的优点恰是我所不取的,或别人对我微薄的优点给予过高的评价。但我又要自问:我怎能确定我的所以不快,不是由于我不愿赞美我的人对我的看法和我不合,我的激动不是为了这人的利益,而是因为我本身的优长已使我沾沾自喜,如果得到别人的赞赏,则更使我快心?的确,如果别人不同意我对我自己的评价,或赞赏我所不屑的,或言过其实,在某种程度上,我自觉并未受到赞美。因此在这一方面,我对我自己不是还捉摸不定吗?

但是,真理啊,我在你身上认识到对待别人的赞美,应该着眼于别人的利益,不应从自身出发。我是否如此呢?我不知道。在这一方面我对于你,比对我自身了解得更清楚。我的天主,我哀求你,请你把我的真面目完全揭露给我看,使我能向那些为我代求的弟兄们忏悔我所能发现的创伤。请你促使我更细致地检查自己。假使我真的为了别人的利益而欣然于别人的赞美,那么为何对于别人的无过受毁所感到的愤慨不如自身所遭受的一般呢?为何我自身所受的侮辱,比别人在我面前受到同样的侮辱更使我愤慨不平呢?这一点我真的意识不到吗?总之,是否我在欺骗自己?是否在你面前,我的心灵口舌都不在服膺真理?主啊!使我远离这种愦乱悖谬的境界,不要使"我的口舌成为罪恶的膏油傅在我头上"!①

三十八

"我真是一个贫困无告的人",②仅仅在我独自呻吟,自恨自怨,追求你的慈爱的时候比较好一些,我将追求你的慈爱,一直到补满我的缺陷,进入骄傲自满所看不到的和平的纯全境界。出自唇吻的言语和有目共睹的行动带着极危险的诱惑,使我们沽名钓誉,乞求别人的赏识,希望能出人头地,这诱惑就在我扪心自责的时候,就在我批判它的时候,正在试探我;往往人们以更大的虚荣心夸耀自己轻视虚荣,这样实际并非在夸耀自己轻视虚荣,因为既然夸耀,则并不轻视虚荣。

三十九

在我们内心、在内心深处,尚有同一类型的另一种诱惑,这诱惑使人自满自足,虽则别人并不欢喜他,甚至讨厌他,他也不想使人满意。这种自满自足的人最使你讨厌,他们不仅以坏为好,而且以你的好处占为己有,或以你的恩赐归功于本身,即使承认你的恩赐,但也不能与人同乐,反而要掠夺他人之所有。在这一类的危险中,你看到我的心是多么战栗恐惧,我不敢希望避免创伤,只希望

---

① 见《诗篇》140首5节。
② 见《诗篇》108首22节。

在受伤后即得到你的治疗。

四十

真理啊,哪里你不是和我在一起,指示我行藏取舍?我则尽我所能地向你陈述我浅陋的见解,请你教导。

我尽力之所及用感觉周游了世界,我又观察了肉体赖以生活的生命以及感觉本身。从此我又进入了我的记忆深处,进入充满着千奇万妙无数事物的高楼大厦,我参观后惊愕不止;没有你,我可能什么也分辨不出;我发现其中一切都不是你。

我周览以后,用心分析,对每一事物给予适当的评价;通过感觉的传达,我接纳了一部分,加以盘诘;我又亲身感觉到和我紧紧相联的一部分;接着我一一分析了传达的器官,最后又检查了记忆的丰富蕴藏,或舍或取。这一切不是我自己能够发现的,我在进行这工作时,或更可说我赖以进行这工作的能力也不是你。因为你是常燃不熄的光明,对于一切事物的存在、性质和价值,我都请示于你,听从你的教诲和命令。我经常如此做,感到很大乐趣;每逢必要的工作一有空暇,我便躲入这乐趣中。我遵照你的指示,周历已遍,可是除了在你怀中,我为我的灵魂不能找到一个安稳的境地:只有在你怀中,我能收摄放失的我,使我丝毫不离开你。有时你带领我进入异乎寻常的心境,使我心灵体味到一种无可形容的温柔,如果这种境界在我身内圆融通彻,则将使我超出尘凡。可惜我仍堕入困难重重的尘网中,又被结习所缠扰,我被束缚着,我痛哭流泪,可是我紧紧地被束缚着,习惯的包袱是多么沉重啊!我欲罢不能，欲行不可，真觉进退两难！

四十一

为此，我从三种贪欲中检查我罪恶的病根，并求你伸手挽救我。因为即使用我受伤的心灵，我也看到了你的光辉，我头晕目眩地说：谁能造就到这种境界？"我曾被抛在你视线之外"，①你是统摄万有的真理。我呢，由于我的鄙吝，我不愿失去你，但我有了你同时又不肯屏绝虚伪，犹如一人既要说谎，又要知道真实。为此我失落了你，因为你不屑与虚伪并存。

四十二

我能找谁斡旋使我与你言归于好？是否该请教天使们？说什么话求他们？用什么仪式？许多人力图重返你跟前，自觉气馁，据我所听到的，他们作了种种尝试，堕落到乞灵于荒诞离奇的幻梦，结果受到欺骗。

他们傲慢地找寻你，炫露着满腹学问，而不是抔心自讼，因此引来了和他们志同道合的、同样骄傲的"空中妖魔"，②受到妖术邪法的欺骗。他们找寻一位中间人来为自己澡雪，可是没有找到，以至"魔鬼冒充了光明的天使"，③魔鬼没有肉体，所以对于骄傲的肉

---

① 见《诗篇》30 首 29 节。
② 见《新约·以弗所书》2 章 2 节。
③ 见《哥林多后书》11 章 14 节。

躯特别有吸引力。

他们都是注定死亡的罪人,他们傲慢地找寻你天主,想和永生不死的、洁净无瑕的你和好。作为神人之间的中间者,必须具有和神相似的一面,又有和人相似的一面,假如两方面都同于人,则与神距离太远,假如两方面都同于神,则又与人距离太远,都不能担任中间者。那个伪装的中间者,由于你的神妙不测的摆布,捉弄那些骄傲的人,他有一点和人相似,便是罪恶;因为他没有肉体,便摆出神明的模样,要人奉他为神;但"罪孽的果报是死亡",[①]他和人受到共同的果报,和人同受死亡的惩罚。

四十三

由于你神妙不测的慈爱,你向人类显示并派遣了一位真正的中间者,使人们通过他的榜样,学习谦逊。"这位天主与人类的中间者,即是降生为人的耶稣基督",[②]他站在死亡的罪人与永生至义的天主之间,他死亡同于众生,正义同于天主,正义的赏报即是生命与和平,他以正义与天主融合,而又甘心与罪人同受死亡,借以消除复版正义的罪人的永死之罚;他被预示于古代圣贤,使他们信仰他将来所受的苦难而得救,一如我们信仰他已受苦难而得救。他以人的身份担任中间者,若以天主的"道"而论,则不能是中间者,因为他与天主相等,是天主怀中的天主,同时是唯一的天主。

---

① 《罗马书》6章23节。
② 见《新约·提摩太前书》2章5节。

我的慈父，你真是多么爱我们，甚至"不惜以你的圣子为我们交付于恶人手中"①。你真是多么爱我们，甚至使"圣子与天主相等而不自居，甘心降为仆人，死于十字架上"，②唯有他在"死亡的人类中不为死亡所拘束"③，"有权舍弃生命，也有权再取回生命"④；他为了我们，在你面前，是胜利者而又是牺牲，因为自作牺牲，所以成为胜利者；他为了我们，在你面前，是祭司而亦是祭品，因为自充祭品，所以也是祭司；他本是你所生，却成为我们的仆人，使我们由奴隶而成为你的子女。因此我有理由把坚定不移的希望放在他身上，你将通过这位"坐在你右面，为我们代求"⑤的他治疗我的一切疾病，否则我绝无希望。我的病症既多且重，但你的救药自有更大的效力。你的"道"如果不"降世为人，居住在我们中间"⑥，我们可能想他和人类距离太远，不能和他联系而失望。

想起我的罪恶，使我恐惧不安，我在忧患的重重压迫之下彷徨转侧，想遁入旷野，但你阻止我，坚定我的心，对我说："基督的所以为罪人受死，是为使人们不再为自己生活，而为代其受死者生活。"⑦主啊，为此"我把我的顾虑都卸给你"，"我将钦仰你法律的奥蕴"。⑧ 你认识我的愚弱，请你教导我，治疗我，你的独子，"一切

---

① 见《罗马书》8章32节。
② 见《腓立比书》2章6节。
③ 见《诗篇》87首6节。
④ 见《约翰福音》10章18节。
⑤ 见《罗马书》8章34节。
⑥ 见《约翰福音》1章14节。
⑦ 见《哥林多后书》5章15节。
⑧ 见《诗篇》54首23节；118首18节。

智慧的府库"①，用自己的血救赎了我们。骄傲的人们不必再来诬蔑我了，我想到救赎我的代价，我饮食他的血肉，我分施他的血肉，贫穷的我愿意因此饱饫，也希望别人分享而同获饱饫："凡追求天主的人，都将赞美天主！"②

---

① 见《歌罗西书》2 章 3 节。
② 见《诗篇》21 首 27 节。

卷 十一

一

主啊,永恒既属于你有,你岂有不预知我对你所说的话吗?你岂随时间而才看到时间中发生的事情?那么我何必向你诉说这么一大堆琐事?当然这不是为了使你因我而知道这些事,而是为了激发我和读我书的人们的热情,使我们都说:"主,你是伟大的,你应受一切赞美。"①我已经说过,我还要说:我是由于喜爱你的爱所以才如此做。我们也祈祷,而真理说:"你们求你们的父亲之前,他已知道你们的需要。"②因此,向你诉说我们的忧患和你对待我们的慈爱,是为了向你披露我们的衷情,求你彻底解救我们——因为你已开始解救我们——使我们摆脱自身的烦恼,在你身上找到幸福,因为你已号召我们应该:安贫、温良、哀痛、饥渴慕义、慈惠待人、纯洁、和平。③

我竭我的能力和意志,向你陈述许多事情,这是由于你首先愿

---

① 见《诗篇》95首4节。
② 见《马太福音》6章8节。
③ 按即《马太福音》5章3—9节所列的"真福八端"。

意我称颂你,我的主,我的天主,称颂"你是美善的,你的慈爱永永不匮"。①

二

我的笔舌怎能缕述你对我作出的一切教诲、警戒、抚慰和安排,如何引导我向你的子民传布你的圣训、分发你的"圣事"?如果我能具述这一切经过,那么一点一滴的时间为我也是宝贵的。

我久已渴望能钻研你的法律,向你承认我的所知与所不知,叙述你照耀我的曙光,直至我的昏愦被你的神力所摄取。除了为恢复体力的必要休息和我的研究工作,以及我分内或自愿为别人服务的工作外,所余下的空闲时间,我不愿再消磨在其他事务上了。

主,我的天主,请你俯听我的祈祷,恳求你的慈爱听取我的志愿,我热烈的蕲望并非为我个人,也想为弟兄们的友爱有所贡献:你知道我的衷心的确如此。使我奉献我的思想与言语为你服务,请你赐给我祭献的仪物,因为我是困苦贫寒,"凡求你的,都享受你的宏恩厚泽",②你一无忧虑,却尽心照顾我们。请斩断我身内、身外和我唇舌的一切鲁莽、一切作伪,使你的圣经成为我纯净的好尚,使我不至于曲解圣经,自误误人。主啊,请你俯听我、怜悯我;主、我的天主,瞽者的光明,弱者的力量,但同时也是明者的光明,强者的力量,请你垂视我的灵魂,请你倾听它"发自幽谷的呼

---

① 见《诗篇》117首1节。
② 见《罗马书》10章12节。

号"①;如果你不听到幽深之处,那我们将往何处,将向何处呼号?

"白天是你的,黑夜也是你的"②,光阴随你驱使而流转。请你给我深思的时间,使我钻研你的法律的奥蕴,不要对敲门者闭而不纳。你愿意写成如许闳深奥衍的篇帙,并非徒然的,这些森林中不是有麋鹿栖伏、漫步、饮食、憩息、反刍于其间吗?主啊,请你成全我,把书中奥旨启示我。你的声音是我的欢乐,你的声音超越一切欢乐。你赐给我所喜爱的;而我正喜爱这些书,这真是你的恩赐。不要放弃你所给我的恩赐,不要轻视你这一茎饥渴的草。在你的书中我如有所心得,都将向你称谢:"使我听到称谢你的声音",③使我深深领略你,"瞻仰你一切奇妙的作为",④从你创造天地的开始,直至和你共生于你的圣城、永远的神国。

主啊,请你怜悯我,听从我的志愿;我认为我的志愿不在乎尘世的金、银、宝石、华服、荣誉、权势,或肉体的快乐,也不在乎羁旅生涯中此身必需之物,"这一切自会加于追求天国与你的义德的人们"。⑤

主啊,请看我的愿望是如此。"不义的人们向我讲述他们的乐事,但是,主,这和你的法律不同。"⑥这便是我愿望的真源。圣父,请你看,请你垂视;请你看,请你俞允;希望在你慈爱的鉴临下,我能得到你的欢心,在我敲门时能敞开你言语的枢奥。通过我们

---

① 见《诗篇》129 首 1 节。
② 同上,73 首 16 节。
③ 同上,25 首 7 节。
④ 同上,118 首 18 节。
⑤ 见《马太福音》6 章 33 节。
⑥ 见《诗篇》118 首 85 节。

的主、耶稣基督、你的圣子,"坐在你右边的、你所坚固的人子",[①]你与我们之间的中间者,你用他来找寻那些不追求你的人,你找寻我们使我们追求你,通过你用以创造万物——我是其中之一——的"道",通过你的独子,你用他来召唤信仰的人民成为你的义子——我也是其中之一——通过他我恳求你,他是"坐在你右边,为我们代求"[②],是"一切智慧的府库;我在你的圣经中探求的便是他。摩西所写的是关于他:这是他自己说的,也即是真理说的"。

三

使我听受、使我懂得你怎样"在元始创造了天地"。[③] 摩西写了这句话。摩西写后,从此世、从你所在的地方到达了你身边,现在摩西已不在我面前了。如果在的话,我一定要拖住他,向他请教,用你的名义请他为我解释,我定要倾听他口中吐出的话。可是如果他说希伯来语,那么他的话徒然地敲我的耳鼓,丝毫不能进入我的思想,如果说拉丁语,我能懂得他说什么。但我怎能知道他所说的是真是假呢?即使知道,是否从他那里知道的呢?不,这是在我身内,在我思想的居处,并不用希伯来语、希腊语、拉丁语或蛮邦龁舌之音,也不通过唇舌的动作,也没有声音的振荡,真理说:"他说得对",我立即完全信任他,肯定地说:"你说得对。"

但是我不可能询问摩西,我只能求你真理——摩西因为拥有

---

① 见《诗篇》79 首 18 节。
② 见《歌罗西书》3 章 1 节。
③ 见《创世记》1 章 1 节。天主教以《创世记》为摩西的著作。

满腹真理,才能道出真理——我只能求你,我的天主,求你宽赦我的罪过,你既然使你的仆人摩西说出这些话,也使我理解这些话。

四

天地存在着,天地高呼说它们是受造的,因为它们在变化。凡不是受造而自有,则在他身上不能有先无而后有的东西,不能有变化的东西。

天地也高喊着它们不是自造的:"我们的所以有,是受造而有;在未有之前,我们并不存在,也不能自己创造自己。"它们所说的话即是有目共睹的事实。

因此,是你,主,创造了天地;你是美,因为它们是美丽的;你是善,因为它们是好的;你实在,因为它们存在,但它们的美、善、存在,并不和创造者一样;相形之下,它们并不美,并不善,并不存在。

感谢你,这一切我们知道,但我们的知识和你的知识相较,还不过是无知。

五

你怎样创造天地的呢?你用哪一架机器来进行如此伟大的工程?你不像人间的工匠,工匠是以一个物体形成另一个物体,随他灵魂的意愿,能以想象所得的各种形式加于物体——灵魂如不是你创造,哪会有这种能力?——以形式加于已存在的泥土、木石、金银或其他物质。这一切如果不是你创造,从哪里来呢?你给工匠一个肉躯,一个指挥肢体的灵魂,你供给他所需的材料,你赋给他掌握技术的才能,使能从心所欲的从事制作,你赋给他肉体的官感,通过官感而把想象所得施之于物质,再把制成品加以评鉴,使他能在内心咨询主宰自身的真理,决定制作的好坏。

这一切都歌颂你是万有的创造者。但你怎样创造万有的呢?天主,你怎样创造了天地?当然,你创造天地,不是在天上,也不在地上,不在空中,也不在水中,因为这些都在六合之中;你也不在宇宙之中创造宇宙,因为在造成宇宙之前,还没有创造宇宙的场所。你也不是手中拿着什么工具来创造天地,因为这种不由你创造而你借以创造其他的工具又从哪里得来的呢?哪一样存在的东西,不是凭借你的实在而存在。

因此你一言而万物资始,你是用你的"道"——言语——创造万有。

六

但你怎样说话呢?是否如"有声来自云际说:这是我钟爱的儿子"①一样?这声音有起有讫,有始有终,字音接二连三地递传,至最后一音而归于沉寂,这显然是一种受造物体的振动,暂时的振动,为你的永恒意志服务,传达你的永恒意志。肉体的耳朵听到这一句转瞬即逝的言语,传达给理智,理智的内在耳朵倾听你永恒的言语。理智把这一句暂时有声响的言语和你永恒的、无声的言语:

---

① 见《马太福音》3章17节;17章15节。

"道"比较,便说:"二者迥乎不同,前者远不如我,甚至并不存在,因为是转瞬即逝的,而我的天主的言语是在我之上,永恒不灭的。"①

如果你创造天地,是用一响即逝的言语说话,如果你真的如此创造了天地,那么在天地之前,已存在物质的受造物,这受造物暂时振动,暂时传播了这些话。可是在天地之前,并没有任何物体,即使有,也不是用飞驰的声音创造的,而是利用它来传播飞驰的声音,借以创造天地。形成声音的物体,不论是怎样,如果不是你创造,也绝不存在。那么要使形成声音的物体出现,你究竟用什么言语呢?

七

你召唤我们,教我们领会你的言语:"道",这"道"是"和你天主同在"②的天主,是永永不寂的言语,常自表达一切,无起无讫,无先无后,永久而同时表达一切,否则便有时间,有变化,便不是真正的永恒,真正的不朽不灭。

我的天主,我认识这一点,并向你致谢。主啊,我承认我认识这一点,凡不辜负确切的真理的人,也和我一起认识这一点,并且赞颂你。我们知道,主啊,我们知道死和生,即是先有而后无,或先无而后有。因此你的"道"既然常生常在,永永无极,则无所谓逝,

---

① 见《旧约·以赛亚书》40 章 8 节。
② 见《约翰福音》1 章 1 节。

亦无所谓继。你用了和你永恒同在的"道",永永地说着你要说的一切,而命令造成的东西便造成了,你唯有用言语创造,别无其他方式;但你用言语创造的东西,既不是全部同时造成,也不是永远存在。

八

主,我的天主,请问原因在哪里? 我捉摸到一些,但只意会而不能言传:一切开始存在或停止存在的东西,仅仅在你无始无终的永恒思想中认为应开始或应停止时才开始存在或停止存在,这思想即是你的"道",这"道"也是"元始,因为他向我们讲了话,"①他在福音中通过肉体而说话,他的声音自外进入人们的耳朵,教人们信从,教人们在内心追求他,在这位独一无二的良师所教诲门弟子的永恒真理中获致他。

主啊,在那里我听到你的声音对我说:"凡训导我们的,才是对我们说话;凡不训导我们,即使说话,也等于不对我们说。"除了不变的真理外,谁训导我们? 即使我们在变易的受造物之前受到教益,也是为引导我们走向不变的真理,我们立而恭听,庶几真受其益,所谓"听到新郎的声音而喜乐",②因为使我们归向本原。他的所以是"元始",因为他若非常在,则我们将彷徨而无所归宿。我们的所以能放弃错误,当然是认识之后才能迷途知返,而我们的

---

① 见《约翰福音》8章25节。
② 同上,3章29节。

所以能认识,是由于他教导我们,因为他是"元始",并且向我们说了话。

九

天主,你在"元始"之中,在你的"道"之中,在你的圣子之中,在你的德能、智慧、真理之中,奇妙地说话并奇妙地工作。谁能领会其中奥旨?谁能阐述?谁能不断照耀我、敲击我的心而不使受损伤?我既恐惧,又热爱:恐惧,因为我和他有不同之处;热爱,因为我和他有相同之处。智慧,是智慧照耀我,拨开我的乌云,但当我在忧患的阴霾重重压迫下支持不住时,这乌云又从而笼罩我,"我的力量因贫困而损耗,"[①]以致不能承担我的富裕,直到你、主,"赦免了我一切罪过,医治了我一切病症,救我的性命脱离死亡,以慈惠仁爱作为我的冠冕,以恩物满足我的愿望,使我返老还童,矫健如鹰"。[②]"我们的得救,赖于希望,并用坚忍的信心等待你的诺言。"[③]让每人依照自己的能力,在心灵中听取你潜在的言语吧,我是信赖你的话,我要高喊说:"主啊,你所造的多么伟大,你用智慧造成了万有。"[④]这智慧便是"元始"而你在这"元始"之中造成了天地。

---

① 见《诗篇》30 首 11 节。
② 同上,103 首 3—5 节。
③ 见《罗马书》8 章 24 节。
④ 见《诗篇》103 首 4 节。

十

有些人满怀充塞着成见,向我们诘问:"天主在创造天地之前做些什么?如果闲着无所事事,何不常无所为,犹如他以后停止工作一样?如果天主为了创造从未创造过的东西,有新的行动、新的意愿,那么怎能说是真正的永恒?前所未有的意愿又从何处发生?天主的意愿不由受造而来,而是在乎造物之前,因为创造一物之前,创造者先有意愿。所以天主的意愿属于天主的本体。天主的本体中如产生一些前所未有的东西,则天主的本体不能说是真正的永恒;既然天主创造的意愿是永远的,那么受造为何不也是永远的呢?"

十一

说这些话的人还没有了解你,天主的智慧、一切思想的光明。他们还没有懂得在你之中所由你创造的东西是怎样造成的,他们力求领略永恒的意义,他们的心却沉浮于事物过去和未来的波浪之中,依然无所着落。

谁能遏止这种思想,而凝神伫立,稍一揽取卓然不移的永恒的光辉,和川流不息的时间作一比较,可知二者绝对不能比拟,时间不论如何悠久,也不过是流光的相续,不能同时伸展延留,永恒却没有过去,整个只有现在,而时间不能整个是现在,他们可以看到一切过去都被将来所驱除,一切将来又随过去而过去,而一切过去和将来却出自永远的现在。谁能把定人的思想,使它驻足谛观无古往无今来的永恒怎样屹立着调遣将来和过去的时间?

我的手能不能呢?我的口舌的手能不能通过言语作出这样的奇迹呢?

十二

对于提出:"天主创造天地前在做什么?"这样的问题的人,我如此答复。

我不采用那种打趣式的答语来解决这严重问题,说:"天主正在为放言高论者准备地狱。"看清楚是一回事,打趣是另一回事。我不作这样的答复。我对不知道的事宁愿回答说:"不知道",不愿嘲笑探赜索隐的人或赞许解答乖误的人。

但是,我的天主,我说你是万有的创造者,如果天地二字指一切受造之物,我敢大胆地说:天主在创造天地之前,不造一物。因为如果造,那么除了创造受造之物外,能造什么?巴不得我能知道我所愿知道而且知之有益的一切,犹如我知道在一切受造之物造成之前,别无受造之物。

十三

思想肤浅的人徘徊于过去时代的印象中,觉得非常诧异,以为化成一切和掌握一切的全能天主、天地的创造者,在进行如许工程之前,虚度着无量数的世纪而无所事事;我希望他苏醒过来,认识他的诧异是错误的。

你既然是一切时间的创造者,在你未造时间之前,怎能有无量数的世纪过去? 能有不经你建定的时间吗? 既不存在,何谓过去?

既然你是一切时间的创造者,假定在你创造天地之前,有时间存在,怎能说你无所事事呢? 这时间即是你创造的,在你创造时间之前,没有分秒时间能过去。如果在天地之前没有时间,为何要问在"那时候"你做什么? 没有时间,便没有"那时候"。

你也不在时间上超越时间:否则你不能超越一切时间了。你是在永永现在的永恒高峰上超越一切过去,也超越一切将来,因为将来的,来到后即成过去;"你永不改变,你的岁月没有穷尽"。①你的岁月无往无来,我们的岁月往过来续,来者都来。你的岁月全部屹立着绝不过去,不为将来者推排而去,而我们的岁月过去便了。你是"千年如一日",②你的日子,没有每天,只有今天,因为你的今天既不递嬗与明天,也不继承着昨天。你的今天即是永恒。你生了同属永恒的一位,你对他说:"我今日生你。"③④你创造了一切时间,你在一切时间之前,而不是在某一时间中没有时间。

十四

于此可见,你丝毫没有无为的时间,因为时间即是你创造的。

---

① 见《诗篇》101 首 28 节。
② 见《新约·彼得后书》3 章 8 节。
③ 按指天主第二位圣子。
④ 见《诗篇》2 首 7 节;《新约·希伯来书》5 章 5 节。

没有分秒时间能和你同属永恒，因为你常在不变，而时间如果常在便不是时间了。

时间究竟是什么？谁能轻易概括地说明它？谁对此有明确的概念，能用言语表达出来？可是在谈话之中，有什么比时间更常见，更熟悉呢？我们谈到时间，当然了解，听别人谈到时间，我们也领会。

那么时间究竟是什么？没有人问我，我倒清楚，有人问我，我想说明，便茫然不解了。但我敢自信地说，我知道如果没有过去的事物，则没有过去的时间；没有来到的事物，也没有将来的时间，并且如果什么也不存在，则也没有现在的时间。

既然过去已经不在，将来尚未来到，则过去和将来这两个时间怎样存在呢？现在如果永久是现在，便没有时间，而是永恒。现在的所以成为时间，由于走向过去；那么我们怎能说现在存在呢？现在所以在的原因是即将不在；因此，除非时间走向不存在，否则我便不能正确地说时间不存在。

十五

我们说时间长短，只能对过去或将来而言。长的过去，譬如我们说百年之前，长的将来，譬如说百年之后；短的过去，譬如说十天之前，短的将来，譬如说十天之后。但不存在的时间怎能有长短呢？因为过去已经不存在，而将来尚未存在。为此，我们不要说：时间是长的；对于过去的时间，只能说：曾是长的；对将来的时间，只能说：将是长的。

我的天主,我的光明,这里你是否又要笑世人了?过去的时间,长在已经过去,还是长在尚未过去之时?一样东西能有长短,才能是长是短。既然过去,已不存在,既不存在,何有长短?

因此,我们不要说:过去的时间曾是长的;因为一过去,即不存在,我们便找不到有长度的东西了;那么我们更好说:这个现在的时间曾是长的。因为时间的长短在乎现在:既然尚未过去,尚未不存在,因此能有长短,过去后就入于无何有之乡,也就没有长短可言了。

我的灵魂,你该追究一下,现在的时间能不能是长的,因为你有辨别快慢、衡量快慢的能力。你将怎样答复我呢?

现在的一百年是不是长的时间?先研究一下,一百年能否全部是现在?如果当前是第一年,则第一年属于现在,而九十九年属于将来,尚未存在;如果当前是第二年,则第一年已成过去,第二年属于现在,其余属于将来。一百年中不论把哪一年置于现在,在这一年之前的便属于过去,以后的属于将来。为此一百年不能同时都是现在的。

再看当前的一年是否现在呢?如果当前是正月,则其余十一月都属将来;如果当前是二月,则正月已成过去,其余十个月尚未来到。因此,即使当前的一年也并非全部属于现在,既非全部现在,则这一年也不是现在的。因为一年十二个月,当前不论是哪一个月,仅仅这一个月是现在,其余十一个月或已成过去,或属于将来。况且当前的一个月也不能说是现在,只有一天,如是第一天,则其余都属将来,如是末一天,则其余都是过去,如是中间一天,则介乎过去和将来之间。

现在的时间，我们认为仅有可以称为长的时间，已经勉强收缩到一天。我们再研究一下，就是这么一天也不是整个是现在的。日夜二十四小时，对第一小时而言，其余都属将来，对最后一小时而言，则其余已成过去，中间的任何一小时，则前有过去，后有将来。而这一小时，也由奔走遁逃的分子所组成，凡飞驰而去的，便是过去，留下的则是将来。设想一个小得不能再分割的时间，仅仅这一点能称为现在，但也迅速地从将来飞向过去，没有瞬息伸展。一有伸展，便分出了过去和将来：现在是没有丝毫长度的。

那么我们能称为长的时间在哪里呢？是否将来的时间？对于将来我们不能说它是长的，因为可以名为长的时间尚未存在。那么我们只能说：将是长的。但对当前而言，既然属于将来，不能是长的，因为还不可能有长短。假如说从尚未存在的将来，开始存在，即将成为现在，能有长的属性，这时间才是长的，则我们上面已经听到，现在的时间正在高喊说它不可能是长的。

十六

但是，主，我们觉察到时间的距离，能把它们相互比较，说哪一个比较长，哪一个比较短。我们还度量这一段时间比那一段长短多少，我们说长一倍、两倍，或二者相等。但我们通过感觉来度量时间，只能趁时间在目前经过时加以度量；已经不存在的过去，或尚未存在的将来又何从加以度量？谁敢说不存在的东西也能度量？时间在通过之时，我们能觉察度量，过去后，既不存在，便不能觉察度量了。

十七

我的慈父,我是在探索,我并不作肯定。我的天主,请你支持我,领导我。

我们从小就有人教我们,时间分现在、过去和将来,我们也如此教儿童。谁会对我说时间并无这三类,仅有现在,过去和将来都不存在?是否过去和将来也都存在?将来成为现在时,是否从某一个隐秘的处所脱身而出;现在成为过去时,是否又进入了隐秘的处所?将来既未存在,预言将来的人从何处看到将来?不存在的东西,谁也看不到。讲述往事的人如果心中没有看到,所讲述的不会真实;如果过去不留一些踪迹,便绝不能看到。据此而言,过去和将来都存在。

十八

主啊,我的希望,请容许我进一步探索下去,使我的思想不受任何干扰。

如果过去和将来都存在,我愿意知道它们在哪里。假如目前为我还不可能,那么我至少知道它们不论在哪里,绝不是过去和将来,而是现在。因为如作为将来而在那里,则尚未存在,如作为过去,则已不存在。为此,它们不论在哪里,不论是怎样,只能是现在。我们讲述真实的往事,并非从记忆中取出已经过去的事实,而是根据事实的影像而构成言语,这些影像仿佛是事实在消逝途中通过感觉而遗留在我们心中的踪迹。譬如我的童年已不存在，属于不存在的过去时间；而童年的影像，在我讲述之时，浮现于我现在的回忆中，因为还存在我记忆之中。

至于预言将来，是否也有同样情况呢？是否事物虽则尚未存在，而它们的影像已经存在而呈现出来？我的天主，我承认我不知道。我知道一点：我们往往预先计划将来的行动，计划属于现在，计划的行动即是将来，尚未存在；我们着手时，开始进行我所计划的行动，这时行动出现，不是将来，而是现在了。

对将来的神妙预觉，不管它是怎样，必须存在，才能看见。但既然存在，则不是将来，而是现在。人们所谓预见将来，不是指尚未存在的将来事物，可能是看到已经存在的原因或征兆。因此对看见的人而言，是现在而不是将来，看见后心中有了概念，才预言将来。这些概念已经存在，预言者所看到的是目前存在的概念。

在许多事物中，我举一个例子谈谈。

我看见黎明，我预言太阳将升。我看见的是现在，而预言的是将来；我不是预言已经存在的太阳，而是预言尚未存在的日出，但如我心中没有日出的影像，和我现在谈日出时一样，我也不能预言。我仰观天空的黎明，虽则是日出的先导，但并非日出，而我心中所形成的影像也不是日出。二者都是现在看到，然后能预言将来。

为此，将来尚未存在，尚未存在即是不存在；既不存在，便绝不能看见；但能根据已经存在而能看见的预言将来。

十九

你是一切受造的主宰,你究竟用什么方式把将来启示于人们?你曾启示先知们。为你并没有将来,但你怎样启示将来呢?或更好说,你怎样启示将来事物的现在?因为不存在的事物,不能启示。你启示的方式远远超越我的理解力;它是太高深了!凭我本身,绝不能到达,但依靠你可能到达,只要你赐与我,"你是柔和的光明,照耀我昏蒙的双目"。①

二十

有一点已经非常明显,即:将来和过去并不存在。说时间分过去、现在和将来三类是不确当的。或许说:时间分过去的现在、现在的现在和将来的现在三类,比较确当。这三类存在我们心中,别处找不到;过去事物的现在便是记忆,现在事物的现在便是直接感觉,将来事物的现在便是期望。如果可以这样说,那么我是看到三类时间,我也承认时间分三类。

人们依旧可以说:时间分过去、现在、将来三类;既然习惯以讹传讹,就这样说吧。这我不管,我也不反对、不排斥,只要认识到所说的将来尚未存在,所说的过去也不存在。我们谈话中,确当的话很少,许多话是不确切的,但人们会理解我们所要说的是什么。

---

① 见《诗篇》37 首 11 节。

二十一

我上面说过:我们能度量经过的时间,我们能说这一段时间和另一段时间是一与二之比,或二者相等;我们度量时间的时候对每一段时间能作各种比较。

我也说过,我们是在时间经过时度量时间。如果有人问,你怎样知道的呢?我将回答说:我知道,因为我是在度量时间;不存在的东西,我们不能度量,而过去和将来都不存在。但现在的时间没有体积,我们怎样度量呢?在它经过之时我们进行度量,过去后便不能度量了,因为没有度量的可能。

我们度量时间时,时间从哪里来,经过哪里,往哪里去呢?从哪里来?来自将来。经过哪里?经过现在。往哪里去?只能走向过去。从尚未存在的将来出现,通过没有体积的现在,进入不再存在的过去。

可是度量时间,应在一定的空间中度量?我们说一倍、两倍、相等,或作类似的比例,都是指时间的长度。我们在哪一种空间中度量目前经过的时间呢?是否在它所自来的将来中?但将来尚未存在,无从度量。是否在它经过的现在?现在没有长度,亦无从度量。是否在它所趋向的过去?过去已不存在,也无从度量。

二十二

我的心渴望能揭穿这个纠缠不清的谜!主、我的天主、我的慈父,请不要堵塞,我通过基督恳求你,请你对我的志愿不要堵塞通往这些经常遇到的奥妙问题的途径,许我进入其中,用你慈爱的光辉照明这些问题。对于这些问题,我能向谁请教呢?除了向你外,我能向谁承认我的愚昧无知而更取得进益?只有你不会讨厌我热烈钻研你的圣经。把我所喜爱的赐予我,因为我有此爱好。这爱好也是你的恩赐。我在天之父,你是真正"知道拿好东西给你的儿女们的",①请你赐给我,因为我正在钻研;摆在我面前的是一项艰难的工作,我要坚持下去,直到你使我豁然开朗。我通过基督,用圣中之圣的名义恳求你,使任何人不来阻挠我。"我相信,因此我说话。"②我的希望便是"瞻仰主的荣华",③我为此而生活。"你使我的时日消逝",④时日正在过去,怎样过去的呢?我不知道。

我们说时间、时间,许多时间:"多少时间前,这人说了这话";"那人做这事花了多少时间";"已有多少时间我没有见过这东西";"这一个音节比那一个短音节时间长一倍"。我们这么说,这么听;别人懂我的话,我也懂别人的话。这是最明白、最寻常的事。但就是这些字句含有深邃莫测的意义,而研究发明是一桩新奇的事。

---

① 见《马太福音》7 章 11 节。
② 见《诗篇》115 首 1 节。
③ 同上,26 首 4 节。
④ 同上,38 首 6 节。

二十三

我曾听见一位学者说时间不过是日月星辰的运行。我不敢赞同。为何不更好说是一切物体的运行呢？如果星辰停止运行，而陶人执钧制作陶器，便没有时间来计算旋转之数吗？便不能说每一转速度相等，或这儿转快一些，那儿转慢一些，这儿转时间长一些，那儿转时间短一些吗？或是我说这些话，不是在时间中说的吗？我们言语的语音不是有长有短，声响也不是有长有短吗？

天主，请你使人们能通过一个小小的例子而理解大小事物的共同概念。天空有星辰和"光体"作为标志，分别日子、季节和年代。事实是如此。我并不说木轮子一转即是一日，但我也不说轮子的旋转不代表时间。

我愿知道的是：我们赖以度量物体运动的时间，譬如说这一运动比那一运动时间长一倍，这时间具有什么性质和能力。人们所谓一天，不仅指太阳在大地上空而区分的白天和黑夜，也指太阳自东徂西的整个圆周，为此我们说："过去了多少日子"，这里日子也包括黑夜，并不把黑夜除外。既然一天的完成在乎太阳的运行，在乎太阳自东至西的圆周，我问：是否这运行即是时间，或运动的持续是时间？或包括二者？

假定前者是时间，则太阳即使仅仅用一小时完成这运动，也是一天。假定后者是时间，如果太阳一次升起至另一次升起仅仅相隔一小时，则必须太阳环绕二十四次，才成为一天。如果包括二者，则即使太阳以一小时环绕一圈，不能名为一天；即使太阳停止运行,经过了相当于太阳自早晨至另一早晨运行一圈经常花去的时间,也不能名为一天。

现在我并不问所谓一天是什么,而是问借以度量太阳环行的时间是什么。譬如我们说,如果太阳环绕一周的时间是十二小时,即仅为寻常运行时间的一半,我们把二者一比较,说是一与二之比,即使太阳东西运行的时间有时是一半,有时是一倍。

为此,谁也不要再对我说:时间是天体的运行,因为圣经记载有人祝祷太阳停止,使战争胜利结束,太阳果然停止不动,[①]但时间仍在过去,战争在它所需要的时间中进行而结束。

因此,我看出时间是一种延伸。但我真的看清楚吗?是否我自以为看清楚?真理、光明,只有你能指点我。

二十四

是否你命令我赞同时间为物体运动的主张?不,你并未有这样的命令。我听说物体只能在时间之中运动。这是你说的。至于说物体运动即是时间,我没有听见你说过。物体运动时,我用时间来度量物体从开始运动至停止共历多少时间。如果运动持续不辍,我没有看见运动的开始,也看不到它的停止,我便不能度量,只能估计我从看见到看不见所历的时间。如果我看见的时间很久,也只能说时间很长。因为要确定多少时间,必须作出比较,譬如

---

① 《旧约·约书亚记》10章12节,载以色列人和亚摩利人交战,约书亚祷告天主,使太阳停止不动。

说：彼此一样，彼此相差一倍，或类似的话。如果我们能在空间中确定一个物体的运动自哪里开始到达哪里，或者物体在自转，则确定这一部分至那一部分的脱离，那么我们能说物质，或它的某一部分从这里到那里经过多少时间。

既然物体的运动是一件事，估计运动历时多少是另一件事，那么谁会看不出二者之中哪一样应名为时间？各种物体有时活动，有时静止，我们不仅估计活动的时间，也估计静止的时间，我们说："静止和活动的时间相等"，或"静止的时间为活动时间的一倍或两倍"，或作其他定断，或作所谓近似的估计。

所以时间并非物体的运动。

二十五

主啊，我向你承认，我依旧不明了时间是什么。但同时我承认我知道是在时间之中说这些话，并且花了很长时间讨论时间，而这"很长时间"，如果不是经过一段时间，不能名为"很长"。既然我不知道时间是什么，怎能知道以上几点呢？是否我不知道怎样表达我所知道的东西？我真愚蠢，甚至不知道我究竟不知道什么东西！我的天主，你看出我并不说谎：我的心怎样想，我便怎么做。"你将使我的灯发光，主、我的天主，你将照明我的黑暗。"①

---

① 见《诗篇》17首29节。

二十六

我的灵魂向你承认我在度量时间,我所承认的是否符合事实呢?主、我的天主,我在度量时间时,真的不知道度量什么吗?我用时间来度量物体的运动,是否我也同时在度量时间?是否我要度量物体运动自始至终所历的时间,必须度量物体在其中运动的时间本身?

我用什么来度量时间本身呢?是否以较短的时间来度量较长的时间,犹如用一肘之长来量一柱之长?我们用短音来量长音的时间,说长音是短音的一倍;我们用诗句的多少来量一首诗的长短,用音节的数目来量诗句的长短,用字音的数目来量音节的长短,用短音来量长音;度量的方式,不在纸上——如在纸上,则和度量空间的长短一样,不是在度量时间的长短了——而在我们所发出的声音经过时,我们说:"这首诗有多少句,是长诗;这一句有多少音节,是长句;这一音节有多少音,是长音节,这一音是短音的两倍,所以是长音。"

即使如此,依旧得不到时间的准确长度:一句短诗读得慢一些,可能比一句迅速读过的长诗时间长。一首诗,一个音节,一个音都能如此。

根据以上种种,我以为时间不过是伸展,但是什么东西的伸展呢?我不知道。但如不是思想的伸展,则更奇怪了。我的天主,我问你:假如我大约估计说:"这一段时间比那一段长";或正确地说:"这一段时间是那一段的一倍";我在度量什么?当然在度量时间，这一点我知道；但我不量将来，因为将来尚未存在；我不量现在，因为现在没有长短；也不量过去，因为过去已不存在。那么我量什么？是否量正在经过的时间，不是量过去的时间？这一点我上面已经说过。

二十七

我的灵魂，你再坚持一下，努力集中你的注意力。"天主是我们的帮助"，"是他造了我们，不是我们自己造自己的"。① 瞧，真理的黎明在发白了！

譬如一个声音开始响了，响着……继续响着……停止了，静默了，声音已成过去，已没有声息了。在未响之前，没有声音，不能度量，因为并不存在。而现在声音已经不存在，也不可能度量。在响的时候可以度量，因为具有度量的条件。可是在当时声音并非停留不动的，它是在疾驰而过。是否它的可能度量在乎此？因为它在经过时，伸展到一定距离的时间，使它可能度量，而当前则没有丝毫长度。

假定在当时可以度量，则设想另一个声音开始响了，这声音连续不断地响着。在声音响的时候，我们度量它，因为一停止，将成为过去，不可能度量了。我们仔细地量着，说它有多长。但声音还在响着；要度量，必须从它开始响量到终止。我们是量始终之间的距离。为此一个声音没有停止，便不能度量，不能说它有多少长，

---

① 见《诗篇》61首9节；99首3节。

不能说它等于另一声音或为另一声音的一倍等等……但声音一停，便不存在。这样我们又何从量起呢？我们是在度量时间，但所量的不是尚未存在的时间，不是已经不存在的时间，不是绝无长度的时间，也不是没有终止的时间。所以我们不量过去、现在、将来或正在过去的时间，但我们总是在度量时间。

"*Deus creator omnium*"：①这一句诗共有长短相间八个音，第一、三、五、七四个短音，对二、四、六、八四个长音而言是单音，每一个长音对每一短音而言是有一倍的时间。我读后便加以肯定，而且感觉也清楚觉察到确实如此。照我的感觉所能清楚觉察到的，我用短音来度量长音，我觉察到长音是短音的一倍。但字音是先后相继读出的，前一个是短音，后一个是长音，在短音停止后长音才开始作声，我怎样抓住短音去度量长音，说长音是短音的一倍？至于长音，是否我乘它现在而加以度量？可是如果它不结束，我不可能进行度量，而它一结束，却又成为过去。

那么我量的究竟是什么？我凭什么来量短音？当我度量时，长音在哪里？长短两音响后即飞驰而去，都已不存在。而我却度量二者，非常自信地说：前者是一，后者是二，当然指时间的长短而言。而且只有在它们过去结束后，我们才能如此说。因此我所度量的不是已经不存在的字音本身，而是固定在记忆中的印象。

我的心灵啊，我是在你里面度量时间。不要否定我的话，事实是如此。也不要在印象的波浪之中否定你自己。我再说一次，我是在你里面度量时间。事物经过时，在你里面留下印象，事物过去

---

① 引安布罗西乌斯的一句诗，意思是："天主，万有的创造者。"

而印象留着，我是度量现在的印象而不是度量促起印象而已经过去的实质；我度量时间的时候，是在度量印象。为此，或印象即是时间，或我所度量的并非时间。

我们还度量静默，说这一段静默的时间相当于那声音的时间；这怎么说呢？是否我们的思想是着重声音的长度，好像声音还在响着，然后才能断定静默历时多少？因为我们不作声，不动唇舌，心中默诵诗歌文章时，也能确定动作的长短与相互之间的比例，和高声朗诵时一样。一人愿意发出一个比较长的声音，思想中预先决定多少长，在静默中推算好多少时间，把计划交给记忆，便开始发出声音，这声音将延续到预先规定的界限。声音响了，将继续响下去：响过的声音，已经过去，而延续未完的声音还将响下去一直到结束。当前的意志把将来带向过去，将来逐渐减少，过去不断增加，直到将来消耗净尽，全部成为过去。

二十八

但将来尚未存在，怎样会减少消耗呢？过去已经不存在，怎样会增加呢？这是由于人的思想工作有三个阶段，即：期望、注意与记忆。所期望的东西，通过注意，进入记忆。谁否定将来尚未存在？但对将来的期望已经存在心中。谁否定过去已不存在？但过去的记忆还存在心中。谁否定现在没有长度，只是疾驰而去的点滴？但注意能持续下去，将来通过注意走向过去。因此，并非将来时间长，将来尚未存在，所谓将来长是对将来的长期等待；并非过去时间长，过去已不存在，所谓过去长是对过去的长期回忆。

我要唱一支我所娴熟的歌曲,在开始前,我的期望集中于整个歌曲;开始唱后,凡我从期望抛进过去的,记忆都加以接受,因此我的活动向两面展开:对已经唱出的来讲是属于记忆,对未唱的来讲是属于期望;当前则有我的注意力,通过注意把将来引入过去。这活动越在进行,则期望越是缩短,记忆越是延长,直至活动完毕,期望结束,全部转入记忆之中。整个歌曲是如此,每一阕、每一音也都如此;这支歌曲可能是一部戏曲的一部分,则全部戏曲亦然如此;人们的活动不过是人生的一部分,那么对整个人生也是如此;人生不过是人类整个历史的一部分,则整个人类史又何尝不如此。

二十九

"你的慈爱比生命更好。"①我的生命不过是挥霍。"你的右手收纳我",②置我于恩主、人子、介乎至一的你和芸芸众生之间的中间者——各个方面和各种方式的中间者——耶稣基督之中,使"他把握我,我也把握他",③使我摆脱旧时一切,束身皈向至一的你,使我忘却过去种种,不为将来而将逝的一切所束缚,只着眼于目前种种,不驰骛于外物,而"专心致志,追随上天召我的恩命",④那时我将"听到称颂之声",⑤瞻仰你无未来无过去的快乐。

---

① 见《诗篇》62首4节。
② 同上,17首36节。
③ 见《新约·腓立比书》3章12节。
④ 同上,3章14节。
⑤ 见《诗篇》25首7节。

现在,"我的岁月消耗在呻吟之中"。① 主,我的安慰,我的慈父,你是永恒的,而我却消磨在莫名其究竟的时间之中;我的思想、我心灵的藏府为烦嚣的动荡所撕裂,直至一天为你的爱火所洗练,我整个将投入你怀抱之中。

三十

我将坚定地站立在你天主之中,在我的范畴、你的真理之中;我将不再遇到人们所提出的无聊的问题,这些人染上了惩罚性的病症,感觉到超过他们本能的饥渴,因此要问:"天主在造天地之前,做些什么?"或:"既然以前从来不做什么,怎会想起创造些东西?"

主啊,使他们好好考虑自己的问题,使他们认识到既然不存在时间,便谈不到"从来"二字。说一人从来不做什么,不等于说这人没有一时做过事吗?希望他们认识到没有受造之物,就没有时间,不要再这样胡说。更希望他们"专心致志于目前种种",②懂得你是在一切时间之前,是一切时间的永恒创造者;任何时间,任何受造之物,即使能超越时间,也不能和你同属永恒。

三十一

主、我的天主,你的秘蕴真是多么高深屈曲,我的罪恶的结果

---

① 见《诗篇》30首11节。
② 见《腓立比书》3章13节。

把我远远抛向外面,请你治疗我的眼睛使我能享受你的光明而喜悦。当然,一人如具备如此卓识远见,能知一切过去未来,和我所最熟悉的歌曲一样,这样的识见太惊人了,真使人恐怖;因为过去一切和将来种种都瞒不过他,和我熟悉一支歌曲一样,已唱几节,余下几节,都了然于心。但我绝不能说你、万有的创造者、灵魂肉体的创造者,你是这样认识将来和过去。你的见识是无边的深奇奥妙。我们自己唱,或听别人唱一支熟悉的歌曲,一面等待着声音的来,一面记住了声音的去,情绪跟着变化,感觉也随之迁转。对于不变的永恒,对于真正永恒的精神创造者,绝无此种情形。一如你在元始洞悉天地,但你的知识一无增减,同样你在元始创造天地,而你的行动一无变更。谁能领会的,请他歌颂你,谁不领会,也请他歌颂你。你是多么崇高,而虚怀若谷的人却是你的居处!你"扶起跌倒的人",[①]你所提举的人不会倾跌。

---

① 见《诗篇》145首8节。

卷 十二

一

主啊,在我贫困的生活中,当你圣经的言语敲击我的心门时,便觉得意绪纷然。人类浅陋的理智往往欢喜多费唇舌,都因为搜寻较发现更易饶舌,请求较获致更耗时间,双手摸索较掌握更费勤劳。但我们已把定了你的诺言,谁能从中破坏?"如果天主帮助我们,谁能阻挠?"①"你们祈求,就给你们;寻找,就寻见;叩门,就给你们开门。因为凡祈求的,就得着;寻找的,就寻见;叩门的,就给他开启。"②

这就是你的诺言;真理所允许的,谁会担心受骗?

二

我笨拙的口舌向高深莫测的你忏悔,承认你创造了天地,创造

---

① 见《罗马书》8章31节。
② 见《马太福音》7章7、8节。

了我所目睹的苍天,创造了我所践履的地,我一身泥土所自来的大地。是你创造了这一切。

但诗篇所称:"天外之天属于主,至于大地,他赐给人的子孙",①这天外之天在哪里?这天外天,我们的肉眼看不见,而我们所见的一切与此相比不过是尘土,这天究竟在哪里?整个物质世界虽则不是处处完美,但即使以我们的大地为基础的最差的部分也有其美丽之处,可是我们地上之天,与那个天外之天相比,也不过是下土。的确,我们这个庞大的天地,比起那个属于天主而不属于人的子孙的莫可名状的天,统名为"地",这确有理由的。

三

"地是混沌空虚",②是一个莫测的"深渊",深渊上面没有光,因为没有任何形色。为此你命作者写道:"深渊上面是一片黑暗",①所谓黑暗,不就是没有光吗?假如有光,光在哪里?只能在上面照耀。假如光尚未存在,则说一片黑暗,等于说没有光。上面是一片黑暗,因为上面没有光,犹如没有声音,就是静寂。就一片静寂,不是等于说没有声音吗?

主啊,你不是早已如此教诲这个向你忏悔的灵魂吗?你不是已经告诉我,在你赋予这原始物质形相、把它区分之前,它是什么也没有,没有颜色、没有形状,没有肢体、没有思想?但不是绝无的

---

① 见《诗篇》113首16节。
② 见《创世记》1章2节。

空虚，而是一种不具任何形相的东西。

四

这物质，称它什么呢？除了用一些通俗的字句外，怎样向迟钝的人解释？世界形形色色之中，能找到什么比"地"、"深渊"更接近于这个混然无形的物质？二者处于最下层，不如天上一切灿烂发光的东西美观。那么我怎会又同意你把所创造的未具形相的物质，为了便于向人们说明，名为"空虚混沌的地"？

五

我们的思想追究一下，我们的感觉怎样接触这物质？思想将对自己说："它既是物质，则不像生命、正义等属于理智的范围，但同时又是'空虚混沌'，尚无可以目睹、可以捉摸的条件，也不能凭感觉去辨别。"人类的思想如此说时，只能力求达到不懂而似懂，似懂而又不懂。

六

主啊，如果我要用唇舌笔墨向你陈述你关于这个物质方面所教给我的一切，我首先承认我以前听到这名称时是莫名其妙，而向我谈论的人也是一窍不通；我的思想用各种形状去模拟它，而实际上还是无从模拟；我心中设想一片混沌之中各种丑恶可怖的形相，但依旧是形相,而我名之为"不具形相",不是因为缺乏形相,其实是具有如此罕见奇特的形相,以致我的感觉忍受不了,我怯弱的心灵因此惶惶不安。

实际我所想象的东西,并非没有任何形相,仅仅是和比较美观的东西相形之下,未免恍然失色。真正的理智教我如果要想象一个绝无形相的东西,必须摆脱一切形相,可是我做不到,因为我很快就会想不具任何形相的东西即是空虚,我无法想象形相与空虚之间一种既无形相又非空虚、近乎空虚而未显形相的东西。

我的理智便停止询问我那充满着物质影像并随意变化影像的想象力了;我注视物体本身,并深一层探究物体的可变性,由于这可变性,物体从过去的那样,成为现在的这样;我猜测到物体从这一种形相进入另一种形相的过程不是通过绝对的空虚,而是通过某一种未具形相的原质。

但我所要的是认识,不是猜测。现在如果我的唇舌笔墨向你陈述你在这一问题上所给我的一切启发,哪一位肯坚持不懈地思索领会呢?但我的心并不因我不能阐述这一切而不赞扬你、不歌颂你。

一切能变化的事物,所以能接受各种形相,因而能形成各种事物,是由于它们的可变性。但这可变性究竟是什么?是精神,还是物质,抑是精神或物质的一种状态?假使能够说:"非虚无的虚无",或"存在的虚无",则我将这样说了;但无论如何,它总是有此存在,才能取得可见的和复杂的形相。

七

任何存在都来自你,因为一切只要存在都来自你。但一样东西和你差别越大,则和你距离也越远,当然这不是指空间的距离。

主啊,你不能一会儿如此,一会儿如彼,你是始终如是,是"圣、圣、圣,全能的主、天主"。① 你在来自你的"元始"中,在生自你本体的智慧中,自空虚而肇成品类。

你创造天地,并非从你本体中产生天地,因为如果生自你的本体,则和你的"独子"相等,从而也和你相等;反之,凡不来自你的本体的,也绝不能和你相等。但除了你三位一体、一体三位的天主外,没有一物可以供你创造天地。因此,你只能从空无所有之中创造天地,一大一小的天地;由于你的全能和全善,你创造了一切美好:庞大的天和渺小的地。除了你存在外,别无一物供你创造天地:一个近乎你的天,一个近乎空虚的地,一个上面只有你,另一个下面什么也没有。

八

主啊,"天外之天"是属于你的,你赐与人的子孙的那个地,可见、可捉摸的地,那时并不像我们现在看到的、接触到的地,那时是"空虚混沌",是一个"深渊",深渊上面没有光,"深渊上面是一片

---

① 《旧约·以赛亚书》6章3节。

黑暗",也就是说黑暗弥漫于深渊之上。此后肉眼可见的众水汇注的那个深渊,即使在底层,现在也有一种为鳞介所能辨别的光线。但在那时,这一切既未赋形,还近乎空虚,不过已经具备接受形相的条件。

你从空虚中创造了近乎空虚的、未具形相的物质,又用这物质创造了世界,创造了我们人的子孙们所赞叹的千奇万妙。这物质的天真是奇妙,这是诸水之间的穹苍,是造了光以后第二日,你说"有",就这样出现的。① 这穹苍,你名之为"天",是第三日你以形相赋予最先创造的原始物质而造成"地"和"海"②上面的天。而你在有日辰之前所造的天,是"天外之天",也即是你"在元始创造了天地"的天。至于你所创造的那个"地",不过是无形相的物质,因为"是混沌空虚,而深渊上面是一片黑暗";从那个混沌空虚的地,从那个不具形相的地,近乎空虚的东西,你创造了这个变化不定的世界所赖以存在而又不真实存在的万物;在这个变化不定的世界中,表现出万物的可变性,我们便从而能觉察时间和度量时间,因为时间的形成是由于事物的变化,形相的迁转,而形相所依附的物质即是上述"混沌空虚的地"。

九

你的仆人的导师、"圣神",在叙述你元始创造天地时,不提时

---

① 见《创世记》1章6节。
② 同上,1章10节。

间,不言日子,因为你元始创造的"天外之天",是一种具有理智的受造物,虽则不能和三位一体的你同属永恒,但能分享你的永恒,由于谛视你而感受的欢愉幸福,压制了本身的可变性,从受造之时起,就依附于你绝不倾堕,超越了时间的变迁。

至于那个无形的物质,混沌空虚的地,也不列入日子之中,因为既无形相,没有组织,便无所来,亦无所往,既无来往,便也没有日子与时间的交替。

十

真理,我心的光明,希望不是我内心的黑暗在对我讲话!我向着黑暗漂流,为黑暗所笼罩,但在黑暗之中,即使在黑暗之中,我也热爱你。"我迷失了路,你想起我",①我听到你的声音在我后面叫喊,教我回来,但由于情欲的蠢动喧扰,我几乎辨不出你的声音。现在我汗流满面,喘息着回到你的泉水旁边。希望没有一人来阻挠我,我要畅饮,我要生活。希望我不再是我自己的生命。我凭我自身,过着败坏的生活,为我只有沦于死亡。我在你之中复活了。请你对我说话,叮嘱我。我相信你的圣经,可是圣经中的话太深奥了。

十一

主啊,你已用有力的声音在我心灵的耳边对我说过,你是永恒

---

① 见《诗篇》119 首 67 节。

的,只有你是不朽的,因为你没有形态动作的变化,你的意志也不随时间而转移,因为意志如此如彼,便不成为不朽的意志了。在你面前,我已清楚地看到了,希望能越来越清楚地看出,希望在你的双翼覆庇之下,我能小心翼翼地坚定于这启示之中。

主啊,同样你用有力的声音,在我心灵的耳边对我说:是你创造了一切自然与实体,它们虽则不和你一样存在,但终究也是存在;不来自你的,唯有虚无,唯有意志离弃你最高存在而趋向次一级存在的行动,因为这种行动是罪恶;任何人的罪恶不能损害你,也不能搅乱你所主宰的秩序,不论秩序的尊卑高下。在你面前,我已清楚看到,我求你使我能越来越清楚地看出,使我在你双翼覆庇之下小心翼翼地坚定在这启示之中。

你用有力的声音在我心灵耳边还告诉我说,即使是那一种受造物仅仅以你为它的欢乐,用始终不变的纯洁享有你,绝不暴露它的可变性,你永久在它面前,它也全心向着你,既不期望未来,也不回忆过去,没有变迁,也不伸展于时间之中,即使是这样一种受造物,也不能和你同属永恒。

如果存在这样的受造物,依附于你的幸福,永久作为你的"居处",永久受你的照耀,真是幸福!你的这样一所居处,瞻仰着你的悦乐,没有任何缺陷会把它带走,这样一个纯粹的理性和我们苍天之上的、你的天都的子民们、圣洁的神灵们以和平的联系紧密结合的理性,称之为"属于天主的天外天",我认为再恰当没有了。

从此,每一个羁旅于尘世的灵魂,如果它已经渴望你,如果已经"以眼泪为饮食,同时每天有人在诘问它:你的天主在哪里?"①如果已经向你仅仅要求"一生无日不住在你的圣殿里"②——它的生命即是你,而你的日子即是永恒:"你的年岁没有终极,因为你是始终如一的",③——如果可能的话,希望这样的灵魂懂得你的永恒超越一切时间,而你的"居处"④从未离开你而远游,虽则不是和你同属永恒,但始终不渝地依附着你,不受任何时间变迁的影响。

在你面前,我清楚看出这一点,我求你,使我越来越清楚地看出,并且在你双翼的覆庇之下,能小心翼翼地坚定在这启示之中。

在那些最卑微的受造物的变化中,自有一种未显形相的东西。但除了那些沉湎于幻想之中、为幻想所颠倒而丧心病狂的人外,谁会对我说:"一切形相消除净尽后,仅仅剩下无形的物质,事物改换形相所凭借的物质能带来时间的变迁。"这是绝对不可能的,因为没有活动变化,便没有时间;而没有形相便没有变化。

十二

根据上面所论列的——我的天主,当然这是出于你的恩赐,也由于你催促我叩门,在我叩门后又为我开启——我在你所造万有中,看到两种东西没有时间,但二者都不能和你同属永恒:一种是

---

① 见《诗篇》41首3节。
② 同上,26首4节。
③ 同上,101首26节。
④ 按"居处"即指上文所谓"天外之天",纯粹的理性。

如此纯全,以致不会脱离仰止你的境界,没有瞬息的变化;虽则本身可能改变,但因享受你的永恒性与不变性,便不会有任何变化;另一种是如此混沌无形,不能从一个形相变化到另一种或动或静的形相,因此不具备受时间限制的条件,但并不让它停留在无形相的阶段中。你在一切时日之前,"在元始创造天地",即是我所说的两种工程。"地是混沌空虚,深渊上面是一片黑暗",这句话是为了逐步把无形原质的概念灌输给不能想象绝无形相而又不是空虚的人们。从这个未具形相的地,又形成了另一个天、另一个可目睹的、有组织的地、清澈的水以及圣经所载创世的几天中所创造的一切。这一切由于活动与形相的有规则的演变,都受时间的支配。

十三

我的天主啊,你的圣经上说:"在元始天主创造天地,地还混沌空虚,深渊上面是一片黑暗",并不提到你哪一天创造天地,我的理解是:天指那一个"天外之天"、理智的天,那里理智能认识全面,不是"仅见部分,得其仿佛,如镜中观物",而是洞悉无遗,"如面面相对";①不是先认识这一点,后认识那一点,而是如上面所说的,认识全面,没有时间的先后;我也理解到地是指那一个混沌空虚的原质,没有一时如此、一时如彼的时间变迁,因为既然没有形相,便谈不到如此如彼。

这两种受造物,前者开始时即纯粹完美,后者则完全没有形

---

① 见《哥林多前书》13章12节。

相；天是天外之天，地是混沌空虚的地，照我的领会，圣经上不提日子，说："在元始天主创造天地"，便是指这二者。因此接着便说明地是哪样的地。至于下文叙述第二日造成"穹苍，名为天"，[①]暗示出上文所说没有日子的天是指另一种天。

十四

你的话真是多么深奇奥妙！这些话好像体贴我们的幼稚，仅把极肤浅的意义透露给我们，但已是多么深奇奥妙，我的天主多么深奇奥妙！接触之下，真使人惊怖，但这是恪谨的惊惧，爱的恐怖。我真痛恨那些反对圣经的人，为何你不用"双刃的利剑"[②]刺死他们，使他们不再敌视圣经。我真祝望他们为自己而死亡，俾能为你而生活。

但还有些人，不是排斥而是赞扬《创世记》，他们说："天主圣神通过摩西而写出这些话，意义并非如此。这些话的意义并非如你所说的，而是我们说的。"

我们共同钦崇的天主，我是这样答复他们，并听候你的裁夺。

十五

真理以有力的声音在我心灵耳边对我说的有关创世者的真正

---

① 见《创世记》1 章 7 节。
② 见《诗篇》149 首 6 节。

永恒性，他的本体的绝对不变性，以及他的意志与本体的同一性，你们能斥为错误吗？因此，创世者不能这时愿意这样，那时愿意那样，而是一下子地、同时地、永久地愿意所愿意的一切，他的意志没有反复，不能这时愿意这么，那时愿意那么，不能愿意先前所不愿的，也不能先前不愿而后来愿意，因为这样的意志是有变化，而一有变化即不成为永恒；而"我们的天主是永恒的"。①

真理在我心灵的耳边对我说：对未来事物的期望，在事物来到后便成为直接的谛视，等事物过去后又成为回忆，思想如此变迁，是由于它的可变性，一切可变的都不是永恒，而我们的天主是永恒的。我把这些真理集合起来，联系起来，便认识到我的天主、永恒的天主不是用一个新的意愿创造世界，他的理智也不受暂时事物的影响。

反对我的人们，你们能说什么？是否这些都是错误？他们回答说："否。"那么说一切具有形相的东西和能接受形相的物质所以能存在，都来自"至善"，因为至善也是最高存在，这也是错误的吗？他们说："我们并不否定这一点。"那么你们是不是否定存在着一种卓越的受造物，这种受造物用纯洁的爱依附于真正的、真正永恒的天主，虽则不和天主同属永恒，但绝不会脱离天主而堕落到变迁的时间之中，它仰望着唯一真理而得到安息，因为你天主把自己显示给一个遵守你的命令而热爱你的受造物后，这受造物便不会脱离你而转向自身。所谓"天主的居处"，不是尘世的宫殿，也不是天上的物质建筑，而是精神的，它分享你的永恒，因为它永永

---

① 见《诗篇》47首15节。

不受玷污。"你立定他,直到永世,你所命定的,永远不能逾越。"①但它不是和你同属永恒,因为它有开始;它是受造的。

"智慧受造于万物之前"②:虽则在此以前找不到时间,但这智慧并非和你天主完全平等、同是永恒的智慧,你通过永恒的智慧创造万物,即是"在元始之中创造了天地"。这里所说的智慧是受造的智慧,是有理性的受造物;它仰望你的光明,自身也成为光明,因此虽是受造,也名为智慧。但犹如光明有照耀与被照耀之分,同样智慧也分为创造的智慧与受造的智慧,同样正义也分为使人成为义人的正义与一人获得义德后所具有的正义,即你的仆人使徒保罗所说的:"使我们成为天主的正义。"③你在造其他万物之前,先造了某一种智慧,它是受造的智慧,具有理性和思想,它是属于你的圣城、我们的慈母、自由而永恒的天都,——这天,不就是歌颂你的诸天之天、"属于天主的天外之天吗?"——在此以前找不到时间,因为它是在创造时间之前;在它以前,是创世者的永恒,它的来自创世者,不在时间方面,因为时间尚未存在,而是由于本身的受造。

它是来自你,我们的天主,但和你截然不同,它不是常在的本体:可是在它之前,在它身上找不到时间,因为它能永永仰望你的圣容,不会瞬息离开你,所以它不会有任何变化。但它仍具有可变性,假如没有那种伟大的爱和你联系,依靠你永远维持着中午的光明和热力,也可能暗,也可能冷。

---

① 见《诗篇》148 首 6 节。
② 见《德训篇》1 章 4 节。
③ 见《哥林多后书》5 章 21 节。

你是多么光明灿烂的宫殿！"我喜爱你的华丽，你是创造你并占有你的天主尊显荣贵的住所。"①在我羁旅尘世之时，我向你叹息，我乞求你的创造者也占有我，使我也托居在你屋中，因为我也是他创造的。"我飘零着如迷途的羔羊"，②但我希望能背在我的牧人、你的创造者的肩头，带回到你的宇下。

反对我的人们，我对你们说了这些话，你们有何意见？你们也相信摩西是天主的忠仆，摩西的著作即是"圣神"的言论。那么有没有这样一所天主的居处？它虽则不能和天主同属永恒，但它在天上具有另一种永恒，在它身上你们找不到时间的变化，因为它超越一切空间时间，他的幸福在乎依附于天主。他们回答说："有的。"那么我的心灵向我的天主呼号时，听到至尊天主的声音，你们怎能斥为虚妄呢？你们是否反对我关于无形物质的见解？这物质没有形相，便没有组织；没有组织，便没有时间的变迁；虽不是完全空虚，但近乎空虚，不论它怎样存在，怎样来自万有之原的天主。他们说：这一点，我们也不反对。

十六

我的天主，凡承认你的真理在我心灵中所说的话都是确实可信的，我愿意在你面前和他们一谈。至于否定这一切的人们，任凭他们去狂吠吧，他们只会闹得使自己糊涂；我要努力去劝说他们平

---

① 见《诗篇》25首8节。
② 同上，118首176节。

心静气,向你的"道"敞开心门。假如他们不愿而拒绝我,那么我恳求你、我的天主,"不要对我缄口不语"。① 请你在我心中据实说,因为只有你能如此说。我将听凭这些人吹嘘尘土来蒙蔽自己的眼睛,我将由心灵深处向你唱出爱情之歌,发出我羁旅生涯中无法形容的呻吟,我是念念不忘耶路撒冷,一心向往着耶路撒冷、我的故乡、我的母亲耶路撒冷,也向往着你、耶路撒冷的君王、她的照耀者、她的父亲、她的保护人、她的所夫、她的纯洁而炽盛的幸福、她的可靠的快乐、她的不可名状的至宝、她的一切,因为你是唯一的、真正至善;我绝不再舍弃你,直至你、我的天主、我的慈爱,收敛整个支离放失的我,改变丑恶不堪的我,永远坚定我于这位最可爱的母亲的和平之中,那里有我精神的鲜果,那里是我的信念的来源。

有些人对以上的真理,不斥为错误而全部接受,对你的圣经、通过摩西而写成的圣经,也表示尊重,和我们一起承认圣经是理应遵从的最高权威,但对于某些问题反对我们;对于这些人我这样答复:"我们的天主,请你担任我的忏悔与他们责难之间的裁判者。"

十七

他们说:"这一切是真的,但摩西在圣神的启示下说:'在元始天主创造天地',不是指你所理解的天地,所说的天并非指一种精

---

① 见《诗篇》27首1节。

神的、有理智的、永永仰望着天主圣容的受造物,所说的地,也不指无形相的物质"。那么指什么呢?他们说:"我们所说的,即是摩西的本意,也即是摩西用这些话所要表达的意义。"究竟指什么呢?他们说:"摩西用天地二字先笼统概括地说明整个有形世界,然后按照日子的次序,把'圣神'所要说的一切,一条一条分别叙述。摩西谈话的对象是一个粗鲁而只知关心肉体的民族,摩西认为只能把天主化工中有形可见的东西介绍给他们。"

他们也同意凡我们所熟悉的、有形可见的一切,都是以后几天中由"混沌空虚的地"和"黑暗的深渊"形成而布置的;他们也认为这"地"和"深渊"理解为无形相的原质并非不恰当。

那么有人要说:"天地两字最先就是给我们物质的无形相与混沌的概念,这个有形可见的世界以及世界中所呈现的万类,往往也名为天地,即是从那个物质化育而成的。"

那么,另一人要说:"不论有形无形之物,统名为天地,是很恰当的;甚至天主在智慧中,即在'元始'中创造的一切,也可以用这两字包括起来。但既然一切不是从天主的本体,而是从空无所有中创造,和天主不同,则一切都有某种可变性,但有的是存在而不变,如'天主永远的居处',有的是不断变化,如人的灵魂和肉体;所谓'混沌空虚的地'和'深渊上面的黑暗'是指一切可见不可见之物的共同原质,这原质未具形相而能接受形相,从此形成了天地,即一切有形无形的、已具形相的受造物;二者的区别是:'混沌空虚的地'是指未显形相的物质本原,而'深渊上面的黑暗'则指飘忽不定、未受约束、未受智慧照耀的精神原素。"

还可能有人说:"读到'在元始天主创造天地',天地二字并不指完善成形的可见与不可见之物,而是指万物尚未成形的胚胎,是指能接受一切形相、能用以制造一切的原质,虽未有清楚的特性与形相,但已粗具端倪,依照性质区分之后,天是指精神的受造物,地是物质的受造物。"

十八

听取并研究了以上各种解释,我不愿"作文字上的争辩,因为一无好处,徒乱人意"。"法律是有利于我们的进修,只要引用合理,因为法律的目的是爱,这爱出自光明纯洁的心地和无邪的信仰。"① 而我们的导师已把全部法律与先知总括在两项命令中。② 我的天主,我双目在黑暗中的光明,只要我真诚地向你忏悔,那么圣经上的这些话既然是真实的,即使有种种解释,对我有什么关系?别人认为一种不同于我的见解是圣经作者的本意,为我有什么关系?我们读圣经时,都力求理会真义,既然我们相信作者真实无妄,则我们确知或认为是错误的,我们绝不敢想象作者会如此说的。既然我们都力求在圣经中领会作者的真义,而如果你、一切真诚无妄者的光明,你启示我们某一种见解是正确的,即使这并非作者的本意,而作者的本意即使不同,也属正确,这有什么不好呢?

---

① 见《新约·提摩太后书》1章8、5节。
② 按指耶稣在《马太福音》(22章37—40节)上所说的:"全心、全灵、全意爱天主……爱人如己,全部法律和先知系于这两条诫命。"

十九

因为,主,确无可疑的是:你创造了天地。确无可疑的是:"元始"即是你的智慧,在智慧之中,你创造了一切。确无可疑的是:这有形可见的世界分为两部分,用天地二字可以总括你所造的一切。确无可疑的是:在我们意识中,一切可变的东西,是具有形相方面的某种欠缺,因此能够接受形相,亦能改变形相。确无可疑的是:凡与不变的形相紧密结合的,便不受时间的影响,即使本身可能变化,而事实不会改变。确无可疑的是:未具形相的物质,近乎空虚,也不能有时间的变迁。确无可疑的是:物质造成一样东西,按照习惯,能用成品的名称称原来的物质,因此造成天地的任何无形物质也能称为天地。确无可疑的是:在成形的东西中,没有比"地"和"深渊"更接近于无形相的原质。确无可疑的是:不仅一切已造的和已成形的东西是出于你的创造,甚至可能创造和可能成形的东西,都可能由你创造,因为一切来自你。确无可疑的是:凡从无形以至成形,一定先是没有形相,然后接受形相。

二十

凡不怀疑以上各项真理的人,凡蒙受你的恩赐,内心能看到这些真理的人,凡坚信摩西是遵照真理之神而说话的人,在这些真理中选择了一项说:"在元始天主创造了天地"就是说天主在和他同属永恒的"道"中,创造了有理智的和可感觉的,或精神和物质的世界。另一人说:"在元始天主创造天地",就是说天主在和他同属永恒的"道"中,创造了整个物质世界,包括一切显而易见的、熟悉的东西。第三人说:"在元始天主创造天地"就是说天主在和他同属永恒的"道"中,创造了精神和物质世界的未显形相的原质。第四人说:"在元始天主创造天地",就是说天主在和他同属永恒的"道"中,创造了物质世界的无形物质,那时天地还是一片混沌,以后区分而成为我们感觉到的大块文章。第五人说:"在元始天主创造天地",就是说天主在造化工程的开始,创造了粗具天地规模的无形物质,天地由此形成,截然分清,包括所负载的一切,呈现在我们面前。

对于下一句的解释也是如此。在各种正确的意义中,有人采用这一点说:"地是混沌空虚,深渊上面是一片黑暗",是指天主所造物质的东西,是物质世界不具形相、无组织、无光明的原质。另一人说:"地是混沌空虚,深渊上面是一片黑暗",是指整个名为天地的东西,是未赋形相、未受光明的物质,从此造成了物质的天地和天地间一切可感觉的东西。另一人说:"地是混沌空虚,深渊上面是一片黑暗",是指整个名为天地的东西,是未具形相、未受光明的原质,由此形成了理智的天,也称"天外之天",和地,即物质的自然界,这地也包括物质的天,换言之,即从此造成了一切可见或不可见的受造物。另一人说:"地是混沌空虚,深渊上面是一片黑暗",圣经上所说的天地,不是指无形相的东西,这无形相的东西已经存在:圣经先说明天主造成天地,即精神和物质受造物,然后用"混沌空虚的地和黑暗的深渊"指出从什么造成天地。还有人说:"地是混沌空虚,深渊上面是一片黑暗",就是说已经存在一种未显形相的东西,圣经先说明天主创造天地,然后指出创造天地的原料,而天地则包括整个物质世界,分为两大部分,一上一下,以及所负载的和我们经常看见的一切受造物。

二十一

对最后两说,有人曾提出这样的难题:如果你不愿以"天地"二字指无形相的物质,那么有非天主所造而天主借以创造天地的东西了,因为圣经上并未记载天主创造这物质;为此圣经所云在元始天主创造天地,"天地"二字或单独"地"字只能指哪个物质。至于下一句"地是混沌空虚",虽则圣经以此称无形相的物质,我们不能解释为首句所称"天主创造天地"之外的另一种物质。对于这个难题,主张最后两说的人将答复说:我们并不否认这无形物质造自天主,因为一切美好来自天主;我们说凡已经造成,已有定型的东西是更好,我们承认凡可能造的和可能成形的东西比较差,但也是好的。至于圣经未载天主如何创造那些无形物质,则圣经未载的事很多,如噻帕、撒拉弗[①]的创造,如使徒保罗所列举的"爵、位、权、德、诸品天使",[②]这一切显然都是天主造的。如果"创造天地"包括一切,那么"天主之神运行于大水之上",[③]这水怎样讲呢?如也包括在"地"字之中,则我们所见的水是如此美好,

---

① 二者都是天使的一种,噻帕屡见于《旧约》各卷,撒拉弗则仅见于《以赛亚书》6章2节。
② 见《新约·歌罗西书》1章16节。
③ 见《创世记》1章7节。

"地"字怎能解为无形的物质呢？即使作如此解释，则为何圣经记载从无形物质"造成穹苍"，"将穹苍称为天"，却不载怎样造成"水"？是否在天主说："天下的水应汇合在一起"①时，汇合即是成形，水才获得这样形状？但穹苍上面的水怎样解释呢？圣经既不载这水如何形成，这水既然不具形相，怎会占有如此崇高的地位？

于此可见，虽则有些东西，《创世记》不说它们造自天主，但健全的信仰和正确的理智对此不会有所怀疑的；任何有分寸的学说不至于因《创世记》提到水而未言什么时候创造水，便说这些水是和天主一样永恒。圣经上名为"空虚的地"和"黑暗的深渊"的无形物质，即使对于它的创造缺而不载，我们为何不能根据真理的教训，肯定它是天主从空虚中创造的，因此不能和天主一样永恒？

二十二

听取了这些言论，用我愚昧的能力加以考虑后，向你、洞悉一切的天主陈述我的见解。一个诚实可靠的人用文字来传达一件事，我以为对于这样的记录可能产生两种分歧：一种是关于事实的真假，另一种是关于作者的本意。因此，探讨受造物的性质是一件事，研究这位传达你的信仰的杰出仆人摩西写出这些文字时希望读者听者领会什么，是另一件事。

关于第一点，凡以错误的学说作为真理的，请他们离开。关于

---

① 见《创世记》1章9节。

第二点,凡认为摩西所述有错误的,也请他们离开。但是,凡在你慈爱的领域内以真理为饮食的,我愿意在天主内和他们团结,和他们一起欢乐。我们将一起研究你的圣经的记载,在这些文字中,探索你通过你的仆人摩西的思想、从他笔下所表达的思想。

二十三

但研究这些文字时,能有不同的见解,在各种正确的意义中,我辈谁能用同样的自信肯定摩西的本意是如此,这一段记载的意义是如此,和我们不问摩西的本意如何,能肯定这段是确然可靠一样?

我的天主啊!我、你的仆人,我愿意在这些文字中向你献上忏悔之祭;我恳求你,使我能依靠你的慈爱,完成我的志愿。我肯定地说在你永恒不变的道之中,你创造了一切有形无形之物。但我是否能同样肯定地说摩西写"在元始天主创造天地"一语的本意是此而非彼呢?因为对于第一点,我在你的真理之中,看出是确无可疑的,但我是否能同样在摩西的思想中看出他写这一句的本意是如此呢?

摩西用"在元始"一语,可能说创造的开始,用"天地"二字也可能不指已经成形完善的精神和物质世界,而是草昧之始尚未成形的世界。我看出这些意义都可能,但哪一个是摩西的本意,这很难断定了。但这位伟人写这一句时,思想中不论看到第一义或第二义,或上列各种意义之一,他的见解是正确的,而且用恰当的方式记载下来,这一点我自毫无疑问。

二十四

任何人不要再用这样的话来和我纠缠："摩西的本意不是你所说的，而是我指出的。"如果有人问我："你怎样知道摩西写这些话的意思就是你所解释的？"我将平心静气地对待他，可能用上面的话答复他；如果这人比较固执，可能说得更详细一些。如果他说："摩西的本意不是你所说，而是我说的"，但这人并不否认我们彼此的见解都是真实的，那么，我的天主，贫困者的生命，在你胸中绝无矛盾存在，请你把息事宁人的雨露洒在我心中，使我能耐心对待这样的人。他们对我如此说，不是因为他们有天主的精神，也不是因为他们看透我的肺腑，而是由于他们的骄傲；他们并不了解摩西的思想，而是欢喜自己的见解，不是因为这见解正确，而是因为是他们自己的。否则他们也会欢喜另一种正确的见解；在我一面，只要他们的见解正确，我便欢喜，不是因为是他们的见解，而是因为见解的正确。因此，见解如果正确，便不是属于他们本人了。同样，如果他们所以欢喜自己的见解，是由于见解的正确，则这一见解不仅属于他们，也属于我，已经成为一切爱好真理者所共有。

至于他们强调摩西的本意不是我所说的，而是他们所说的，这种态度我不能接受，我讨厌，因为即使确实如是，他们的大言不惭，不是根据学识，而是由于师心自用，不是因为有先见之明，而是由于傲慢。

主啊，你的审判的可怕正由于此。你的真理既不是我个人的，也不是某人某人的，是我们全体的；你公开号召我们来分享你的真理，你还严厉地警告我们不要独占真理，否则便要被剥夺真理。谁把你提供我们共同享受的东西占为己有，以公共的东西作为私有，势必因私而废公，也就是舍真理而就谎言，因为"谁说谎，是出于他自己"。①

我的天主啊，你是最好的审判者，你是真理本体，请你倾听我，倾听我怎样答复反对者。我是在你面前说话，是在一切符合友爱的目的而合理使用你的法律的弟兄之前说话。请你倾听我，看我怎样答复。

我要用友爱和平的话答复他：如果我们两人都看出你所说的是正确的，如果我们两人都看出我所说的是正确的，请问从哪里看出的呢？当然，我不是从你身上看到，你也不是从我身上看到。我们两人都是在超越我们思想的、永永不变的真理中看到的。我们对于我们的主、天主的光明并不争论，我们了解别人的思想不如了解真理那样明确，那么为何对别人的思想要发生争论呢？即使摩西出现在我们面前、对我们说："我的本意是如此"，我们并没有看到摩西的思想，但我们相信他的话。为此"对于圣经的记载，我们不要自高自大，彼此倾轧"，②我们应该"全心、全灵、全意爱我们的主、天主，并爱人如己"。③ 假如我们不相信摩西撰述时所有的思想都是着眼于以上两条命令，认为摩西并不遵照天主的教训而别有用心，那么我们势必要说天主在骗人。于此可见，既然这些文字能有许多非常确切的解释，那么强调说摩西只能有其中某一义，进

---

① 见《约翰福音》8 章 44 节。
② 见《哥林多前书》4 章 6 节。
③ 见《马太福音》22 章 37 节。

行着无益而有害的争辩,违反了我们努力阐述摩西著作的唯一目的,这不是太鲁莽吗?

二十五

我的天主,你是我谦卑的尊光、我勤劳的休息,你倾听我的忏悔,宽赦我的罪过;既然你命令我爱人如己,我绝不能想象我如果生于摩西的时代,用我的心神唇舌替代摩西传播这些文字,使这些文字能千秋万岁造福人群,在全世界享有超越一切错谬傲慢学说的最高威权,这时我所受自你的恩赐会超过摩西。

如果我是摩西的话——我们全都来自"同一团泥","人算什么,假如不是你顾念他"①——如果我是摩西,奉你的命撰《创世记》,我希望你赋予我这样一种表达思想和修辞选句的能力,使尚未领会天主如何创造天地的读者也不能说我的文字超过他们的能力,而具有理解能力的读者,能在你仆人的寥寥数语中,不放松一字,找到通过深思便能发现的各条真理;如在真理的照耀下,有人看出另一种意义,则在我的文字中,也能找到这种意义。

二十六

譬如一股泉水,衍为许多支流,灌溉了大片土地,泉水在狭窄的泉源中比散布在各地河流中更加洋溢澎湃,同样传达你的言语

---

① 见《罗马书》9 章 21 节;《诗篇》8 章 5 节。

的人所作的叙述,供后人论辩,从短短几句话中流出真理的清泉,每人尽可能地汲取真理的这一点那一滴,然后再加发挥,演为鸿篇巨著。

有些人读到或听到这些话,设想天主具有人相,或似一个具有无比威力的庞然大物,意念所至,刹那间在身外、在远处,创造两个巨大的东西:天和地,一在上,一在下,万象森列于其中。他们听到:"天主说:有什么!便有什么",便设想一句有始有终、随起随灭的话,一语才毕,立即出现了所命令出现的东西。可能还有其他解释,但都是庸俗的臆测。

这些见解幼稚的"婴孩",被质朴的语句所拘牵,好像匿在母亲怀中,但他们仍能树立起有关他们生死的信仰,他们确认为天主创造了他们感觉到的、千奇万妙的一切品物。

其中如果有人轻视这种似乎浅陋的文字,由于骄傲的昏蒙,飞离了他在其中成长的窠巢;唉,真可怜! 他堕落了! 主啊,请你怜悯他,不要使过路的人践踏这只毛羽未丰的雏鸟,请派遣天使,把他送回故巢,让他生活下去,直到能够飞翔!

二十七

为另一种人,这些话不是一个巢,而是一个绿叶成荫的树林,他们看到累累的果实,愉快地在其中飞鸣饱啄。

他们读到或听到这些话时,便觉一切时间,无论过去未来,都为你的永恒不变所统摄,没有一个暂时的受造物不是你创造的;你的意志即是你的本体,不是由于一个前所未有的意愿,而是由于你始终不变的意志创造一切；你创造万有，不是从你的本体、万有的典型中分出和你相似的东西，而是从空虚中造成了无形相的原质，它虽则和你迥然不同，但能依你的定型，凭借独一无二的你，遵照你预先的规定，每一事物各随自己种类所禀的能力而接受形相，就此现出非常美好的万物，或环绕于你左右，或和你保持着不同的距离，在时间空间之中或产生或受到种种美妙的变演。

他们在真理的照耀下，按照他们薄弱的能力，看出以上一切而欢欣踊跃。

有人对于"在元始天主创造天地"，以为"元始"是指"智慧"，因为"他向我们说话"。① 有人对这一句释为创世的开始，"在元始创造"，等于首先创造。

以"元始"指智慧，释为"天主在智慧之中创造天地"的人，也有以为天地二字是指造成天地的原始物质；有以为天地二字指已经成形而截然不同的东西；有以为天是指已成形的精神体，地指未定型的物体。以天地二字指未成形的原质、从此造成天地的，意见也不一致，有以为包括一切超感觉和可感觉的受造物，有以为由此仅仅造成可感觉的大块，在它广大的内部包容着有形的、呈现在我们目前的自然界。

那些认为天地二字指有组织、有条理的受造物的，有的认为兼指精神界和物质世界，有的认为仅指物质世界，即光明的天和幽暗的地以及负载的一切。

---

① 见《约翰福音》8章25节。

二十八

至于以"在元始创造天地"释为"最先创造天地"的人，只能以天地训为天地，即一切超感觉与物质世界的原质，否则便不正确。因为如果训为已成形的世界，那么请问天主最先造了这一切，以后造什么呢？既然天地包括一切，则无法解答这一问题："如果以后不造什么，怎能说最先呢？"

如说最先造无形相的原质，后造定型的世界，便不矛盾，只要恰当地分清有关永恒、时间、优劣、起源的先后：永恒方面，如天主先于万物；时间方面，如花先于果；优劣方面，如果优于花；起源方面，如发声先于唱歌。

这四个方面，第一、第四极难理解，第二、第三则很易领会。主啊！你的不变的永恒，创造了可变的万物，因此你是先于万物，只有极少数人，而且极艰难地看出你的永恒性。其次，要领会声先于歌，也需要敏锐的思想，费却很大的力量，因为歌曲是有组织的声音，一样没有组织的东西能够存在，而不存在的东西却不能有组织。因此原始物质是先于由此而形成的品物，但所谓先，不是说后者是由原始物质创造，应说后者是由此形成，而且不是指时间方面的先后。我们不是先发出无组织的、不成歌曲的声音，然后加以调制而成为一支歌曲，和我们用木材、银子制成箱盒杯盏一样，因为木材银子等原材料在时间上也先于制成品，但对歌曲并不如此。唱歌时，人们听到歌声，不是先有无秩序的声音，然后有协律的歌曲。声音一响即逝，已不存在，艺术不能把声音收回而重新配合。

歌曲是由声音所组合，声音即是歌曲的原料，同一声音接受形式，便成为歌曲。因此我已说过，声音作为歌曲的原料是先于已成形式的歌曲，不是说声音有创作歌曲的能力所以先于歌曲，因为声音并非歌曲的制作者，声音服从发声的器官，由歌唱者的灵魂制成歌曲。这也不指时间上的先后，因为声音是与歌曲同时的。也不指优劣方面的先后，因为声音并非优于歌曲，歌曲不仅是声音，而且是美化的声音。这是起源上的先后，因为不是歌曲接受形式后成为声音，而是声音接受形式后成为歌曲。

希望人们能从这一个比喻懂得为何说先创造世界的原料，这原料所以名为天地，因为从此造成天地；所谓先造，并不指时间的先后，因为万物形成乃有时间，这原料没有形相，只能随时间的出现而同时呈现于时间之中。但在叙述时，只能作为它在时间上先有，而在价值方面是最差，因为定型的东西都优于无形的原料。最后造物者的永恒又凌驾一切之上，因为孳生万类的原始物质也是从虚无所有中造成的。

二十九

只有真理本身能调和这些正确见解之间的出入。希望我们的天主怜悯我们，使我们能恰当地使用你的法律，能着眼于法律的目标：纯洁的爱。

如果有人问我这些见解中哪一个是摩西的本意，那么我只能向你承认："我不知道"，否则这里写的不是我的忏悔了。除了我已经批判过的那些庸俗的见解外，我认为其他见解都是正确的。

即使接受那些庸俗的看法的人,也是些抱有良好意愿的"婴孩",你的圣经文字,词近而旨远,言简而意赅,并没有使他们望而生畏。

我承认我们都在这些文字中认识真理并阐述真理,我们理应彼此相爱;同时如果我们渴望的不是空虚而是真理,便应该爱你,我们的天主、真理的根源。我们还该表扬你的仆人,充满着你的精神的仆人,圣经的传布者;我们深信他笔述你的启示时,只着眼于其中最能发扬真理的光辉、最能产生有益果实的部分。

三十

因此,如果有人对我说:"摩西和我所见相同",另一人说:"不,我的见解即是摩西的思想",我认为更符合宗教精神的答复是如此:"如果两说都正确,为何摩西不是兼有这两种见解呢?如果尚有第三、第四或其他正确的见解,为何不相信摩西都已经看到呢?独一无二的天主通过摩西,使圣经配合后世许多读者,并使读者看出种种不同的,但都正确的解释。"

至于我一面,我从心坎中敢大胆声明:"如果我享有最高威权而有所著述,我宁愿如此写,使每人能在我的文字中看到他们每人对事物所具有的正确见解,不愿仅仅表达出一种正确意义而排斥其他一切并不错误、并不和我抵触的见解。因此,我的天主,我不愿如此冒昧地设想摩西这样的伟人没有从你那里获得这样的愿望。摩西下笔时,定已想到我们在这些文字中所能发现的、所不能发现的以及尚未发现而可能发现的真理。"

三十一

最后，主，你是天主，不是血肉的人；人所见有限，你在这些文字中愿意启示于后世读者的一切，即使传授者只想到一种正确的意义，"你的善神，引导我行走在平地上的善神"①能不知道吗？既然如此，他所看到的意义当然高出一切，主啊，请把这意义指示我，或随你意愿，指示我另一种正确的意义。不论你指示我们的意义和指示摩西的相同，或对于同一句话，你指示另一种意义，请你自己来喂我们饮食，不要听凭错误来玩弄我们。

主、我的天主，对寥寥数语，我写了多少篇幅！依照这种方式，对于全部圣经，我能有足够的能力，足够的时间吗？

请许我比较概括地向你作有关这方面的忏悔；请许我选择你所启发我的一种正确、可靠、良好的见解，虽则我能看到多种解释和多种意义。在我的真诚的忏悔中，如果我所说的和你的代言者所见相同，则使我能正确而完善地表达出来，——因为我应该努力做到这一步——如果我不能做到，至少使我能道出你的真理用这些话所要向我说的一切，因为你的真理也向摩西说了所要说的话。

---

① 见《诗篇》142首10节。

卷 十三

一

我的天主,我的慈爱,我向你呼吁,你创造了我,我把你置之脑后,你却并不忘掉我。我向你呼吁,请你降至我心,准备我的心,使我的心用你所启发我的愿望来接待你。请你不要抛弃正在向你呼吁的我,你在我发出呼吁之前,先已用各种声音一再督促我,教我遥遥听着,教我转向你,教我向正在呼唤我的你发出呼吁。

主,你勾销了我的全部罪业,使我这双助我叛逆你的手不受处分;在我一切良好行动之前,你已先事安排,为了酬报你那创造我的双手,因我尚未存在之时,你已存在,我并没有值得使你赋予我存在的理由;我的存在完全出于你的慈祥,在你造我之前,在你所用以创造我的事物之前,你的慈祥已先作布置。你无需于我,我亦并无长处足以有助于你,我的主,我的天主;我奉事你,并非由于你工作疲劳,并非没有我的效劳,你的能力会有所短少;你并非像一块田地,需要我耕作,没有我耕作便成荒芜。我的奉事你、伺候你,是为了从你那里获致幸福,而我的能享受幸福也出于你的恩赐。

二

受造物的所以存在是出于你的无限美善：任何一种美善，虽则为你一无所用，绝不能和你相比，但既是由你而来，即亦能够存在。

天地有什么值得你"在元始"创造它呢？"你在你的智慧中创造的"①精神和物质世界对你有什么权利，以至无论精神方面和物质方面那些原始的、不具形相的、混沌未凿的、和你迥乎不同的原质也属于你的智慧？无形相的精神原质优于成形的物质，无形相的物质优于空虚，假如你的"道"不呼召未形之质走向你的纯一性而得以成形，使一切能因你的至一、至上的美善而都成为"非常美好"，那么这些未形之质依旧潜留于混沌之中听候你的吩咐。这未形之质对你有什么权利呢？因为虽则不具形相，但所以能存在也由于你。

原始物质有什么权利能成为"混沌空虚"呢？因为如果不是你创造，也不会存在；既然不存在，对你没有权利获致存在。

原始的精神受造物本是一片黑暗，漂流不定，犹如深渊，和你迥异，及至你用你的言语把它领回到同一言语之中，照耀它使它脱离幽暗，虽则不能和你同样光明，至少能仿佛你的肖像，这有什么权利呢？

一样东西的存在和美丽不是一件事——否则不可能有丑陋的东西了，——同样，精神受造物的生活和明智地生活也不是一件

---

① 见《诗篇》103 首 24 节。

事，否则一切灵性都将始终不渝地生活在你智慧之中了。"亲近天主，为他是有益的"①，他因归向你而获致光明，将因背弃你而丧失光明，生活犹如堕入黑暗的深渊。

我们在灵魂一面是精神受造物，我们曾经离开你、我们的光明、我们的生命，我们"一度是黑暗"②；我们至今还忍受着黑暗的遗害，直到在你"独子"之中，成为"你的正义"③，"好像天主的高山"：因为"我们曾是你审判的对象，如无底的深渊"。④

三

至于你在创世之初说的："有光！"便有了光⑤。我以为是指精神受造物，我这样理解并非不恰当，因为既然能接受你的光明，必已具有某种生命。这精神受造物的具有生命和受你的光照并非有什么权利，同样它的具有某种生命，能接受你的光照，也并非对你有什么权利。如果它不成为光而停留在无形相的阶段中，也不会取悦于你。它的成为光，不是由于存在，而是由于仰望着照耀万有的光明、依附于这光明。它的具有某种生命，它的享受幸福的生命，都是由于你的恩赐，它是通过一种有益的变化而转向既不会变坏，也不会变好，而是永恒不变的你。唯有你是存在本体，至一的

---

① 见《诗篇》72首28节。
② 见《以弗所书》5章8节。
③ 见《哥林多后书》5章21节。
④ 见《诗篇》35首7、8节。
⑤ 见《创世记》1章3节。

存在;为你,生命和幸福的生命是二而一的,因为你的本体即是你的幸福。

四

你是自有的,即使万物不存在,或停留在无形相的境界中,你的幸福会有什么欠缺吗?你的创造,不是出于需要,而是由于你的磅礴的美善,收敛受造物纳入形相之中,但你的幸福并不因此有所增益。当然受造物的缺陷不能使纯全无瑕的你惬意,因此你玉成它们,使它们取悦于你,但这不是你有所欠缺,因此成全它们使你满足。你的圣"神"运行在大水之上,并非被水托着,似乎安息于水上。所谓"圣神安息在一人心中",其实是"圣神"使这人安息在自己怀中。这是你的不朽的、不变的、不匮的意志运行在你所创造的生命上面;为这些生命,生活与幸福生活是有区别的,因为它们即使飘零于黑暗之中,却仍具有生命,它们需要转向创造者,在生命的泉源中汲取越来越充沛的生机,瞻依于创造者的光辉中,才能进入纯全、光明、幸福的境界。

五

这样,我好像"在镜中"看见了天主的"三位",也就是看见了你、我的天主:你"圣父",在我们的"元始"中,在你所生的、和你相等的,与你同是永恒的智慧中,也就是在你的"圣子"中,创造了天地。上面已经谈了许多关于"天外之天"、混沌空虚的地和黑暗的深渊;我也说过这个精神的、漂流不定的元气必须归向你、生命之源,受到光照,然后成为美丽的生命,成为水与水区分后形成的天地之外的另一重天。

我从天主的名称找到创造天地的"圣父",从"元始创造天地"的元始一语找到"圣子";根据我们信仰所相信的天主三位,我便在圣经中探求,看到"你的神运行在大水之上"。圣父、圣子、圣神,那不是三位一体的天主,万有的创造者吗?

六

真理之光,我把我的心靠近你,我怕它教我沉湎于空虚;请你扫除它的黑暗。请你告诉我,我恳求你,我通过慈祥的母亲——教会——恳求你,请你告诉我为何你在提出天地、混沌空虚的地和深渊上面的黑暗后才提到你的"神"?是否为了说明"运行"二字,必先说明在什么上面运行,然后能理解?"圣神"不在圣父、圣子之上,下面没有什么,便不能说在上面运行。提到"圣神",只能说他在什么上面运行,因此必先说明下面是什么。但为何提到"圣神",只能说他在什么上面运行呢?

七

从此起,谁能理解的,请他跟随着使徒保罗。使徒说:"你所赐给我们的圣神把你的爱灌注在我们心中",①使徒教导我们有关精神方面的事情,指示我们爱的奇妙的道路;他跪在你面前,为我们代求,使我们认识"基督超越一切的爱"。②

因此,"圣神"自始即"超越一切","运行在大水之上"。

可是我将向谁说明,用什么话来说明:沉重的私欲拉我们堕入幽阴的深渊,而通过你的运行在大水之上的"圣神",爱使我们上升?我将向谁说明?用什么话来说明?我们在下沉呢,还是在上升?这不是空间中的沉浮。这比拟既是很相像,又是大不同。我们的情感,我们的爱好,我们精神上的垢污构成了我们重重烦累,使我们下沉,而你的圣善使我们向往你的安宁,拯拔我们上升,使我们举心向上,向着你,到达"你的神在大水上面运行"的境界,我们的灵魂穿过"无质的大水",③将进入无上安息。

八

天使堕落了,人的灵魂也堕落了,二者说明一切精种受造物的深渊是处于那样的无底黑暗中,幸而你在开始时就说:"有光!"便有了光;你的天都的一切神灵都服从你,依附你,安息于你的"圣神"、凌驾乎一切可变事物之上而永恒不变的"圣神"之内。否则你的天外之天、本身即是一个黑暗的深渊;而现在却是"主里面的

---

① 见《罗马书》5 章 5 节。
② 见《以弗所书》3 章 19 节。
③ 见《诗篇》123 首 5 节。

光明"。①

　　堕落的精神受造物被剥去你的光明的衣服,处于可怜的忧患之中,充分说明你把具有理智的受造物提拔到多么崇高的地位,说明只有你才能使他们享受到幸福的安息,同时也说明他们不能自己满足自己。我们的天主啊!你将照明我们的黑暗:我们光明的衣服来自你,"我们的黑夜将如白昼"。②

　　请把你赐给我,我的天主啊,请把你还给我:我爱你,假如我爱得不够,请使我更爱你。我不能衡量我的爱,不知道我的爱欠缺多少,该增加多少才算足够,请促使我的生命投入你的怀抱而不再离开,直到融合于"你神妙的容光之中"。③ 我仅仅知道这一点:除非在你怀中,否则无论在我身内身外,我只会感到彷徨不安;即使金玉满堂,只要不是我的天主,为我都是瓦砾。

九

　　但"圣父"或"圣子"是否不运行于大水之上呢?

　　如果视为一个物体浮游于空间,则"圣神"也并不如此;如果指超越一切可变事物的不变神性而言,则圣父、圣子、圣神都运行于大水之上。

　　但为何独指"圣神"呢?为何仅仅对"圣神"要虚拟一个并不存在的空间呢?因为仅仅称"圣神"是你的恩宠:在这恩宠之中我

---

① 见《新约·以弗所书》5章8节。
② 见《诗篇》138首12节。
③ 同上,30首21节。

们憩息,我们享受你,而我们的憩息即是我们的安宅。

爱把我们送到这安宅之中,你的"圣神"顾念我们的卑贱,把我们从死亡的门户中挽救出来。我们在良好的意愿中享受和平。物体靠本身的重量移向合适的地方。重量不一定向下,而是向合适的地方。火上炎,石下堕。二者各受本身重量的推动,各从其所。水中注油,油自会上浮,油上注水,水必然下沉;各为本身的重量推动而自得其所。任何事物不得其所,便不得安定,得其所便得安定。我的重量即是我的爱。爱带我到哪里,我便到哪里。你的恩宠燃烧我们,提掖我们上升,我们便发出热忱冉冉向上。我们的心灵拾级上升时,唱着"升阶之歌"。① 你的火,你的有益的火燃烧我们,我们在迈进,向着耶路撒冷的和平上升,"听到我们要到主的圣殿去,我是多么高兴!"②良好的意志把我们安置在哪里,我们只求永远定居在那里,别无其他愿望。

十

一个受造物能不遭遇其他景况,真是造化! 假如它在受造的同时,得不到运行于一切可变事物之上的"恩宠",没有你的命令说:"有光!"便有了光,而获得超拔,则势必与现在不同。在我们身上,划分为两个时期,先是黑暗,后成光明。对于那一种受造物,圣经仅仅指出它如果不受光照将是如何,说它将是漂流不定、将是

---

① 《诗篇》有十五首题为"升阶之歌",据说是古犹太人每年赴耶路撒冷时路上所歌。

② 见《诗篇》121 首 1 节。

黑暗,这是为了说明它所以不如此而如彼的原因,说明它所以能转向不熄之光、自身也成为光的原因。谁能领会的,希望他领会,希望他能求你,希望他不要和我纠缠,好像我即是"照耀世人"①之光。

十一

谁能明彻全能的天主的三位呢?可是谁不在谈论三位一体?谈的真是三位一体吗?关于天主的三位,不论谈什么,极少人能知道自己究竟在谈什么。人们在议论,争辩,但没有内心的和平,谁也不能得其真谛。

我愿意人们对自身的三个方面思索一下。这三个方面和天主的三位当然大相径庭,我提出来只是为了使人们学习、钻研,能体会出二者的差异。

我所说的三个方面是:存在、认识和意志。我存在,我认识,我愿意:我是有意识、有意志;我意识到我存在和我有意志;我也愿意我存在和认识。

生命在这三方面是多么纯一而不可分割:一个生命,一个思想,一个本体;不可分割却又截然分清。谁能领会的,希望他细细体会。希望每人面对着自身,观察自身,然后答复我。

即使有人在其中捉摸到一些,能表达出来,也绝不可自以为捉摸到超越一切的不变本体,这不变的本体是永恒不变地存在着,永恒不变地思维着,永恒不变地愿意着。是否由于这三方面而有

---

① 见《约翰福音》1章9节。

"三位"？是否每一位具有这三方面，是一而又三？是否三位兼有二者，兼有妙不可言的纯一性和复杂性，在无限的本体中，在浩无涯际的纯一性中，即以自身为对象，永恒不变地存在着，认识自己，愿意自己？谁能轻易领会呢？谁能用什么方式表达出来呢？谁敢冒失地作出什么肯定呢？

十二

我的信仰，你继续忏悔吧，向你的天主说："圣、圣、圣、我的主、天主！"我们是因你父、子、圣神之名领受了"洗礼"，我们因你父、子、圣神之名给人行洗礼，因为天主通过他的基督，也在我们中间创造了一个天地，就是教会的精神部分和肉体部分，我们的"地"在领受你的圣道的范围之前，也是混沌空虚，被愚昧的黑暗所笼罩，因为你"因人的罪而惩罚他"，①"你的审判犹如一个无底的深渊"。②

但你的"圣神"运行于大水之上，你的慈爱并不漠视我的困苦，你说："有光！""你们应该悔改，因为天国近了。"③你们应该悔改；有光！我们内心惶惶不安之时，"从约旦地方"，"从那个和你并高、为我们而自卑的山上"，④我们想起你，我们厌恶我们的黑暗而转向你，便有了光。为此我们"过去一度黑暗，而现在已是在主

---

① 见《诗篇》38 首 12 节。
② 见《旧约·以赛亚书》35 章 7 节。
③ 见《马太福音》3 章 2 节。
④ 见《诗篇》41 首 7 节。

里面的光明"。①

十三

可是我们依旧是"凭借信仰,而不是凭着目睹"。②"我们是靠希望而得救。"③"希望看见后,已不是希望了。"④"深渊虽则还在向深渊发出呼号,但是在你的瀑布声中。"⑤虽则使徒保罗说:"我对你们说话,不能如对精神的人,只能如对肉体的人",⑥但也自认没有把握,因此要"忘却以前种种,努力于当前种种",⑦他在沉重的负担下呻吟着,他的灵魂渴望着永生的天主,"如麋鹿渴望溪水";⑧他喊道:"什么时候我能到达?"他"深愿获得来自天上的房屋,好像穿上衣服";⑨他对下面的深渊说:"不要模仿这世界,要变化气质,重建新心",⑩"在心志上不要做稚子,在恶事上当做婴孩,在心志上当为成人",⑪"无知的加拉太人,谁迷惑了你们?"⑫这已经不是保罗的声音,而是你的声音了;你通过升天的主耶稣,自天

---

① 见《以弗所书》5 章 8 节。
② 见《哥林多后书》5 章 7 节。
③ 见《罗马书》8 章 24 节。
④ 见《诗篇》41 首 8、7 节。
⑤ 见《诗篇》41 首 8 节。
⑥ 见《哥林多前书》3 章 1 节。
⑦ 《腓立比书》3 章 13 节。
⑧ 见《诗篇》41 首 3 节。
⑨ 见《哥林多后书》5 章 2 节。
⑩ 见《罗马书》12 章 2 节。
⑪ 见《哥林多前书》14 章 20 节。
⑫ 见《加拉太书》3 章 1 节。

派遣了你的"圣神",疏瀹了你的恩泽的瀑布,使欢乐的急流灌溉你的圣城。

"新郎的朋友"①所太息向往的就是这圣城;他虽已"拥有圣神的鲜果,但心中还在叹息等待儿子的名分和身体的救赎"②。他向圣城叹息,因为他是"新妇"③的肢体;他为圣城而努力,因为他是"新郎的朋友";他是为圣城而不是为自己努力,因为他是用"你的瀑布的声音",而不是用自己的声音,向另一个深渊发出呼号,这深渊是他努力与忧惧的原因,他害怕"人们的心流于邪僻而失去在我们的新郎和你的独子中的淳朴,和夏娃受诡诈的蛇诱惑一样"。④ 我们能当面看见他的时候,那种光明将是多么灿烂!这时别人责问我们:"你们的天主在哪里?"我们日夜以眼泪为粮食的时期也将成为过去了。

十四

我也要问:我的天主,你在哪里?你究竟在哪里?"每当我向我自己吐露肺腑,发出欢呼赞美之声,发出节日的歌声"⑤时,我能暂时在你怀中呼吸。可是我的灵魂依旧闷闷不乐,因为它重新堕落,成为深渊,或更好说,它觉得自己依旧是一个深渊。我的信仰,

---

① 见《约翰福音》3章9节。按施洗约翰以新郎喻耶稣,自称为新郎的朋友,也以比喻耶稣的信徒。
② 见《罗马书》8章23节。
③ 按新妇指基督的教会。
④ 见《哥林多后书》11章9节。
⑤ 见《诗篇》41首5节。

你在黑暗中燃点在我面前的信仰对它说:"我的灵魂,你为何忧闷,为何扰乱我?你在天主内盼望着。"①"他的道是引导你举足的明灯。"②希望吧,坚持着,直至万恶之母的黑夜过去,直至主的义怒过去,我们从前曾是义怒之子,曾是黑暗,我们还把黑暗的残余带到犯罪而死亡的肉体中,直到曙光驱除阴影。在天主内盼望着:早晨我即将站立起来,我将凝神谛观,我将永久歌颂他。早晨我将站立起来,我将看见我的拯救者、我的天主,他将因居住在我们心中的"圣神"而复活我们的肉体,因为"圣神"慈祥地运行在我们黑暗漂流的心灵之上。为此,我们在羁旅之中已经得到保证,日后将成为光明:我们已经因希望而得救,已是"光明之子,白昼之子,不再是过去的黑夜之子,黑暗之子"。③

在二者之间,在人类变化不定的意识中,只有你能区分,因为你洞悉我们的心,你"称光为昼,称暗为夜"。④除了你,谁能鉴别我们?"我们有什么不受自你的呢?"⑤"从同一团泥,一块作成贵重的器皿,而另一块作成卑陋的器皿。"⑥

十五

我的天主,你在我们上空,在你神圣的经典中,又为我们创造

---

① 见《诗篇》41首6节。
② 同上,118首105节。
③ 见《新约·帖撒罗尼迦前书》5章5节。
④ 见《创世记》1章5节。
⑤ 见《哥林多前书》4章7节。
⑥ 见《罗马书》9章21节。

了一个权威的穹苍,除了你谁能如此?"天将被卷起,犹如书卷",①而现在却和羊皮一样在我们上面展开。自从你所委任传授我们圣经的人死去后,圣经的权威更崇高了。主啊,你知道人类因犯罪而将遭受死亡后怎样穿上了皮衣。② 因此,你如用羊皮一般,展开了你的圣经的天,把你的融合无间的圣训通过死亡的人递相传授,展开于我们上空。这些人虽已去世,而你通过他们传授的圣训获得了更巩固的威权,更崇高地伸展于它所覆庇的一切事物之上,他们生前尚未能见到圣经如此崇高地开展着,因为你尚未把圣经的天如羊皮一样展出,尚未把他们身后的声名传播于遐迩。

主啊,请许我们瞻仰这一片青天、你手造的工程,请驱散你用以遮蔽我们视线的乌云。在这天上有你"启发孩童智慧的指示"。③ 我的天主,"请你由婴儿及哺乳者的口里完成你的光荣"。④

我们找不到其他书本能如此摧毁骄傲,击败敌人,击败那些回护自己的罪恶而拒绝与你友好的人。主啊,我从未读过如此纯粹的言论,能如此督促我忏悔,如此压服我的双肩来接受你的轭,如此勉励我不计酬报地奉事你。我的慈父,巴不得我能透彻这些言论,请你鉴察我的虚心而赐予我,因为你的谆谆教诲就是为虚心受教的人。

在这青天之上,我相信有另一种水,不朽的、不受尘世玷污的

---

① 见《旧约·以赛亚书》34 章 4 节。
② 事见《创世记》3 章 22 节。
③ 见《诗篇》18 首 8 节。
④ 同上,8 首 3 节。

水。请这些天上的子民、天使们赞颂你的圣名,他们不需要俯视这青天,不需要通过阅读而认识你的圣训。因为他们永远瞻仰着你的圣容,不通过时间的文字读到你永恒意志所愿意的一切。他们在阅读,在体味,在热爱。他们永远在阅读,而他们所阅读的从不会消逝。他们以体味热爱来阅读你的永恒不变的决定。这书册从不会翻没或卷起来,因为你就是他们的书,而你是永恒存在的;因为你安置他们在这个穹苍之上,使穹苍覆庇下的凡人矫首仰视,认识你的慈爱如何在时间之中昭示了时间的创造者。主啊,"你的仁慈上凌霄汉,你的真理达于云际"。① 云在过去,但天是留着。传播你的圣训的人们从此生进入另一生活,而你的圣经将永久覆庇着万民直至世界末日。但"天地要过去,你的话不会过去"。② 因为羊皮将卷起来,所覆庇的芊眠芳草也将消失,而你的话却永久常在。你的话不露真相,仅在云雾隐现之中,通过苍天的镜子显示于我们,因为我们虽则已得到你的圣子的爱,但"将来如何尚未显明"。③ 圣子通过肉体的网,抚摩我们,燃起我们的热爱,"我们追随着他的芬芳"。④ "他一朝显现,我们将和他相似,将看见他的本来面目。"⑤ 主啊,看见你的本来面目,这是我们尚未享受到的权利。

---

① 见《诗篇》35 首 6 节。
② 见《马太福音》24 章 35 节。
③ 见《新约·约翰一书》3 章 2 节。
④ 见《旧约·雅歌》1 章 3 节。
⑤ 见《新约·约翰一书》3 章 2 节。

十六

只有你是绝对的存在,同样只有你才真正认识:你是不变地存在着,不变地认识着,不变地愿意着;你的本体不变地认识、愿意着;你的理智不变地存在、愿意;你的意志不变地存在、认识着;在你看来,受你光照的可变受造物,要和你一样认识你不变的光明,这是不合理的。为此,我的灵魂在你眼中犹如"一片干旱的土地",①因为我的灵魂不能光照自己,也不能浇灌自己,因此只有到你生命之泉边,同样也只有在你的光明中能看见光明。

十七

谁把苦涩的"水"②汇集在一起?这些苦水有同一的目的,即暂时的、现世的幸福;虽然芸芸众生随着纷至沓来的欲望,如波涛起伏,一切都回旋于这个目标之内。主啊,除了你,谁命令"天下的水汇集在一起",而涌现企望你的陆地?"海是你的,是你造的;陆地是你的,是你亲手造的",③因为不是苦涩的意志,而是汇集在一处的水名为海。你约束了人类的贪欲,定出界限,防止横流,迫使波浪自相撞击,这样依照你统摄万有的纲纪,你造了海。

---

① 《诗篇》142 首 6 节。
② 按"水"字即指下文所引《创世记》1 章 9 节:"天主说:天下的水汇聚在一处,使陆地出现。"
③ 见《诗篇》94 首 5 节。

至于那些渴望你、在你眼前的灵魂,你为他们另作安排,把他们区分开来不和海接触,用神秘的、甜蜜的水灌溉他们,使陆地生出果子;我们的灵魂遵照了主、天主的命令,"各从其类"①,结出仁爱的果实;爱护别人,在物质需要上帮助别人;灵魂由于肖似天主的一面,本身包含着爱的种子,从自身的忧患产生了同情心,肯帮助别人的需要,一如我们自己在同样的困难中也希望得到别人的帮助。这种帮助,不仅在乎轻而易举的事情上,犹如一棵小草,也包括大力的援助照顾,犹如一株结成果实的树,即是能加恩于人,用公平正义的有力支援,如树荫一般覆庇别人,从强暴者的手中解救被蹂躏的人。

十八

主啊,你经常散布快乐与力量,我恳求你,请你使"真理由地上长出,正义从天下视",②使"天际出现光体"。③ 使我们能"把我们的饼分给饥饿的人,将飘泊的穷人接引到我们家中,见赤身的给以蔽体的衣服,不要轻视和我们同类的亲人"。④

如果我们土地上长出这些果实,请你垂视,因为这是良好的。希望我们的光明能及时发射,希望我们所收获的行动果实能上升而获得谛观生命之道的真趣,能附丽于你的圣经之天,成为照明世

---

① 见《创世记》1 章 11 节。
② 见《诗篇》84 首 12 节。
③ 见《创世记》1 章 14 节。
④ 见《旧约·以赛亚书》58 章 7、8 节。

界的"光体"。

在圣经中,你和我们谈论,教我们区分属于理性的事物和属于感性的事物,如昼夜的不同,教我们区分追求理性事物的人和追求感性事物的人。你在创造穹苍之前,潜神默化,剖判了光明和黑暗,现在不如此,你的恩宠已昭示于宇宙,你所造的精神体已秩然有序地安置在同一穹苍之中,照耀着大地,"分别昼夜,指定时节"①,因为"旧的已经过去,一切变成新的了",②因为"我们得救之日比初信之时更近了",因为"黑夜已深,白昼将近",③因为"你的祝福弁冕于你的年月",④你已派遣工人收割别人播种的庄稼,你又派工人另播种子,等到世界末日收割。

你接受了义人的志愿,祝福了他们的岁月,但"你是始终如此,你的岁月没有尽期",⑤正如你为消逝的岁月所准备的粮仓。

按照你永恒的计划,你在适当的时间,把天上的恩泽施于大地:"有些人蒙圣神赐他智慧的言语",⑥作为"宏大的光体",犹如皎洁的晨曦,专为那些爱好真光的人们;"有些人蒙同一圣神赐他们知识的言语",好比"小的光体",其余则或蒙受信仰,或能医治疾病,或能行灵异或能知未来,或辨别神的邪正,或畅通万国方言,这一切犹如星光。"而一切都由同一圣神的化工,随己意而分给各人",使众星拱列,为众生造福。

---

① 见《创世记》1 章 14 节。
② 见《哥林多后书》5 章 17 节。
③ 见《罗马书》13 章 11、12 节。
④ 见《诗篇》64 首 12 节。
⑤ 见《诗篇》101 首 28 节。
⑥ 见《哥林多前书》12 章 7—11 节。

"知识的言语"包罗众妙,随时代而变化,犹如月魄的有盈有亏;至于上文拟为星辰的其他恩赐,则和智慧的光华相差甚远,前者不过是黑夜的开始,后者则是白昼的先导;但这些星辰之光也是需要的,你的非常明智的仆人用此晓谕具有凡骨而不属于精神的人,而智慧的妙谛则仅传授给出类拔萃的人。

寻常血肉的人,"在基督中犹如哺乳的婴孩"①,等他们壮大后,才能正式饮食,然后能受得住太阳的光耀。他们不应自以为被弃于黑夜之中,应以月亮与星辰之光为满足。

天主啊,你在你的圣经中,在你的穹苍中,非常明智地和我们谈论这一切,使我们能在奇妙的谛观中,辨析一切,虽则我们还受到"记号、时节、日子、年岁"②的限制。

十九

但最先"你们要洗濯,要澡雪自己,从你们心中除掉我所见的恶行",使"陆地出现";"要学习行善,给孤儿伸冤,为寡妇辩屈",使地上长出有用的草和果树;"主说:你们来,我们彼此辩论",③使天际出现"光体",照耀大地。

那个富人问良善的老师,该做什么,才能得永生?良善的老师,耶稣——那富人只当他是一个凡人,但他确是良善的,因为他是天主——对他说:"要进入永生,就当遵守诫命",摆脱罪恶的苦

---

① 见《哥林多前书》3 章 1、2 节。
② 见《创世记》1 章 14 节。
③ 见《旧约·以赛亚书》1 章 16—18 节。

水,"不可杀人,不可奸淫,不可偷盗,不可妄证",才会出现陆地,结出孝敬父母、爱人如己的果实。那人说:"这一切我都遵守了",田地肥沃,怎会生出荆棘呢?——去芟除悭吝的榛莽,"变卖你所有的,分施贫乏",充实你的庄稼,"积财于天上,并且你若愿意做一个完全的人,跟随主",①加入那些聆听着认识一切、区分日夜的天主谈论智慧的人中间,这样你也能认识,这些人将成为天上的"光体"照耀你;但如你的心不在天上,便不可能如此,而你的财产如不在天上,你的心也不会在那里。这是那位良师的教诲。那块硗瘠的地听了闷闷不乐,长出荆棘,芜没了天主的道。

但你们是特选的子民,是"世上软弱的人",②你们放弃了一切,跟着主走。跟着他走吧,使强壮的人羞愧,用你们清洁的双足,跟着他走,在天际发出光明,使"诸天颂扬主的荣耀"③,分别纯全者——虽则还不像天使——的光明和孩子们——但并非绝无希望的人——的黑暗;你们该照耀大地:旭日当空的晴天将向白昼播告"智慧的言语"。素月流辉的夜晚将向黑暗播告"知识的言语"。月和星照临着夜色,而黑夜并不能损益它们的光辉,因为它们是按照黑夜所能接纳的程度而发光。这犹如主说了:"天空要有光体!""忽然有声来自天上,恍若大风吹过,又有炎炎如舌的火光分降于每人头上",④天空出现了具有生命之道的光体。神圣的火焰,灿烂的火焰,你们到处飞扬吧!你们是世界的光明,不应压束

---

① 见《马太福音》19章16—22节。
② 见《哥林多前书》1章27节。
③ 见《诗篇》18首2节。
④ 见《新约·使徒行传》2章2—3节。

于斗下;凡接受你们的,受到荣显,也荣显你们。你们应到处飞扬,照耀天下万民!

二十

"使水滋生蠕行的生物!"①使海怀孕,产生你的工程!由于水能区别尊卑,便成为天主的喉舌,天主通过它说:水不要滋生地面上的有灵之物,而滋生蠕行的生物和翱翔天空的飞鸟。天主啊,这些蠕行的生物即是你的"圣事"。它们凭借圣贤们的行动,游于尘世痴迷的波浪中,用你的名义,使人类受到你的"洗礼"的润泽。

从此出现了种种宏伟的奇迹,犹如庞然巨鳞,而传播你的言语的使者则飞翔于上空,在你圣经的穹苍中,不论他们在哪里栖息,都有你圣经的威力呵护,因为这"不是无声无息的言语,他们的喊声,他们的言语传遍于天涯地角",②因为你祝福他们,使他们繁盛。

是否我在哄人?是否我把天上事物的明确概念和穹苍之下波涛汹涌的海洋中的物质事物混淆不分呢?有些事物的概念是已经确切规定,世世相传,绝无增损,犹如智慧与知识的光明,但这些概念同时牵连到繁衍的、各式各样的物质行动,在你天主祝福之下,彼此相生,孳乳繁息:你顾念我们感觉的喜新厌旧,因此使唯一的

---

① 见《创世记》1章20节。
② 见《诗篇》18首4节。

真理,通过肉体的行动,在我们思想中构成形形色色的想象而表达于外。

水能滋生这一切,但是依恃你的"道"。由于人类远离了你的永恒真理,才需要滋生这一切,但也仅仅在你的"福音"之中,因为这一切虽出于水,但必须凭借你的道,才能使它们在苦涩凝滞的水中滋生。

万有是美好的,因为是你创造的,但你,万有的创造者,更是无比美好。假如亚当不堕落,那么从他怀中不会流出海洋的苦水,即怀着深度的好奇心,暴风雨般的傲气和不能自持的躁妄的人类。也不需要传授你的圣经的人,在水中,用物质的和可感觉的行动,把你的奥妙的行动和言语表达出来。我是如此解释"蠕行的生物"和"飞鸟":人们即使得到这些象征的润泽、陶冶,也不能越出他们所隶属的物质"圣事"的界限,除非他们的灵魂能获得更上一层的精神生活,在"道"的启发之后,造诣到纯全的境界。

二十一

为此,由于你的圣"道",已不再从海洋深处滋生蠕行的生物和飞鸟,而是从脱离苦水后的陆地上长出"有生命的灵魂"。①

这灵魂不再和被水淹没时一样,需要外教人所必须的"洗礼",因为从你规定了入天国的条件后,别无其他门径进入天国。

---

① 见《创世记》1章24节。按此语原意为"生物",奥氏据通行拉丁译本,译为"有生命的灵魂",以此象征信徒。

这灵魂在信仰方面也不再要求灵异奇迹了,因为他已不再是"不睹奇迹灵异绝不相信"①的人了,因为信徒的陆地和不信者的苦海已经分清,而"通晓万国方言不是为信徒,而是为警告不信的人"。②你在水上建立的陆地,也不再需要海水遵照你的道而滋生飞鸟了。请你派遣使者向大地传布你的"道"。我们仅能传达他们的事业,唯有你才能在他们身上行动,创造有生命的灵魂。

陆地产生灵魂,因为陆地是这些工作所以能创造灵魂的因素,犹如海是产生"蠕行生物和天空飞鸟"的因素。地已经不需要这些动物了,虽则在"你为信徒所准备的筵席"③上还供着捕自水中的鱼;因此水中捕鱼不过为了供养陆地!飞鸟是海的产物,但在陆地上繁殖。最先传布福音的原因是由于人们不信宗教,但信徒也每天从福音中获得各式教训和祝福。至于有生命的灵魂则生自大地,因为捐弃尘世的浮华,仅仅为信徒有用,使他们为你而生活;灵魂如果生活在逸乐之中,生活在宴安鸩毒之中,是虽生犹死,因为你才是使心地纯洁者获得充沛生气的逸乐。

使你的工作人员不要再像在不信的海水中布道时通过灵奇、通过神秘隐语来轰动愚昧,因灵异的威慑而产生敬仰——这是亚当逃避你的圣容,子孙成为深渊后,走向信仰的途径——希望他们犹如在和深渊截然分清的地面工作,在信徒前生活,成为信徒的模范,促使信徒取法。

这样信徒不仅闻其所闻,而且也躬行实践:"寻求天主吧,你

---

① 见《约翰福音》4章48节。
② 见《哥林多前书》14章22节。
③ 见《诗篇》22首5节。

们的灵魂将生活着",①使大地生长有生命的灵魂。"不要取法世俗"②,应防止受世俗沾染。你们的灵魂因追求世俗而死亡,唯有逃避世俗才能生活。你们该防止残酷横逆的骄傲,丧人神志的快乐,自欺欺人的学问,使它们成为降伏的野兽,驯服的家畜,无毒的长虫。这些都象征灵魂的趣向:妄自尊大,纵情佚乐和好奇的鸩毒,都是灵魂死亡后的行径,因为灵魂虽说死亡,但仍不能冥然不动:灵魂离开生命之泉而死,被消逝的世俗所收拾,也就亦步亦趋跟着世俗。

天主啊,你的"道"是永生的泉源,不会消逝,因此不容许我们离开你的圣"道"。你的"道"对我们就:"不要取法这个世俗,使大地在生命的泉源中生长有生命的灵魂",一个纯洁的灵魂,能在你的道中,凭借福音的作者们,仿效那些仿效你的基督的人。这便是"各从其类"③一语的意义。因为朋友之间才能彼此相效,所以使徒保罗说:"你们要像我,因为我也像你们。"④

这样,在有生命的灵魂上,有驯良的仁兽,因为你命令过:"进行工作时应当谦和,你就为人所喜爱";⑤有良好的家畜:"不吃无损,吃也无伤";⑥有良好的、不会毒害人的蛇,它们能机警地防范着,它们享用自然,仅仅为了使人从受造之物进而辨别永恒、认识永恒。这些动物出离了死亡的道路,成为良好的动物,为理智

---

① 见《诗篇》68 首 37 节。
② 见《新约·罗马书》12 章 2 节。
③ 见《创世记》1 章 21 节。
④ 见《加拉太书》4 章 12 节。
⑤ 见《德训篇》3 章 19 节。
⑥ 见《哥林多前书》8 章 8 节。

服务。

二十二

主,我们的天主,我们的创造者,我们的情感一朝摆脱了促使我们趋向败亡的耽玩世俗之心,我们的灵魂才度着良好生活而开始真正的生命,这样实践了你通过使徒而告诫我们的话:"不要随从世俗",因此也实践了你接着说的:"要变化气质,重建新心。"①你不教我们"变化""各从其类",不教我们仿效前人或仿效生活比较良好的人。因为你不说:"造人,各从其类",却说:"我们要照我们的肖像造人",②使我们能从此体味出你的圣意。

为此,传授你的言语的人,通过福音而生育儿女,不愿始终如乳母的乳育婴孩,所以说:"你们要变化气质,重建新心,为了体验天主尽善尽美的圣意。"③为此,你不说:"造人",而说:"我们要造";不说:"各从其类",却说:"依照我们的肖像。"④一人的心刷新后,能辨别、能认识你的真理,不需要别人的指引,便不需要"各从其类"了;他得到你的指示,自己能体验你的尽善尽美的圣意;他受你的教导,已能领略三位而一体、一体而三位的天主。为此,你先用复数说:"我们要造人";后用单数说:"天主造了人";你先

---

① 见《罗马书》12 章 2 节。
② 见《创世记》1 章 26 节。
③ 同上注①。
④ 同上注②。

用复数说:"照我们的肖像",接着用单数说:"照天主的肖像。"①于此可见,一人的刷新是为了认识天主,依照造物主的肖像,这样精神化以后,他"裁判一切应受裁判的事物,而他自身则不受裁判"。②

二十三

"裁判一切",就是"管理海中的鱼,空中的飞鸟、牲畜和大地,以及地上所有的蠕行昆虫"。③ 此项权力的行使是通过理智,理智使他"领会圣神的妙理"。④ 但"人在尊荣之中而不悟,则是自沦于无知的畜类,变成和畜类一样"。⑤

我们的天主,在你的教会中,按照你所赐的恩宠——因为"我们是你缔造的,是属于你的良好的工程"⑥——不仅有凭借圣神而统治的人,也有凭借圣神而被统治的人,因为你在你圣神的恩宠之中"造了男人和女人",⑦而在恩宠中,以性别论,"没有男女之分,也不分犹太人、希腊人,奴隶或自由人"。⑧ 因此凡"属于精神的人",不论是统治者或被统治者,都能凭借圣神而裁判。但他们不

---

① 见《创世记》1 章 26—27 节。
② 见《哥林多前书》2 章 15 节。
③ 见《创世记》1 章 26 节。
④ 见《哥林多前书》2 章 14 节。
⑤ 见《诗篇》48 首 21 节。
⑥ 见《以弗所书》2 章 10 节。
⑦ 见《创世记》1 章 27 节。
⑧ 见《哥罗西书》3 章 10 节。

能裁判照耀穹苍的精神思想,因为他们不能裁判如此崇高的权力;——也不能裁判你的圣经,虽则圣经中有艰深难解的文字;对此我们的理智只能服从,即使我们不能了解,但知道所说的一定真实不虚,我们只有坚信不疑,因此一人即使属于圣神,已重建新心,依照造物主的肖像认识了天主,但仍是法律的执行者,而不是裁判者;——也无权判别哪些人属于圣神,哪些人属于肉体,只有你洞悉二者的区别:如果他们行动中丝毫无所显示,则我们不能从"果实"来认识他们,但他们完全暴露在你,我们的天主的眼中,你早已认识他们,你在创造穹苍之前,在冥冥亭毒之中,已经加以分别召唤。一人即使属于圣神,也不能裁判尘世的众生,因为"外界之人用不到他裁判",①因为他不知众生之中哪些人将享受你的甘饴的恩泽,哪些人将永久沉沦于不信的苦海。

因此,依照你的肖像而造的人,对于"天上的光体",对于奥妙的天,对于创造穹苍前的昼夜,对于汇合在一处的水,都没有权力。但他有权"管理海中的鱼,天空的飞鸟,牲畜和大地,以及地上所有的蠕行昆虫"。

他能裁判的——亦即正确的可以赞同,不正确则加排斥的——是有关你的慈爱从水中拯拔出来的人们领受圣事的条例,有关供给信仰的大地享食的、捕自水中的"鱼"②的礼仪,有关一切服从你的圣经权威的言论,亦即一切从口中发出的惊叹、阐述、辩

---

① 见《哥林多前书》5章12节。
② 按希腊文:"耶稣、基督、天主、子、救主",五名词的起首字,合为"鱼"字,故古代基督教以鱼象征基督,此处指"领圣体"或"圣餐礼"。

析、称扬、呼号你的声音,以及信徒答应的"阿们",①如天空的飞鸟;这些言论,从物质的声音方向,起源于尘世的深渊与盲目的肉体,肉体不能看见思想,必须用声音来敲击耳鼓,因此飞鸟即使在陆地上繁殖,但亦源出于水。

属于精神的人所能裁判的——亦即正确的加以赞同、不正确则加以排斥的——是有关信徒的行动、习尚和他们救济贫困的功夫,这犹如大地所结的果实。他还能裁判"有生命的灵魂",这些灵魂的情欲以及通过感觉所得到的一切已被纯洁、斋戒、诚意所驯伏。总之,凡他有权纠正的,便有权裁判。

二十四

主,你祝福了人类,教人类"生育繁殖,布满大地"。② 这究竟指什么?有什么奥妙在内?是否在这件事上,你并无其他用意,要我们有所领会?为何你称"光"为"昼"时,未尝祝福光,也未尝祝福穹苍、日月星辰和大地海洋?天主啊,如果你不祝福水族大鱼,教它们"孳生繁殖,充满海洋",③我真想说你是依照你的肖像造了人,所以单把祝福之恩赐给人类;如果你也祝福树木花草牲畜,我便要说这祝福是专为那些能孕育蕃息的东西。但你没有对花草树木牲畜蛇虫说:"孳生繁殖吧",虽则它们也和游鱼飞鸟人类一样,孳生繁殖,绵延它们的种类。

---

① "阿们"为基督教祷告经文的结束语,义为心愿如是。
② 见《创世记》1章28节。
③ 同上,22节。

我有什么可说呢？我的光明，我的真理！这句话不是毫无意义吗？不是废话吗？当然不是，慈爱的父亲啊，你的"圣道"的仆人绝不敢如此说的。即使我不懂这一语的意义，我希望有比我更好、比我更聪明的人，按照你赋畀每一人的理解力，能更好地领略其中意义。

主啊，请你至少接受我在你面前的忏悔，我相信你如此就不是徒然的，我还要说出我读这段文字后所有的感想。此外，我也看不到有什么能阻止我领略圣经文字的象征意义。因为思想构成一个概念，而具体事体能用无数方式表达出来，反之，具体事物的一个概念，思想能用各种方式加以领会。譬如"爱天之爱人"这样一个简单的概念，可以用多少象征、多少语言具体表现出来，而每一种语言又有多少说法！

水中的生物便是这样孳生繁殖的。读者可以注意到这一个例子：圣经上"在元始天主创造天地"一语，除了错谬欺人的见解外，根据正确的观点，不是能有多种解释吗？

人类的嗣胤便是如此"孳生繁殖"的。

观察事物的本性，如果不考虑象征意义，仅仅着眼于具体，则一切从"种子"产生的，都符合"滋生繁殖"一语。但如着眼于象征意义——我以为圣经所以把祝福仅限于水中生物与人类，真谛即是如此——则无论在精神与物质受造物中，——犹如在天地之中，——无论在良好的与败坏的灵魂中，——犹如在光明与黑暗之中，——或在传授圣经的神圣作者中，——犹如在诸水之间的穹苍，——或在痛苦的人类社会中——犹如在海洋之中，——或在虔诚信徒的持身方面——犹如在陆地之上，——或在现世的慈善工作方面，——犹如在花草果树之间，——或在专为造福他人的精神恩宠方面，——犹如在天际的"光体"内，——或在有轨有则的情感方面，——犹如在"有生命的灵魂"——我们都能找到芸芸众生。

在这一切之中，众生都在生长蕃息；但所谓"孳生繁殖"是在乎具体表现和思想概念方面，即同一事物能用各种方式表现，而同一表现形式能用各种方式去理解。

具体表现，犹如水族的孳生，为我们沉溺于罪恶的肉体是必须的；而思想概念则犹如人类的嗣胤，是由我们理智所诞生。

主啊，我们认为你所以仅命水中生物与人类说："孳生繁殖"，原因在此。因为在这"祝福"中，你使我们能用多种方式表达同一概念，又能用多种方式理解同一的、隐晦的概念。这一切"充满海洋"，海水的波动是由于圣经的不同解释；大地也布满人的后嗣，大地的干燥是由于渴求真理，但大地是属于理智范围。

二十五

主，我的天主，我还要谈谈你的圣经下一节给我的启发，我将毫无顾虑地谈出，因为我只谈真理，而且是你启发我，要我读了这些文字而加以宣说。除你外，我相信没有一人能启发我谈论真理，因为"你是真理"，① 而"人都是虚伪的"，② "谁说谎，是出于自

---

① 见《约翰福音》14章6节。
② 见《罗马书》3章4节。

己",①为此,我要谈真理,只能依据你。

你把"地上所有结籽的菜蔬,一切有果实而能传种的树木,给我们作为食粮"。② 你不仅给我们,也给"天空的飞鸟,地上的走兽和蛇虫",③但不给与鳞介和鲸鲵。

我们已经指出地上的果实是象征着各种慈善工作,是肥沃的大地供应我们之所需。譬如"你所爱怜的阿尼色弗一家"④便是这样的土地,这一家"屡次使保罗畅快,并不以保罗的锁链为耻辱"⑤。同样那些"来自马其顿、接济保罗的困乏的弟兄"⑥也如此做了,结出了这样的果实。但保罗也痛心有些树木不结应结的果子,他说:"我初次申诉时,没有人来帮助我,竟然都离弃我;但愿这罪不归于他们。"⑦凡以合乎理性的道理教导别人,使人能领略神圣的奥蕴,理应享受这些果实。他们作为人,应享受这些果实;作为"有生命的灵魂",以克己精进成为他人的模范,应享受这些果实;作为"天空的飞鸟",由于他们的"言语传到天涯地角",⑧使大地因他们而充满着祝福,也应享受这些果实。

---

① 见《约翰福音》8 章 44 节。
② 见《创世记》1 章 29 节。
③ 同上,30 节。
④ 见《提摩太后书》1 章 16 节。
⑤ 同上。
⑥ 见《哥林多后书》11 章 9 节。
⑦ 见《提摩太后书》4 章 16 节。
⑧ 见《诗篇》18 首 5 节。

二十六

凡取食这些果实时感到快乐的人,才能享受这些果实。反之,谁"以口腹为神道的",①便感觉不到其中滋味。至于供应这些果实的人,真正的果实,不是果实本身,而是他们的好意。

因此我完全看出这位奉事天主而不奉事口腹的使徒所以快乐的原因,我也和他同乐。他从以巴弗提手中收到了腓立比人的馈遗,②但我看出他所以快乐的原因。他所享食的即是使他快乐的原因,他也直认不讳:"我在上主之中非常欣慰,因为我终于看见你们对我如此关怀,这种关怀之心,你们前所曾有,但未几即已厌倦。"③这些腓立比人曾经感受长期的厌烦,似乎不再结出善行的果实,使徒的喜乐是由于他们重新开花结果,而不是因为他们接济他的拮据。因此他接着说:"我并不因缺乏而说这话,我无论在什么景况中都能知足。我知道怎样处卑贱,也知道怎样处丰富,或温饱、或饥饿、或有余、或不足,随时随地我都能应付。我依靠加给我力量的主,能应付一切。"④

伟大的保罗!什么是你快乐的原因?什么使你快乐?什么是你的饮食?你是"依照创世者的肖像而认识天主的新人",⑤你是

---

① 见《新约·腓立比书》3 章 9 节。
② 同上,4 章 18 节。
③ 同上,4 章 10 节。
④ 同上,4 章 12 节。
⑤ 见《歌罗西书》3 章 10 节。

具"有生命的灵魂",你如有翼能飞的妙舌,用以宣扬天主的妙谛。如此的灵魂才相称有这样的饮食。什么是你的饮食?快乐。听他接下去说的话:"你们能和我同受患难,这是好事。"①这便是他的快乐,这便是他的饮食:是因为他们做了好事,而不是因为解除了他自身的患难。他对你天主说:"在困苦之中,你使我心泰然",②因为他在加给他力量的天主中,知道如何应付有余或不足。他还说:"你们也知道我初传福音、自马其顿出发时,没有其他教会与我合作,只有你们和我通有无;我在帖撒罗尼迦时,你们一再派人供给我的需要。"③他的快乐是由于他们恢复这些善举,正如荒芜之地重成膏腴而滋长花果。

他就:"供给我的需要",这不是为了自己的需要吗?不是为此而快乐吗?不、不,因为他接着说:"我不求馈赠,我求果实。"④

我的天主,我从你处学会了如何分别馈赠与果实。馈赠是别人送给我所需要的东西,如银钱、饮食、衣服、房屋或其他资助。果实是指赠与者良好而纯正的心意。我们的良师耶稣不仅仅说:"谁接待先知",还附加说:"因先知的名义";不仅仅说:"谁接待义人",还说:"因义人的名义",然后能得到先知和义人的赏报。也不仅仅说:"以一杯凉水给这些小子中的一个喝",还说:"因门徒的名义";最后说:"我实在告诉你们,他一定失不了他的赏报。"⑤

---

① 见《腓立比书》4 章 14 节。
② 见《诗篇》4 首 2 节。
③ 见《腓立比书》4 章 15 节。
④ 同上,17 节。
⑤ 见《马太福音》10 章 41—42 节。

接待一位先知,接待一个义人,给门徒喝一杯凉水,这是馈赠;"因先知的名义"、"因义人的名义"、"因门徒的名义",这便是果实。以利亚受寡妇供养的便是这样的果实,寡妇知道供养着天主的人,也为此而供养以利亚;至于以利亚得自乌鸦的饼,① 则是馈赠;吃饼的不是以利亚的内心,而是以利亚的外表,以利亚的肉体,这肉体能因缺乏这种饮食而死亡。

二十七

主啊,我愿在你面前倾谈真理。那些愚昧者和不信仰者需要"鳞介和鲸鲵"所象征的玄妙的灵异和伟大的奇迹,才肯学习信仰,接受信仰;他们款待你的孩子们,在某些生活需要上有所资助,他们并不知道因何如此,目的何在;其实前者并不供养后者,后者也不受前者的供养,因为前者如此做并不本着一种神圣的、正确的心意,后者既然看不见果实,也并不因前者的馈赠而快乐。凡能使心神愉快的,才能滋养心神。于此可见,"鳞介与鲸鲵"只能取食大地和苦海区分后所产生的食料。

二十八

天主,你看了你所造的一切,"都很美好",② 我们也看见了,一

---

① 事见《旧约·列王纪》上,17 章 6—16 节。
② 见《创世记》1 章 31 节。

切都很美好。你对每一项工程,说:"有",就有了,你看见每一样都是好的。我计算过,你前后共七次看了你所造的,说好;第八次你看了所造的一切,不仅说好,而且说一切都很好。因为每一项分别看,仅仅是好,而合在一起,则不仅是好,而且是很好。任何美好的东西也都如此说。因为一个物体,如果是荟萃众美而成,各部分都有条不紊地合成一个整体,那么虽则各部分分别看都是好的,而整体自更远为美好。

二十九

我曾仔细找寻你是否七次抑是八次观察你所造的是否良好并表示满意;但在你的举目之中却又找不到足以使我理解你多少次观察所造事物的时间。我不禁喊道:主啊,既然你是真实、是真理,你所启示的圣经怎能不是真实无妄呢?为何你告诉我你的观察事物没有时间,而圣经却说你每天看见你所造的良好,我竟然能计算出多少次呢?

既然你是我的天主,请你为我解答这问题。你用强有力的声音,在我心灵的耳际,振发你的仆人的聋聩,对我叫喊说:"你这人!圣经上的话就是我的话。但圣经是在时间之中写的,而我的言语则超越时间,和我同属于永恒。为此,你们通过我的圣神所看见的,我也看见,你们通过我的圣神所说的,我也说。但你们是在时间之中看见,我则不在时间之中看见;你们在时间之中说话,我不在时间之中说话。"

三十

主、我的天主,我听见了,我舐到了你的真理的甘露,我也懂得有些人为何不服帖你的工程,他们以为其中许多工程,如天体的结构,星辰的布置,是你迫于需要而创置的,这些工程不是出于你,而是早已造成,你不过加以收集整顿,这是你战胜仇敌之后才筑起这座世界堡垒,有了这样的工事,使战败的仇敌不能再起来反抗;其他种种,如人身的肢体,微小的动物和生长在地上的草木,也不是你创造的,而是出于另一敌对的神道,另一自然;这神道或自然,也并非由你所造,它们盘踞于宇宙的下层,和你相抗,产生和形成以上种种。

这些狂妄的人如此说,因为他们不是通过你的圣神而观察你的工程,所以不能在这些工程中认识你。

三十一

谁能通过你的"圣神"而观察这些事物,你便在他身上观看。因此他看出万有的美好时,是由于你看见其美好。谁为了你而爱好任何事物,也就在事物之中爱你,一切因你的圣神而得到我们喜爱的,也就在我们之中得到你的喜爱。"因为除了人的心,谁知道人的事?同样,除了天主的'圣神',也没有人知道天主之事。"使徒保罗又说:"我们所接受的,不是世间的精神,而是来自天主的

'圣神',他使我们知道天主开恩赐给我们的一切。"①

因此,我能肯定说:除了天主"圣神"外,没有一人能知道天主之事。但我怎样知道天主开恩赐给我们的一切呢?我所得的答复是如此:即使是我们通过天主"圣神"而知道的,除了天主"圣神"外,也没有人知道。对于那些因天主"圣神"而说话的人,圣经上曾明确地说:"不是你们自己说话",②同样,对于因天主"圣神"而认识的人,也能肯定说:"不是你们自己认识。"对于因天主"圣神"而看见的人,也同样能肯定说:"不是你们自己看见",因此谁因天主"圣神"看出事物的美好,也不是他自己看见,而是天主看见。

为此,一种看法是:以恶为善,这是上列那些人的看法。另一种看法是:以美好为美好,但看见受造物的美好而喜爱,却不在受造物中喜爱你,他们更愿享用受造物,不愿享受你。第三种看法是:看见某一事物的美好时,是天主在他身上看见事物的美好,因此天主在受造物身上受到人的敬爱。这爱仅能靠天主所赐予的"圣神"而获致,因为"天主的爱是凭借他所赐与的'圣神'而倾注在我们心中"。③ 通过"圣神"我们看见了各种存在事物的美好,因为这美好并不来自有限度的存在,而来自绝对存在。

三十二

主、我感谢你。我们看见了天和地,即物质受造物的上下两

---

① 见《哥林多前书》2 章 11—12 节。
② 见《马太福音》10 章 20 节。
③ 见《罗马书》5 章 5 节。

部,或物质的和精神的受造物;我们看见了划分黑暗的光,点缀着物质世界或整个受造物的各个部分。我们看见了诸水分为上下后中间的穹苍,即宇宙的最初物体,或现在名为天的空间,飞鸟翱翔于其间,中有汽化的水,晴夜凝而为露,重浊的水流而为雨。我们又见万流委输、海色的壮丽,大陆上圹壤的原野和长满花卉树木景物宜人的腴壤。我们又昂首而见"光体",太阳充盈照耀着白昼,黑夜则有月色星光的抚慰,同时又成为时间的标志。我们又见卑湿之处滋生了鳞介鲸鲵和飞翔的禽鸟,因鸟翼所凭的浓厚空气是由水蒸发而成的。我们看见地面点缀了动物和依照你的肖像而造的人类,人凭借了和你相似之处,就是说凭借了理性和理智,统治百兽;犹如人的灵魂上一面是通过思考而发号施令,一面是服从号令,犹如行动受理智的指挥而获得正确方向,同样女子以肉体言,来自男子,虽则在理智和灵性方面具有同样的天赋,但由于性别的不同,女性应隶属于男性。

我们看见了这种种,每一样都已美好,而综合一切尤为美好。

三十三

希望你的工程歌颂你,使我们爱你,也希望我的爱你,使你所造的万类也歌颂你。万物在时间之中,有始终,有升沉,有盛衰,有美丑。因此它们有晨有夕,或幽而隐,或明而显。它们是由你创造,不是从你身上分出,也不是你身外先期存在之物分化而出的;它们是来自同样受造的,也就是说来自同时受你创造的原质,你不分时间的先后,把无形的原质形成万有。

天地的质和天地的形，二而非一，你从虚无中创造了原质，又从不具形相的原质创造世界的一切品类，但这两项工作是同时的，原质的受造和形相的显现并无时间的间隔。

三十四

我们也探究了你为何愿意万有按照这样一个程序创造或按照这样一个程序叙述所象征的意义，我们已见每一样都美好，而整个万有尤为美好，我们也在你的"道"中，在你的"独子"中看见了天和地，即在一切时间之前，在你的无晨无夕的预定计划中的教会的元首和身体。你开始在时间之中执行你的预定计划时，为了显示你神秘的计划并整治我们的纷乱，——因为我们的罪恶压在我们头上，我们离开了你，沉沦于黑暗的深渊，而你的"圣神"则运行于深渊之上，准备在适当时间拯救我们——你使恶人成为义人，把他们和罪人分隔；你在仅仅听命于你的上层人员和隶属前者的下层人员之间树立了圣经的权力；你又把教外人集合为一体，使他们具有同一的精神，为了显示信徒的热心；你又使信徒们向你贡献他们的慈善工作，把现世的财帛布施穷人，而获得天国。

你又在穹苍中燃点起许多"光体"，即是拥有生命之"道"的，蒙被"圣神"恩宠的，用他们卓越的权威照耀四方的圣贤；为了使教外民族受信仰的灌溉，你用有形的物质造成了"圣事"和可以目睹的灵迹，以及符合你圣经之天的言论，这一切也使信徒蒙受祝福；你又用坚强的节制和合理的情感培育信徒们"有生命的灵魂"；你依照你的肖像模样，刷新了仅仅听命于你而无需取法人间任何权威的灵魂，使理性的行动服从理智的约束，和女人服从男人一般，你又教这些信徒供应你的工作人员——为信徒现世的进修所必需的工作人员——的生活需要，这也有益于他们的身后。

这一切我们都见到了，都是很好的，因为你在我们身上也见到了，你把"圣神"赐予我们，使我们因圣神而见这一切，而且在这一切之中看见你。

三十五

主、天主，请你赐给我们和平——既然你把一切赐予我们——憩息的和平，安息日的和平，没有黄昏的和平。因为这些美好事物的美妙秩序到达终点后，就会消逝，在它们身上有早晨，也有黄昏。

三十六

第七天是没有黄昏，没有夕阳，因为你圣化了这一天，使它永远驻在着。你完成你的"很好"的工程后，——虽则你是在安闲之中创造一切——第七天上你休息了，你的圣经借此预先告知我们，本着你的恩赐，完成了我们"很好"的工作后，在永生的第七天上，我们将安息在你怀中。

三十七

一如现在你在我们身上工作，同样到了那一天，你将在我们心中安息。一如我们的工作是你通过我们而工作,同样,我们的安息将是你在我们身上安息。主,你是永久工作,永久休息;你不随时间而见,不随时间而动,不随时间而安息,但你使我们见于时间之中,你创造了时间,你也制定了时间后的安息。

三十八

我们看见你所造的一切,因为它们存在,为你,则由于你看见这一切,因此这一切存在。我们用官感看见它们存在,用心灵看见它们的美好;为你,则如果看出应该创造的东西,便看见它已经存在。

我们先前离弃了你,陷于罪戾,以后依恃你的"圣神"所启发的向善之心,才想自拔。你,唯一的、至善的天主,你有不息的仁恩,我们凭仗你的宠锡,做了一些善行,但不是永久的。我们希望功成行满后,能安息在你无极的圣善之中。你至美无以复加,你永安不能有极,因为你的本体即是你的安息。

哪一人能使另一人理解这一点?哪一位天使能使别一位天使理解?哪一位天使能使世人理解?只能向你要求,向你追寻,向你叩门:唯有如此,才能获致,才能找到,才能为我洞开户牖。

书中人地名拉汉对照表

Abraham 亚伯拉罕(旧约人名)
Adam 亚当(旧约人名)
Adeodatus 阿得奥达多斯 奥古斯丁之子
Aeneas 埃涅阿斯 维吉尔《埃涅阿斯》史诗中人物
Alexandria 亚历山大(地名)
Alypius 阿利彼乌斯 奥古斯丁之友
Ambrosius 安布罗西乌斯 米兰大主教
Anaximenes 安那克西美尼斯 古希腊哲学家
Antonius 安东尼 古基督教隐修士
Anubis 阿努俾斯 埃及神名
Apollinaristae 阿波利那利斯派 古基督
Ariani 阿利阿派古 基督教的一派
Aristoteles 亚里士多德 古希腊哲学家
Athanasius 阿塔那西乌斯 古基督教父

Babylon 巴比伦(地名)

Caesar 恺撒
Carthago 迦太基(地名)
Cassiciacum 加西齐亚根(地名)
Catilina 卡提里那 古罗马阴谋家

Cicero 西塞罗 古罗马文学家
Creusa 克利攸塞 希腊神话人物

Danae 达那埃 希腊神话人物
David 大卫(旧约人名)
Dido 狄多 传说中的迦太基女王

Elpidius 埃尔比第乌斯 奥古斯丁之友
Epafroditus 以巴弗提(新约人名)
Epicurus 伊壁鸠鲁 古希腊哲学家
Esau 以扫(旧约人名)
Eva 夏娃(旧约人名)
Evodius 埃伏第乌斯 奥古斯丁之友

Faustus 福斯图斯 摩尼教的主要人物
Filippenses 腓立比人(新约人名)
Firminus 斐尔米努斯 奥古斯丁之友
Fotinus 福提努斯 古基督教徒

Galatae 加拉太人(新约人名)
Gervasius 盖尔瓦西乌斯 古基督教殉教者

Helias 以利亚(旧约人名)
Hierius 希埃利乌斯 奥古斯丁同时的

书中人地名拉汉对照表

名演说家

Hippocrates　希波克拉底　古希腊名医
Homerus　荷马
Horatius　贺拉提乌斯　古罗马诗人

Isaac　以撒(旧约人名)
Isaias　以赛亚(旧约人名)
Israel　以色列
Italia　意大利(地名)

Jacob　雅各(旧约人名)
Joannes　约翰(新约人名)
Jordanus　约旦(地名,河名)
Joseph　约瑟(旧约人名)
Josue　约书亚(旧约人名)
Julianus　尤利安　罗马皇帝
Juno　朱诺　罗马女神
Jupiter　优庇特　罗马大神
Justina　优斯提那　罗马皇帝瓦棱提瓦亚提斯之母

Libanus　黎巴嫩(地名)

Macedonia　马其顿(地名)
Madaura　马都拉(地名)
Manichaei　摩尼教徒
Maria　玛利亚(新约人名)
Medea　密提阿　希腊神话人物
Mediolanum　米兰(地名)
Minerva　密纳发　罗马女神
Moises　摩西(旧约人名)
Monica　莫尼加　奥古斯丁之母

Navigius　那未奇乌斯　奥古斯丁之友
Nebridius　内布利第乌斯　奥古斯丁之友
Neptunus　涅普顿　罗马神名

Onesiphorus　阿尼色弗　(新约人名)
Orestes　奥莱斯特斯　希腊神话人物
Oseas　何西阿(旧约人名)
Osiris　奥赛烈司　埃及大神
Ostia Tiberia　梯伯河口(地名)
Oyprianus　西普利亚努斯　古基督教教父

Patricius　巴特利西乌斯　奥古斯丁之父
Paulus　保罗(新约人名)
Ponticianus　蓬提齐亚努斯　奥古斯丁之友
Protasius　普罗泰西乌斯　古基督教殉教者
Romanianus　罗玛尼亚努斯　奥古斯丁之友
Roma　罗马(地名)

Sallustius　撒路斯提乌斯　古罗马史家
Salomon　所罗门(旧约人名)
Saulus　扫罗(新约人名)
Seneca　塞内卡　古罗马哲学家
Simplicianus　西姆普利齐亚努斯　奥古斯丁之友
Sodomitae　所多玛(旧约人名)
Symmachus　西玛库斯　罗马市长
Syrus　叙利亚人

Terentius　铁伦西乌斯　古罗马诗人

Teucri　特洛伊人
Thagaste　塔加斯特(地名)
Thessalonica　帖撒罗尼迦(新约地名)
Tobias　多比雅(旧约人名)
Treveres　特里尔(地名)

Valentinianus　瓦棱提尼亚努斯　罗马皇帝

Venus　维纳斯　罗马女神
Vere undus　凡莱公都斯　奥古斯丁之友
Victorinus　维克托利努斯　奥古斯丁之友
Vindicianus　文狄齐亚努斯　奥古斯丁之友
Virgilius　维吉尔　古罗马诗人

图书在版编目(CIP)数据

忏悔录/(古罗马)奥古斯丁著;周士良译.—北京:商务印书馆,2015(2024.6重印)
ISBN 978-7-100-11562-9

Ⅰ.①忏… Ⅱ.①奥… ②周… Ⅲ.①奥古斯丁,A.(354～430)—自传 Ⅳ.①B503.1

中国版本图书馆 CIP 数据核字(2015)第 203685 号

权利保留,侵权必究。

忏 悔 录

〔古罗马〕奥古斯丁 著
周士良 译

商 务 印 书 馆 出 版
(北京王府井大街 36 号 邮政编码 100710)
商 务 印 书 馆 发 行
北京市十月印刷有限公司印刷
ISBN 978-7-100-11562-9

2015 年 11 月第 1 版　　开本 850×1168　1/32
2024 年 6 月北京第 14 次印刷　印张 11¼　插页 1
定价:48.00 元